Das große Missverständnis

Kapitel-Symbole

Premananda

[handschriftliche Widmung, unleserlich]

Das große Missverständnis

*Entdecke deine wahre Lebensfreude
durch eine einfache Erkenntnis*

OPEN SKY PRESS
www.openskypress.com

Das große Missverständnis

Erschienen bei Open Sky Press Ltd.
483 Green Lanes, London N13 4BS
office@openskypress.com

Open Sky Press Distribution
Rheinstr. 54, D-51371 Hitdorf

Die englische Originalausgabe erschien 2012 unter dem
Titel „The Great Misunderstanding" bei Open Sky Press.

Erste Auflage

ISBN 978-3-943544-15-2

Titelgestaltung von Tara
Titelportrait von Vishnu
Malerei von Premananda
Kapitelsymbole von Sangeetha
Alle Fotografien aus dem Open Sky House Archiv

Gedruckt in China

OPEN SKY PRESS
www.openskypress.com

Danksagung

Große Unterstützung erhielt die Open Sky Press durch Freunde und Bewohner des „Open Sky House", die den Wunsch hatten, dazu beizutragen, Premanandas Buch *The Great Misunderstanding* auf Deutsch zu veröffentlichen.

Einen besonderen Dank an die Übersetzer: Durga, Indira, Mahima, Sagar und Kerstin. Sie wurden tatkräftig unterstützt von Henning, der das gesamte Buch, oft bis spät in die Nacht, Korrektur las. Er bekam Unterstützung von Birgitta und Vishnu. Vielen Dank an jeden von ihnen.

Viele Monate lang durchforsteten Devi, Mahima und Amrit Berge von Transkribierungen, um Material zusammenzustellen, das sie zusammenfügen und überarbeiten konnten. Ganz herzlichen Dank für diese freigiebige Liebe und Sorgfalt. Amrit wählte mit gutem Gespür die gesamten Witze aus und setzte die Szenen für meine Lebensgeschichten.

Das außergewöhnlich schöne Design für dieses Buch entstand in der Open Sky Press durch Atma, Sangeetha und Tara. Die Formatierung machte Atma mit Hilfe von Anand Swarup unter großem Zeitdruck. Die besonders schönen Kapitelsymbole und kleinen Textzeichen schuf Sangeetha. Tara gestaltete den Bucheinband in Tagen intensiver Farbausdrucke, bis alles perfekt war. Sie suchte die Fotografien aus und arrangierte sie für die wundervollen Farbseiten über die Community.

Mahima nährte dieses Projekt und managte das Übersetzerteam mit grenzenloser Geduld. In der Hektik der Produktionsphase organisierte sie die Kommunikation mit der Druckerei und den ganzen Druckprozess. Indira kam in der Produktionsphase dazu und übernahm die Organisation der Übersetzung.

Devi, langjährige Bewohnerin des „Open Sky House" und jetzt in Australien, war eine unablässige Unterstützung in allen Bereichen der Buchproduktion. Besonders als Lektorin der englischen Ausgabe und in der endgültigen Korrekturlesung.

Premananda

MUTTER INDIEN

Danke, dass Du mich Genährt hast
mein Herz Geöffnet
mir deine alte Weisheit Gezeigt
mich zu den Meistern Geführt
mir sogar meinen Namen Gegeben hast

Premananda

Inhalt

Kapitel I [I]

Was ist das große Missverständnis

Kapitel 2 [33]

Selbstwahrnehmung unterstützen

Kapitel 3

Was ist wahr? Leben, um zu erwachen

Kapitel 4

Der Weg des Herzens

Kapitel 5

Wie wir uns selbst sabotieren

Kapitel 6

Sich erinnern und präsent bleiben

Kapitel 7
Erwacht und frei

Nachwort

Vorwort

Das große Missverständnis ist das Ergebnis von fünfzehn Jahren Satsang mit Hunderten, vielleicht Tausenden von Menschen in Ländern auf der ganzen Welt. Es begann 1997 in Sydney, Australien, und setzte sich in Indien fort, an der Quelle jener alten menschlichen Weisheit, die in diesem Buch vermittelt wird. Später wurden die Satsangs in fast allen westeuropäischen Ländern, besonders in Deutschland, Russland und der Ukraine fortgeführt. Dieses Buch enthält die Essenz dieser Satsangs sowie persönliche Gespräche, die in all diesen Jahren mit ganz unterschiedlichen Menschen aus vielen verschiedenen Kulturen stattfanden.

Im Jahr 2004, meinem zweiten Jahr in Europa, entstand aus einem Retreat, das ich auf einer schönen Pferdefarm im Schwarzwald in Süddeutschland abgehalten hatte, ganz spontan eine spirituelle Lebensgemeinschaft. Nach zwei Jahren zog diese Gemeinschaft in ihre jetzige Heimat, ein charmantes altes Anwesen in einem Dorf an den Ufern des Rheins zwischen Köln und Düsseldorf. Es liegt in der Mitte Europas und wurde zum *Open Sky House,* einer *Internationalen Satsang- und Kunst-Gemeinschaft,* in der ich in den letzten sechs Jahren gelebt habe. Diese Buch wurde von einem Team aus dieser Gemeinschaft produziert. Ich bin sehr berührt von der unendlichen Liebe und Kreativität, die dieses Team in diesem Prozess gezeigt hat.

Das Projekt begann, als das Team zusammen in einem Haus direkt am heiligen Berg Arunachala in Südindien wohnte, der durch Ramana Maharshi bekannt wurde. Stapel von Transkriptionen meiner Satsangs wurden durchforstet und sortiert. Als wir zusammen saßen und Ideen teilten, entstand der Titel. Wir alle hatten das Gefühl, dass es sich nur um ein einfaches Missverständnis über das Leben handelt, das die Wurzel von so viel Unglück bildet, Unglück, das wir für sehr leicht veränderbar halten, wenn man ein einfaches neues Verstehen wirklich will.

Das große Missverständnis versucht unsere Situation zu thematisieren, indem es die allgemeinen Missverständnisse untersucht, die seit Generationen in unscrem Verstand aufgrund irrtümlicher Vorstellungen entstanden sind und ihn auf problematische Weise konditioniert haben. Generationsübergreifende, durch liebende Eltern weitergegebene falsche Gedanken, die unseren Verstand in diese irreführende Weise konditioniert und unsere Vorstellungen und Glaubenssätze geformt haben. Die ersten Kapitel zeigen diese irrtümlichen Vorstellungen auf und erklären in einer einfachen Sprache, wie die meisten von uns innerhalb dieser Missverständnisse funktionieren. Zudem legen sie dar, wie sich diese Missverständnisse auf unser tägliches Leben auswirken, indem sie uns dahingehend manipulieren, alles zu unserem eigenen Vorteil zu wenden. Die Eingangskapitel bieten auch Wege an, zu Klarheit und Frieden zu finden. Seit den letzten fünfzig Jahren scheint es eine enorme Veränderung im menschlichen Bewusstsein zu geben, was ein Buch wie dieses notwendig und zeitgemäß macht.

Nach dem Beginn des Projektes in Indien arbeitete das Team in seiner Heimatbasis in Deutschland weiter. Dort ermöglichte ihnen die tägliche Unterstützung der Community, sich intensiv auf die Fertigstellung dieses Buches zu konzentrieren. Da die Lektorin in Australien lebt und ich oft in Europa herumreise und Satsangs gebe, musste sich dieses Projekt stark auf die Wunder der modernen Technologie verlassen. Das Internet, iPhone, iPad und Laptop, mit allen Arten von kostenlosen Dienstleistungen ausgestattet, ermöglichten so eine leichte, weltweite Kommunikation zu einem erschwinglichen Preis.

Im Moment schreibe ich dieses Vorwort auf der Krim (Ukraine) in der Nähe des Strandes am Schwarzen Meer, wo ich ein Satsang-Retreat mit Teilnehmern aus Ost- und Westeuropa abhalte. Ich kommuniziere ständig per Email mit dem Produktionsteam in Deutschland, mit der australischen Lektorin und neuerdings auch mit unserem Drucker in China, alles direkt durch meinen Laptop übermittelt mithilfe von Satellit und einem kleinen USB-Stick.

Gleichzeitig kommen weitere dringende Nachrichten durch eine Flut von Textnachrichten in mein iPhone oder mein iPad, während ich Texte auf meinem Laptop bearbeite. Inzwischen sitzen mehrere Mitglieder der Community auf den Felsen am kristallklaren Meer und übersetzen das Buch für die deutsche Ausgabe. Kormorane tauchen nach Fischen, Möwen ziehen ihre Kreise und Delfine spielen im Wasser.

Nur zwanzig Jahre zuvor stand nichts von dieser hochentwickelten Technologie zur Verfügung, das meiste noch nicht einmal vor zehn Jahren. Vor zwei Jahren begann ich mit meinen Satsang-Übertragungen durch das Internet und viele der Audio-Dateien wurden zum transkribieren an ein Team von in Indien lebenden westlichen Freunden geschickt und wurden Teil des Buches. Über drei Kontinente und viele Kulturen hin hat dieses Projekt in kurzer Zeit zu einem erstaunlichen Ergebnis geführt. In Ergänzung zum Buch haben wir die Video-Selektion zu *Das große Missverständnis* in schönem Design auf unsere Youtube-Kanäle gestellt. Außerdem gibt es zwei Begleitfilme zu diesem Buch: *Satori, Metamorphose eines Erwachens* und *Das große Missverständnis*. Von beiden sind Auszüge auf einer DVD am Ende des Buches zu finden. Aufgrund der Unterstützung unserer Freunde haben wir Film-Untertitel in zehn Sprachen. Ich danke euch allen!

Ein Mann kommt spät nachts von einem Trinkgelage nach Hause. Betrunken parkt er sein Auto und legt sich ins Bett.
Am nächsten Morgen:
Ehefrau: „Es gibt Probleme mit dem Auto. Es hat Wasser im Anlasser."
Ehemann: „Wasser im Anlasser? Was für ein Unsinn!"
Ehefrau: „Wie ich's dir sage: Wasser im Anlasser."
Ehemann: „Du weißt doch noch nicht einmal, was ein Anlasser ist. Ich werde das mal untersuchen. Wo ist das Auto?"
Ehefrau: „Im Swimming Pool."

Ich war ein aktives Mitglied des Projekts, aber es ist eine derartige Teamarbeit, dass es mich etwas verlegen macht, nur meinen Namen auf dem Bucheinband zu sehen. Die Struktur des Buches hatten wir früh gefunden: eine Mischung von Szenen aus meinem täglichen Leben, von Gesprächen und Texten. Zusammen geben sie einen Einblick in das Leben unserer Gemeinschaft und in meine unterschiedlichen Arten zu arbeiten. Thematische Witze sind in das Buch eingeflochten, um uns daran zu erinnern, dass Humor ein guter Freund ist.

Öffentliche Treffen sind notwendigerweise formell, mit mir in der Rolle des „Lehrers" und den Teilnehmern in der Rolle der „Schüler". Dieses Format ist etwas veraltet und in der Gemeinschaft ist es eher ein Austausch unter Freunden mit einem gemeinsamen Interesse: zunehmend selbstgewahr zu werden, um unsere Bewusstseinsebene zu erhöhen und nicht an den Strukturen unseres Verstandes anzuhaften.

Da die Community über die letzten acht Jahre reifer geworden ist, ist auch die Qualität unserer inneren Stille gewachsen. Die Kreativität blüht und neben unserer Satsang-Band gibt es ein viel benutztes Atelier zum Modellieren mit Ton und zum Zeichnen und Malen. Es gibt regelmäßig Theater, Konzerte und Musik-Sessions, einmal im Jahr ein Kunstfestival und unsere eigene Kunstgalerie, die auf einem hohen Niveau Ausstellungen organisiert, deren Kunst eher aus der Stille kommt als vom redenden Verstand. Dieses Buch und der Begleitfilm entstammen dieser Art von Kreativität. Die Gemälde am Anfang jeden Kapitels und auf dem Bucheinband sind von mir. Die schönen Kapitelsymbole wurden von einer sehr talentierten Künstlerin unserer Community entworfen. Erst in Nachhinein haben wir festgestellt, dass die Gemälde, die Kapitelsymbole und die Themen jedes Kapitels mit den sieben Chakren korrespondieren.

Eine junge Lehrerin lehrte Sozialwissenschaften in einer Mädchenklasse. Als Hausaufgabe für das Wochenende gab sie den Mädchen auf, eine gute Tat zu tun und am Montag davon zu berichten.

Am Montagmorgen berichtete das erste Mädchen, dass sie einem Obdachlosen etwas zu Essen gekauft habe. Das zweite Mädchen war stolz darauf, dass sie jemandem, der einen Zwanzig-Euro-Schein verloren hatte, diesen zurückgegeben hatte. Ein weiteres Mädchen hatte ein paar Stunden damit verbracht, einer blinden Person etwas vorzulesen.

Eine Gruppe von vier Mädchen berichtete, dass sie einer alten Frau über die Straße geholfen hatten.

„Das ist sehr nett von euch", sagte die Lehrerin. „Aber warum habt ihr das denn zu viert gemacht?"

„Nun", sagte eines der vier Mädchen, „sie wollte die Straße partout nicht überqueren. "

Dieses Buch wäre nicht möglich ohne die alte spirituelle Tradition Indiens, in die ich jedes Jahr einmal intensiv eintauche.

In den letzten Jahren hatte ich das Glück, durch das Projekt *Facetten des Erwachens* viele Meister, sowohl indische wie westliche, zu treffen, und der Dialog mit ihnen hat mein Leben tief bereichert. Osho, mein erster Meister hat mich Selbst-Wahrnehmung und Meditation gelehrt, brachte meinen gestörten Lebensstil zu Fall und wies mir die Richtung von einer äußeren Welt der Namen und Formen hin zu einer inneren. Papaji und sein eigener Meister Ramana Maharshi brachten mich nach Hause. Sie lehrten mich Selbsterforschung und zeigten mir, wie man dieses einfache Leben in der Gegenwart lebt, spontan und unschuldig in jedem Moment.

Ich möchte von Herzen all den Meistern für den Reichtum an Weisheit danken, den sie in mein Leben gebracht haben. Ich bin tief berührt und durch sie verwandelt.

Das Projekt *Das große Missverständnis* ist eine erstaunliche Informationsquelle für alle, die desillusioniert sind vom Schmalspur-Lifestyle, der in den meisten Gesellschaften befürwortet wird. Dies ist ein Aufruf zu den Waffen: Wacht auf, nehmt euren Platz in der Welt der Unschuldigen ein und nährt euch durch ein bewusstes Leben aus eurem eigenen Wesen. Was in diesem Buch angeboten wird, ist eine Erinnerung, für dich selbst die Wahrheit des menschlichen Lebens zu erforschen, eigentlich allen Lebens. Entdecke, dass du eingelullt wurdest, ein roboterhaftes Funktionieren zu akzeptieren, basierend auf einer Konditionierung, der dein Verstand unterzogen wurde. Ziehe die Möglichkeit einer Befreiung von der Anhaftung an dein falsches Selbst in Betracht. Verstehe, dass das Leben keinen anderen Sinn hat, als zu erkennen, dass du Bewusstsein bist, und zu genießen, wie sich das Spiel des Lebens in jedem Moment entfaltet.

Premananda 2012

V

Kapitel 1
Was ist das große Missverständnis?

*Stell dir die Wellen auf dem Ozean vor.
Identifizierst du dich mit einer Welle
und schaust auf die ganzen anderen Wellen,
dann fühlst du dich natürlich
von ihnen getrennt.
Doch wenn du wirklich verstehst,
sind alle Wellen
immer Teil des Ozeans.
Sie sind nie getrennt vom Ozean
und so sind auch wir
nie getrennt vom Bewusstsein.*

Kapitel 1
Was ist das große Missverständnis?

Als Menschen haben wir gelernt, uns selbst als getrennt von der Welt wahrzunehmen. Es ist unsere Konditionierung, an diese Dualität zu glauben. Dieses große Missverständnis ist die Quelle unseres Leidens. Wenn wir glauben, dass wir getrennt voneinander sind, dann glauben wir auch, dass unsere Erlebnisse und Emotionen durch die Welt und durch andere Menschen verursacht werden. Aber tief in unserem Inneren wissen wir, was wahr ist und was nicht – wir haben es nur vergessen. In Wahrheit gibt es nur Eins, und in diesem Eins gibt und gab es niemals Leid.

Die Welle und der Ozean
Die Illusion getrennt zu sein

Auf dem Weg zu einem Satsang-Treffen in London saß ich auf der Fähre von Calais nach Dover an einem Fensterplatz, mit freier Sicht auf den umliegenden Ärmelkanal. In die Ferne blickend, sah ich die endlosen schaumgekrönten Wellen in der unermesslichen Weite emporsteigen. Einige waren groß und voller Algen und verschlangen die anderen Wellen, während manche kaum auftauchten und direkt wieder verschwanden. Doch so plötzlich, wie sie entstanden waren, vermischten sich selbst die großen unter ihnen wieder oder klatschten gegen den Rumpf der Fähre und sanken zurück in den Ozean. Eine Unendlichkeit flüchtiger individueller Ausdrucksformen.

Wenn du die Sichtweise einer Welle annimmst, könntest du sagen: „Ich bin eine Welle und ich kann euch andere Wellen dort drüben sehen." Meine ganze Konditionierung hat mich dahin gebracht, zu glauben, eine Welle zu sein, getrennt von all den anderen Wellen; aber wenn ich das Ganze aus einer anderen Perspektive betrachte, sehe ich, dass alle Wellen immer Teil des Ozeans sind. Alles ist der Ozean. Es gibt keine wirkliche Trennung. Die Wellen sind nie getrennt vom Ozean und wir sind nie getrennt vom Bewusstsein.

Ich stelle mir vor, dass ein Baby im Mutterleib kein Gefühl der Trennung oder Individualität erlebt, sondern – durch seine Mutter als Medium – vollkommene Einheit mit der Existenz erfährt. Wenn es geboren ist und nah am Körper der Mutter genährt wird, ist es noch immer eins mit ihr. Nach und nach führen Eltern und Bezugspersonen Namen und Konzepte ein, die sie bekräftigen und die sich sowohl auf das Baby wie auch auf alle anderen Menschen, Dinge und Erfahrungen im Leben des Babys beziehen. So ändert sich ganz allmählich die Erfahrung der Existenz von absoluter Einheit hin zu einer Trennung.

Das ist der Beginn des Spiels von „Ich" und „Du". Als menschliche Wesen wurden wir konditioniert, uns als getrennt wahrzunehmen, obwohl wir in Wahrheit eins mit allem sind, so, wie eine Welle eins mit dem Ozean ist. Während wir aufwachsen wird unsere Konditionierung langsam stärker, unterstützt von der Welt, in die wir hineinwachsen und die wir kennen; und ohne es zu merken, sind wir getrennte Individuen, sprechen über „meinen" Freund, „meine" Arbeit oder „meinen" roten Sportwagen und sogar über „mein" Leben. Schließlich sind wir vollkommen getrennt. Wir sehen dort draußen die Welt und hier uns selbst – völlig voneinander getrennt.

Als bei dem Satsang-Treffen in London ein junger Mann nach vorne kam, um mit mir zu sprechen, stand ich noch ganz unter dem Eindruck der Überfahrt und der Bilder der Wellen, so dass die Eindrücke noch ganz frisch in meinem Kopf waren.

Im täglichen Leben fühle ich mich häufig unter Druck. Wenn ich mich offener erlebe, kann ich das, was geschieht, einfach annehmen. Aber meistens fühle ich mich unbehaglich und unverbunden.

Das liegt daran, dass du dich mit einem getrennten „Ich" identifizierst. Alles, was du sagst, geht auf dieses „Ich" zurück. Wenn es geschlossen ist, fühlst du dich getrennt, und wenn es offen ist, fühlst du Verbundenheit. Was geschieht, wenn du das „Ich" wegnimmst?

Hilflosigkeit taucht auf.

Diese Hilflosigkeit ist auch das „Ich", das sich hilflos fühlt. Wenn du das „Ich" wirklich wegnimmst, was bleibt dann übrig?

Ich sehe, dass ich die ganze Zeit daran festhalten möchte. So scheint es zumindest. Ich möchte vertrauen, aber ich traue mich nicht.

Wenn du das „Ich" wegnimmst, gibt es nur noch Präsenz. Es gibt eine Geist-Körper-Einheit, die leer ist, und wenn etwas geschieht gibt es eine Antwort. Diese Antwort kommt nicht vom „Ich", sondern von irgendwo tiefer.

So erlebe ich das nicht. Wenn ich etwas entscheiden muss, dann fühle ich eine Verantwortung, bei diesem „Ich" zu bleiben. Wenn ich also auf eine Situation treffe, kann ich nicht spontan sein. Es braucht eine lange Zeit, bis ich herausgefunden habe, wie ich mich fühle ... vielleicht wütend oder freundlich oder zurückhaltend ... und schließlich beginnt das Vertrauen zu wachsen.

Ich würde sagen, du bist ein Opfer des „Ich". Du betrachtest alles aus der Perspektive des „Ich". Hast du schon einmal überlegt, wer dieses „Ich" ist und ob du es finden kannst?

Ich glaube, es ist so etwas wie ein Fremder.

Das „Ich", von dem wir allgemein annehmen, es zu sein, haben wir nach und nach über viele Jahre hinweg geschaffen – durch Konditionierung, Imitation und Identifikation. Wir können es das falsche Selbst nennen. Wir erfahren die Welt von diesem illusionären „Ich" aus, an dessen Existenz wir fest glauben und mit dem wir uns identifizieren. Manchmal vertraut es, manchmal vertraut es nicht. Das Ergebnis ist das, was du beschreibst – Trennung.

Es taucht die Frage auf: „Wenn ich nicht der bin, der ich zu sein glaube, nicht dieses ‚Ich', mit dem ich mich identifiziere, wer bin ich dann?" Wenn wir das untersuchen, werden wir feststellen, dass das falsche Selbst oder das kleine „Ich" nur aus Erinnerungen an die Vergangenheit oder aus Projektionen in die Zukunft besteht. Es besteht aus Erinnerungen, Bestrebungen, Wünschen, Hoffnungen und Ängsten. Im Alltag beziehen wir uns von diesem „Ich" aus auf alles, was uns begegnet. Wir beschäftigen uns mit unseren Konzepten, Vorstellungen und Überzeugungen und versuchen unser Leben zu kontrollieren und zu manipulieren, um das zu sein, was „Ich" sein will.

5

Durch die Überprüfung des falschen Selbst fallen alle unsere falschen Vorstellungen und Überzeugungen weg und es offenbart sich das, was wir immer schon gewesen sind; das, was ich das Selbst oder das ewige Selbst nenne. Wir werden uns des sich entfaltenden Lebens gegenwärtig. Die Wellen legen sich und wir sehen den großen blauen Ozean, der immer schon da gewesen ist. Das sind wir. Es war nur ein großes Missverständnis, eine falsche Identifizierung.

Als ich Ende zwanzig war, lebte ich für drei Jahre in Tokyo und ich hatte oft ein schreckliches Gefühl des Getrenntseins. Diese Zeit in Japan erwies sich als sehr wichtig für mich, weil sie mich dazu brachte, mich selbst zu betrachten; etwas, was ich vorher noch nie getan hatte. Ich begann, mich selbst im Spiegel der Japaner zu sehen. Ich fing an, die britische Konditionierung zu erkennen, mit der ich mich fraglos mein ganzes Leben lang identifiziert hatte.

Diese Identifikation, bei der wir uns eher mit der Welle statt mit dem Ozean identifizieren, nennen wir das Ego. Wir identifizieren uns mit etwas, was wir selbst durch den normalen Prozess des Heranwachsens geschaffen haben, durch die Einflüsse von Familie, Freunden, Gesellschaft, Religion und Kultur. Das ist ganz normal, und weil alle um uns herum damit beschäftigt sind, ihr Ego aufzubauen, geben wir selbstverständlich auch all unsere Anstrengung da hinein. Innerhalb der Gesellschaft erhält das Ego so viel Unterstützung, dass wir weder seine Struktur noch seine Falschheit erkennen.

Ein Mann, schon verspätet für ein wichtiges Treffen, suchte auf einem überfüllten Parkplatz verzweifelt nach einer Parklücke. Er schaute zum Himmel und flehte, „Gott, wenn du für mich eine Parklücke findest, verspreche ich, dass ich wieder zur Kirche gehen werde." Kaum hatte er die Worte ausgesprochen, als er direkt vor seinem Wagen einen freien Parkplatz erblickte. Nach oben schauend sagte er, „Hat sich erledigt, ich habe schon einen gefunden."

Je stabiler wir unser Ego erschaffen, desto erfolgreicher können wir in dem sein, was wir erreichen wollen. Wir können zum Chef werden, zum Bundeskanzler oder zum reichsten Menschen. Es gibt auch eine andere Art Ego, das sich klein macht und ein Opfer, ein Verlierer sein möchte. Wie auch immer, jeder nimmt Teil am Wettbewerb. Wir glauben, diese Konstruktion, diese Festung, die wir aufgebaut haben, verteidigen zu müssen.

Die Konstruktion in unserem Verstand spiegelt sich wider in der Welt. Man kann das überall sehen. Wenn wir uns ein Haus bauen, dann errichten wir zuerst einen großen Zaun – er markiert die Grenzen unseres Egos – und dann ein großes Tor an der Vorderseite. Vielleicht installieren wir sogar Sicherheitskameras oder beauftragen Wachleute, um unsere Festung zu schützen.

Manchmal öffnen wir das Tor unserer Festung und bitten unsere Freunde herein. Das ist eine Gruppe Menschen, die dieselben Vorstellungen haben wie wir. Sie beschäftigen sich mit denselben Dingen wie wir und sie unterstützen uneingeschränkt unsere Identität. Sie tragen die richtige Kleidung, sie gehen zu den gleichen Orten und verstärken absolut unsere Vorstellungen von uns selbst. Dann gibt es noch eine andere Gruppe von Menschen: Feinde. Für sie öffnet sich das Tor natürlich nicht. Das sind die Leute, deren Vorstellungen sich sehr von den unseren unterscheiden, deshalb werden sie auch nicht in unsere Festung eingeladen.

Sich sein Ego anzuschauen, kann extrem unangenehm sein, denn jeder liebt seine Ego-Konstruktion. Schließlich bist du ja davon überzeugt, dass du das bist. Dies ist dein Lebenswerk. Deine größte Konstruktion, „mein" Leben, „Ich", und genau das steht im Weg; es hält dich davon ab, in Freiheit zu leben und in deiner wahren Natur zu sein.

Du musst nichts machen, um so zu sein, wie du bist. Das ist wahr, wo immer du dich im Leben befindest, auf welchem Weg du auch reist. Auf dem spirituellen Weg wirst du auf unerklärliche Weise zu etwas sehr viel Tieferem hingezogen als zu dem, wie du dich selbst kennst. Aber auch wenn du ein spiritueller Sucher wirst, das, was du suchst, ist das, was du immer schon gewesen bist.

Das Einzige, was dich davon abhält, das zu erkennen, ist deine Identifizierung mit dem falschen Selbst. Alles, woran du glaubst, deine ganzen Vorstellungen und Urteile, sind dir einfach im Weg. Du wurdest durch bestimmte Vorstellungen konditioniert. Du nennst sie „meine" Vorstellungen, aber wenn du sie wirklich untersuchst, dann wirst du schnell entdecken, dass die meisten von ihnen einfach die Vorstellungen von anderen sind, die du lediglich wiederholst. Wenn etwas in deinem Leben geschieht, dann reagierst du aus diesen Vorstellungen und Überzeugungen heraus. Mehr oder weniger leben wir alle so. Wenn du sehr ehrlich bist, kannst du sehen, dass du eine Art konditionierter Roboter bist. Das ist natürlich nicht so angenehm.

Wenn du das noch nie vorher gehört hast, kann das sehr schockierend sein, weil es bedeutet, dass alles, womit du dich identifiziert hast, nicht wahr ist; es ist eine Illusion. Diese Illusion ist in deinem Verstand entstanden. Sie ist wie ein Film, der 24 Stunden am Tag das ganze Jahr über spielt, dein ganzes Leben lang; aber du bist der Einzige, der ihm zuschaut. Alle anderen sind damit beschäftigt, ihren eigenen Film anzuschauen – und so fühlen wir uns alle voneinander getrennt. Es bedarf einer großen Anstrengung, diese Dualität aufrecht zu erhalten, aber jeder macht es.

Die Realität ist, dass du niemals getrennt warst. Du bist immer Teil des Ganzen gewesen. Es mag dir nicht so vorkommen, denn wenn du dich umschaust, siehst du viele Körper und so kannst du dich leicht von ihnen getrennt fühlen; aber wenn du wirklich verstehst, dann siehst du, dass es nicht so ist. Dann wirst du die Wellen nie als getrennt vom Ozean betrachten; und in der gleichen Weise bist auch du niemals getrennt vom Bewusstsein. Du bist absolut eins damit.

Unter einem Bann leben
Unsere falsche Identifikation

Ich lud Edward, einen der Teenager aus unserer Gemeinschaft, und Luc, einen Freund ein, den neuen Harry-Potter-Film anzusehen. Als die Lichter erloschen und der Film begann, vergaß Edward sofort seine Popcorn-Tüte und seine Limonade. Durch einen flüchtigen Blick zur Seite konnte ich sehen, wie schnell er versunken war. Er vergaß den Sitz neben ihm und die leere Leinwand, die noch eine Minute zuvor dagewesen war. Er war gänzlich versunken in die schönen Bilder und in die magische Geschichte, die aus dem Projektor auf die Leinwand projiziert wurde und seine Einbildungskraft überflutete. Er war erfüllt von Furcht, wenn ein Monster auftauchte, er weinte bei den Tragödien, und er lachte bei den guten Zeiten. Er war voll und ganz im Film.

Nach dem Film fuhren wir im Auto zurück nach Hause. Edward döste auf dem Rücksitz unter seinen Kopfhörern und Luc saß neben mir auf dem Beifahrersitz. Wir begannen, uns über den Film zu unterhalten und kamen bald auf ein Thema, das seinem Herzen näher war als Hexenmeister und Zaubersprüche.

─── • ───

Ich hoffe du bist nicht gelangweilt, wenn ich zurück zum „Ich" komme. Ich kann mein „Ich", meine Persönlichkeit, immer wie etwas Beständiges in mir fühlen, und ich kann fühlen, wie es reagiert und wie ich einfach mit ihm einher gehe und völlig darin gefangen bin. Ich weiß nie, wie ich da herauskommen kann!

Mit dem „Ich" identifiziert zu sein ist ein bisschen wie eine Rolle in dem Film zu spielen, den wir gerade gesehen haben. Sagen wir mal, du bist der Bösewicht: Du ziehst dein Kostüm an und spielst gemäß dem Drehbuch deine bestimmte Figur. Allmählich wird diese Figur zu deiner alltäglichen Wirklichkeit. Du übernimmst diese Rolle und nennst sie „Mein Leben". Du tust es fast unbewusst, ohne jemals wirklich zu sehen, was geschieht.

Wenn du lebst, ohne mit dem „Ich" identifiziert zu sein, spielst du keine Rolle mehr. Es ist wie die Abwesenheit einer Figur, und das Leben entfaltet sich in der Gegenwart von Augenblick zu Augenblick.

Manchmal ist da ein „Ich", manchmal ist da kein „Ich". Wenn ich anfange, darüber nachzudenken, wie sehr ich diesem „Ich" anhafte, dann fühle ich Schmerz.

Wir glauben, der Handelnde unseres Lebens zu sein: „Ich übe die Kontrolle aus und ich entscheide, was ich tun werde und wann." Wenn du deinen Arm hochhebst, denkst du vermutlich: „Ich hebe meinen Arm." Wenn ich glaube, dass „Ich" meinen Arm hebe, dann bin ich identifiziert mit diesem „Ich", das etwas tut. Dies wird zu Leiden führen. Vielleicht nicht sofort, aber wie du sagtest, es erzeugt Schmerz, wenn es darüber Gedanken gibt.

Wenn du glaubst, dass „Ich" meinen Arm hebe, dann bist du identifiziert mit diesem „Ich", das dies tut.

Aber im wirklichen Leben muss ich Dinge erledigen.

Ich habe heute ungefähr 20 Emails beantwortet. Ich hatte zwei oder drei Treffen. Ich habe das Auto repariert, bevor ich Edward mitgenommen habe – und so weiter. Es ist also heute viel passiert, aber „Ich" habe es nicht getan.

Was passiert, wenn du ins Kino gehst? Bis der Film beginnt, bist du dir deines Sessels bewusst, deines Popcorns, deines Getränks und der leeren Leinwand. Die Lichter erlöschen und plötzlich wird die Leinwand von Farben und Handlungen bedeckt. An diesem Punkt bist du dir bewusst, dass dies aus dem Filmprojektor kommt. Du bemerkst, dass nicht mehr viel Popcorn übrig ist und vielleicht verschüttest du dein Getränk und fühlst einen klebrigen Fleck an deiner Socke. Du begreifst, dass der Film, den du gerade ansiehst, nur eine Fantasie ist.

Läuft der Film weiter, wirst du ziemlich schnell vollkommen absorbiert. Vielleicht identifizierst du dich mit einem der Charaktere, vielleicht verlierst du dich einfach in der Handlung des Films, aber ziemlich bald bist du dir deiner selbst nicht mehr bewusst, darüber, wie du im Sessel sitzt und einen Film ansiehst. Wenn der Abspann abrollt und die Lichter angehen, bist du vielleicht ein bisschen aufgewühlt, weil du zu diesem Zeitpunkt bereits ein Spion, ein Abenteurer oder ein Superheld geworden bist und es in deiner eigenen Wahrnehmung keine Trennung zwischen dir und der Figur im Film mehr gab. Dann ist der Film plötzlich vorbei und du bist zurück, sitzt im Sessel, umklammerst eine leere Tüte Popcorn und fühlst etwas Klebriges an deiner Socke.

Alle anderen verlassen jetzt den Kinosaal, also blinzelst du vielleicht ein paar Mal, stehst auf, und dann, auf eine eher verletzliche Art, findest du deinen Weg nach draußen. Wenn du zurück auf die Straße kommst, die dir vertraut ist, fühlst du dich wieder normal: „Oh! Es war nur ein Film!"

Jeder weiß, dass der Film im Kino nur Licht ist, das durch einen Filmstreifen aus Kunststoff leuchtet, aber was du siehst und erfährst, wenn du aus dem Kino herauskommst, hältst du für die Wirklichkeit. Ich will damit andeuten, dass das, was du „Mein Leben" nennst, tatsächlich nur ein Film ist, der sich in deinem Kopf abspielt und der in etwa so real ist wie der letzte Harry-Potter-Film.

Wir kamen auf diesen Planeten als ein sehr winziges Bündel, ein kleines Baby, ein bisschen so wie eine leere Leinwand, und dann wurden wir von unseren Konditionierungen eingenommen, und so begann unsere Geschichte. Die Geschichte unterscheidet sich, je nachdem, in welche Kultur, in welche Religion oder in welche politische Situation wir hineingeboren wurden. Es kann eine tragische oder eine herzerwärmende, freudvolle Geschichte sein – aber meistens ist sie irgendwo dazwischen.

Diese Geschichte, in der wir uns wiederfinden, läuft so natürlich ab, dass wir das nicht einmal realisieren. Das Ego entwickelt sich und allmählich nehmen wir uns selbst und die Welt von unserer bestimmten Geschichte aus wahr. Diese Geschichte ist wie ein Bann. Sie fühlt sich vollkommen normal an, weil wir zu 100 Prozent mit unserer bestimmten Rolle in der Geschichte identifiziert sind. Wir sind der Hauptdarsteller, wir haben unsere eigenen Kostüme entworfen, wir sind der Produzent und der Regisseur; und natürlich sind wir der Hauptzuschauer. Tatsächlich sind wir der einzige Zuschauer, weil alle anderen damit beschäftigt sind, ihre eigene Geschichte zu kreieren und zu spielen.

Wenn ich ein Hexenmeister wie Harry Potter wäre und einen Bann über dich gesprochen hätte, würdest du nicht wissen, dass ich das getan hätte. Nur wenn du daraus befreit wärest, würdest du wissen, dass du unter dem Bann gewesen bist. Mit dem Ego ist es das Gleiche. Es ist sehr schwer zu sehen, wenn du selbst im Ego bist und glaubst, ein getrennter Jemand zu sein; wenn du also dem Film glaubst, der sich vor deinen Augen abspielt.

Ob der Film nun dramatisch ist oder nicht – fast jeder ist in diesem Bann gefangen, völlig identifiziert mit seiner bestimmten Rolle in diesem Film „Mein Leben". Das ist die Essenz dessen, was wir sehen müssen, um frei zu werden. Wir müssen um die Ecke unseres eigenen Lebens biegen und sehen, dass dieser unglaubliche Film, auf den wir starren, nur eine Fantasie ist. Es macht keinen großen Unterschied, was für eine Art von Film das ist. Wenn du frei werden und deine wahre Natur leben willst, dann musst du sehen, dass dein Film Fantasie ist.

Wenn wir dem Bann des Filmes unterliegen, spielen wir unsere Rolle völlig unbewusst aus. Unser Verhalten passt sich immer der jeweiligen Geschichte an, in der wir uns befinden. Wir alle wissen das.

Wenn wir dahin kommen, anzufangen, unsere Geschichte zu sehen, kann das ziemlich schockierend sein, weil wir Dinge erkennen werden, die wir vielleicht nicht besonders mögen. Selbst wenn wir uns sogar wundern, „Warum tue ich das?", machen wir dennoch damit weiter, die gleichen Dinge zu tun, weil wir völlig identifiziert sind mit der Rolle, die wir in unserem Film angenommen haben. Dies intellektuell zu verstehen ist ein guter Anfang, denn es ist sehr schwer, zu dem zu gelangen, was real ist, solange du an die Wirklichkeit deiner Rolle glaubst.

Tatsächlich ist es sehr, sehr einfach, aber doch scheint es kompliziert zu sein, weil unser Film so kompliziert ist. Es ist ein sonderbares Paradoxon, dass wir einerseits nach der Wahrheit, nach Liebe, nach Frieden und nach Leerheit suchen, nach dem, was unsere wahre Natur ist, und zur selben Zeit laufen wir ebenso entschlossen davor weg. Wir glauben eher unserem Film. Wir bewegen uns darauf zu, zu wissen, wer wir sind, und gleichzeitig erzeugen wir eine Art Nebelschleier, der uns daran hindert, dem wirklich zu begegnen.

Wenn du deine wahre Natur erkennst, frei von ihrer angenommenen Rolle, ohne auch nur irgendetwas zu tun, ändert sich alles. Alles ist anders, und dennoch dasselbe. Dein Film hat eine Art Momentum und deshalb läuft er weiter, aber er hat nicht mehr denselben Biss. Er ist wie die Schatten, die dich nicht greifen können. Selbst wenn dein Film dir erzählt, dass du klein und verloren bist, nur ein Opfer des Lebens, weißt du, dass es nur eine Geschichte und nicht wahr ist. Wir haben viele solche Geschichten.

Meine Empfehlung ist, Hilfe in Anspruch zu nehmen, um dich aus dem Bann zu befreien – du brauchst einen anderen Zauberer (genannt „spiritueller Lehrer"), um voranzukommen, einen, der deinen Film sehen kann und dich dahin führen kann, ihn für dich selbst zu sehen.

Ein ehrgeiziger Mönch wollte einen Guru finden. Er ging zu einem Kloster und der Guru sagte ihm: „Du kannst hier bleiben, aber wir haben eine wichtige Regel – alle Schüler beachten das Schweigegelübde. Es ist dir erlaubt, einmal alle zwölf Jahre zu mir zu sprechen."
Nach zwölf langen Jahren der Übung von Stille und

> *Meditation konnte der Schüler schließlich seine eine Sache sagen, und er sagte: „Das Bett ist zu hart." Nach weiteren zwölf Jahren anstrengender Stille und Meditation hatte er die Gelegenheit, wieder zu sprechen. Er sagte: „Das Essen ist nicht gut." Weitere zwölf Jahre mit viel Anstrengung vergingen. Seine Worte nach 36 Jahren der Übung: „Ich gehe!"*
>
> *Darauf antwortete sein Guru unverzüglich: „Gut; alles, was du gemacht hast, war, dich zu beschweren."*

Lass die Geschichten abfallen. Geh nicht wieder dorthin zurück. Die Einladung ist, einfach jetzt hier zu sein – sei gegenwärtig, hier, in diesem Augenblick. Wenn du das übst, werden sich diese alten Filme, die in ihrer Intensität so real erschienen, immer weniger fest und immer weniger real anfühlen.

Sobald du es klar siehst, ist der ganze Bann gebrochen, und dann ist es vorbei. Der Bann wird dann gebrochen, wenn du aus deiner Identifikation mit der Illusion erwachst. Wenn du dich mit der leeren Leinwand identifizierst, spielt es keine Rolle mehr, was auf sie projiziert wird, weil du weißt, dass du die Leinwand bist und nicht der Film.

Es kommt oft vor, dass Menschen viel lachen, wenn sie Selbst-Verwirklichung erfahren. Du kannst für zwei oder drei Tage über den Witz all dessen lachen: Jahre und Jahre zu glauben, ein Jemand zu sein und dann ... plötzlich – Peng! – siehst du, dass es absolut nicht wahr war. Dies ist ein ungeheuerlicher Witz.

Lebende Spiegel
Projektionen verursachen unser Leiden

Ich erwache gegen acht Uhr an einem klaren Morgen und mit dem unwillkürlichen Gezwitscher der Vögel. Unendlich fließt der weite Bogen des mächtigen Rheins am Fenster vorbei. Ein enormes Gefühl von Raum und von Leere ist da. Ich beobachte die regelmäßige Reihe großer Schiffe, die auf dem Fluss vorbeifahren – ein Kontrast zu den kleinen Privat-Yachten, die in dem kleinen Hafen unter meinem Fenster vor Anker liegen.

Ich trinke eine Tasse meines geliebten Earl-Grey-Tees und sitze in der warmen Sonne, die durch mein Fenster hereinströmt. Dabei denke ich über eine Frau nach, die die letzten zehn Tage in der Community verbracht hat. Sie erzählte mir gestern, dass sie sich darüber geärgert habe, wie eine andere Frau sie behandelt hätte, die für die Küche zuständig ist. Sie ging so weit, sie überheblich und sogar böse zu nennen. Während sie nur bemüht gewesen sei, freundlich und hilfsbereit zu sein, sei die andere sehr unfreundlich gewesen und habe versucht, in ihre Privatsphäre einzudringen.

Dieses Verhalten ist ein großartiges Beispiel für Projektion. Projektion bedeutet, sich einzubilden, dass jemand anderes für das verantwortlich ist, was in deinem Inneren vor sich geht. Wenn du dem Leiden in deinem Leben ein Ende setzen möchtest, musst du dafür die Verantwortung übernehmen. Es hat nichts mit jemandem dort draußen zu tun. Das zu erkennen ist ein großer Schritt, weil wir unsere meiste Zeit damit verbringen, auf andere zu projizieren und sie für unser Elend verantwortlich zu machen.

Um unsere Gewohnheit des Projizierens zu beenden, sollten wir uns ehrlich unsere Verhaltensmuster anschauen – ohne Wertung und ohne Meinung. Wir müssen sie nicht ändern, wir müssen sie nur sehen. Sobald sie erkannt werden, sind sie nicht mehr automatisch. Wir hören auf, roboterhaft zu handeln, sind nicht mehr ein Opfer unserer Konditionierung, und wir werden uns des Lebens gegenwärtig, so, wie es wirklich ist, und nicht so, wie wir es uns vorstellen.

> *Eine zierliche ältere Dame geht zum Arzt und sagt: „Herr Doktor, ich habe dieses Problem mit den Blähungen, aber es stört mich nicht zu sehr. Es riecht nie und es ist immer geräuschlos. Tatsächlich habe ich mindestens zwanzig Mal einen ziehen lassen, seit ich in Ihrem Sprechzimmer bin. Sie haben nichts davon bemerkt, weil es nicht riecht und geräuschlos ist.“*
> *Der Arzt sagt: „Ich verstehe. Nehmen Sie diese Tabletten und kommen Sie nächste Woche noch einmal zu mir.“*
> *In der darauffolgenden Woche kommt die Dame wieder. „Herr Doktor“, sagt sie, „ich weiß nicht, was Sie mir gegeben haben, aber wenn ich jetzt einen ziehen lasse … obwohl es immer noch geräuschlos ist, stinkt es ganz fürchterlich.“*
> *„Gut“, sagt der Arzt, „nachdem Ihre Nebenhöhlen jetzt wieder frei sind, können wir uns Ihrem Gehör widmen.“*

Der Grund, warum wir unsere Tendenz, zu projizieren, nicht sehen wollen, ist der, dass dies fast immer mit einigem Schmerz verbunden ist. Wir sind darauf konditioniert, stets angenehme Gefühle haben zu wollen. Deshalb laden wir natürlich nicht etwas ein, was schmerzhaft sein könnte; tatsächlich vermeiden wir es, indem wir es auf jemand anderen projizieren. Ich lud die Frau, die sich geärgert hatte, zu einem Spaziergang am Rhein ein, und wir sprachen darüber, auf welche Weise die Projektion in ihrem Leben funktioniert.

• —— •

Nach dem, was du mir erzählt hast, scheint es, dass du in deiner Arbeit und in deinem täglichen Leben bereits viele Gauner kennengelernt hast. Dies waren keine netten Leute und sie haben dir „schlimme" Dinge angetan. Deshalb bist du hier hergekommen, nun zum zweiten Mal, aber es ist klar, dass du immer noch denkst: „Wir werden sehen. Ich probier's noch einmal. Aber wahrscheinlich sind sie auch Gauner und Kriminelle; und sie werden mich auch ausbeuten oder schlimme Dinge tun."

Nun hast du es sogar geschafft, aus Darya eine Kriminelle zu machen. Weißt du, es ist fast unmöglich, aus Darya eine Kriminelle zu machen, weil sie die meiste Zeit ihres Lebens damit verbracht hat, älteren Damen über die Straße zu helfen. Sie ist die letzte Person, die man sich als Gaunerin vorstellen könnte.

Sie ist nicht besonders nett.

Richtig. Sie ist nicht besonders nett. Trotzdem ist sie so nett, dass wir ihr schon oft gesagt haben: „Du musst anfangen, etwas unfreundlicher zu sein."

Naja, sie hat damit angefangen!

Aber in deinen Augen war sie bereits eine schreckliche, gemeine Person! Was glaubst du, was das ist? Ist das wahr? Oder hat das etwas mit dir zu tun? Es muss etwas mit dir zu tun haben, weil du vom Leben so brutal behandelt wurdest, dass du bereit bist, zu glauben, dass sogar Darya schrecklich sein könnte. Und dieselbe Vorstellung hast du von der Welt. Du machst sie bedrohlich, voll von Dieben und Menschen, die dich betrügen wollen.

Du reist von Ort zu Ort und suchst nach Antworten und innerem Frieden, aber du bist ständig misstrauisch. Da gibt es nicht viel Vertrauen. Wenn du die Welt verantwortlich machen möchtest, wenn du jemand anderen verantwortlich machen möchtest, dann hast du keine Chance aus deinem Leiden herauszukommen.

Der erste Schritt ist, Verantwortung für den Teil in dir zu übernehmen, der der Welt und anderen Menschen die Schuld gibt. Du möchtest in diesem Moment wahrscheinlich wegrennen, aber wenn du wirklich dieses Leiden nicht mehr in deinem Leben haben möchtest, dann musst du einen Platz finden, an dem du dich entspannt, sicher und unterstützt fühlen kannst und an dem die Dinge auf eine authentische Art und Weise passieren. Aber es wird nicht immer nett sein! Es kann nicht immer nett sein.

Ja. Darya erreicht etwas in meinem Inneren. Sie ist so angespannt und gereizt, und sie weiß es nicht einmal.

Hier in dieser Gemeinschaft werden durch all die unterschiedlichen Menschen alle Arten von Spiegel angeboten. Wenn du diese Spiegel und auch deine Spiegelung akzeptierst, wirst du anfangen, dich selbst zu sehen und in dir wird sich etwas ändern können. Aber das ist keine Aufgabe von fünf Minuten, deshalb brauchst du etwas Vertrauen und den Willen, für diesen Prozess offen zu sein.

Ja, ich habe etwas gesehen, aber jetzt ist es verschwunden.

Es ist schon lustig, dass du mit Darya in der Küche bei der Küchenarbeit gelandet bist, und dass ihr ganz offensichtlich sehr starke Spiegel füreinander seid. Siehst du, es ist so schön, wie die Existenz arbeitet.

———————

Dann habe ich sie allein gelassen, damit sie für sich weiter gehen konnte, mit den Vögeln entlang der weiten Wiesen am Fluss. Später war sie zurück in der Küche, lachte und schnitt Karotten, zusammen mit ihrem Spiegel Darya, die genau dasselbe tat und ihr gegenüber stand.

Als ich später am Tag alleine im Hof saß und den Pfauen zusah, die dort herumliefen, ging ich die Gründe durch, warum diese Frau nicht glücklich und in Frieden sein konnte.

Alle Menschen sind ständig dabei, zu bewerten und sind absolut unzufrieden mit dem, wo sie stehen, was sie tun oder mit wem sie zusammen sind. Sie wünschen sich ständig, an einem andern Ort zu sein, weil es „irgendwo anders" anscheinend besser ist als hier. Wenn du diese Unzufriedenheit und dieses Unglück auf einen Anderen projizierst, vermeidest du, die Verantwortung dafür zu übernehmen, dass es um dich selbst geht. Du kannst sagen, „sie tut mir etwas an", aber das ist ein bisschen wie eine faule Ausrede, da du ja eine Wahl hast. Wenn etwas passiert, kannst du sagen, „ihre Schuld, dass ich mich so fühle", oder du kannst sagen, „da ist tatsächlich etwas in mir, das ich mir anschauen kann".

Die schreckliche Wahrheit ist: Es ist niemals der Andere. Es ist immer deine eigene Projektion. Niemand tut dir jemals etwas an. Du magst das nicht glauben, weil du gerne jemand Anderem die Schuld an all deinem Leiden gibst.

Es ist so leicht, zu glauben, dass jemand Anderes uns unser Leid zugefügt hat. Was wäre, wenn du erkennst, dass der Schmerz dir hilft und nicht gegen dich gerichtet ist? Wenn du dir zum Beispiel in den Finger schneidest, dann gibt dir der Körper ein Schmerzsignal und du kannst die Wunde versorgen. Genauso ist es, wenn du ein Drama erlebst; der emotionale Schmerz zeigt dir, dass es eine Verletzung gibt, die Aufmerksamkeit erfordert.

Diese emotionale Verletzung resultiert aus einer Anhaftung an eine bestimmte Situation aus der Kindheit, die in dir verblieben ist. Es ist nicht durch jemand Anderen verursacht. Die aktuelle Szene kann ein Auslöser dafür sein, aber das, was ausgelöst wird, ist etwas, das schon in dir vorhanden war. Oft reicht es schon, in eine bestimmte Situation zu kommen, um sofort diesen Schmerz auszulösen.

Während man in der Illusion des „Ich" gefangen ist, werden die konditionierten und unbewussten Verhaltensweisen immer wieder zu Schmerz führen. Der einzige Weg, aus dem Schmerz heraus zu kommen, ist Selbst-Erkenntnis. Nach und nach wirst du herausfinden, dass du nicht in ihn hineingehen musst. Wenn du eine wirkliche innere Ruhe erreicht hast, dann ist es viel einfacher, den Schmerz aus einiger Entfernung zu betrachten.

Im Zusammenhang mit spiritueller Freiheit musst du zu einem Punkt kommen, an dem du den Schmerz akzeptierst. Wahrscheinlich ist die Angst vor dem Schmerz viel schlimmer als der tatsächliche Schmerz. Du fürchtest, jemand könnte dir etwas antun, weil du dich von dieser Person getrennt glaubst. Es geht immer wieder zurück auf diese falsche Identifikation.

Das Leben ist jenseits von Leiden und Glück. Wenn du alle Anstrengungen beendest, dich gegen das zu wehren, was ist, dann ist das Leben plötzlich unglaublich. Nicht, dass sich alles in Gold verwandeln würde, nicht, dass alle Bäume außer der Zeit zu blühen anfangen und Blütenblätter auf deinen Kopf regnen lassen würden. Nicht, dass dich jeder plötzlich lieben würde. Es ist nur so, dass alles absolut akzeptiert ist, und jedes gewöhnliche Ding wird sehr schön.

Der nervöse Taxifahrer
Strukturen des Verstandes

Vor einem Jahr zog eine junge Frau in die Gemeinschaft und ist seitdem zu einer der kompetentesten Leute im Haus geworden; sie ist verantwortlich für viele verschiedene Projekte und Aufgaben. Felicia erledigt ihre Arbeit hervorragend und mit Interesse. Allerdings hat sie ein ungeheuer starkes Muster im Inneren, das ihr sagt, sie sei nicht gut genug. Daraus ergibt sich eine starke Opfer-Mentalität, und so verfängt sie sich oft sehr stark in emotionalen Dramen. Zum Glück erkennt sie dieses Muster, und so kam sie vor kurzem und erzählte mir, was mit ihr los war. Wir saßen in der Kunstgalerie, einem schönen Teil im Haus unserer Community und tranken zusammen Tee.

Heute nach dem Mittagessen gab es einen kleinen Moment der Ruhe, als ich still allein saß, aber dann kam jemand und bat mich um etwas, und das Ganze fing sofort wieder an. Es passiert so schnell, und es erzeugt so viel Stress! Da ist so viel Angst und Wut gegen alles, dass ich einfach darin verloren gehe. Ich habe eine kleine innere Stimme, die mich manchmal zur Gegenwart zurückführt, und da ist auch etwas Klarheit, aber dann passiert das Nächste, und ich vergesse sie komplett. Und sofort kommen wieder die anderen Botschaften, wie: „Ich bin nicht gut genug!"

Warum hältst du an dem ganzen Rest fest? Warum bleibst du nicht einfach bei dieser inneren Stimme?

Ich vergesse es einfach.

Gibst du dieser Stimme eine echte Priorität? Oder wählst du immer die alte Geschichte?

Wenn ich in meinem Arbeitstag gefangen bin, dann vergesse ich einfach, dass da eine innere Stimme ist. Ich kann mich nicht mehr erinnern! Es ist, als sei ich eine völlig andere Person, die sich nicht mehr erinnern kann.

Klebe einen Erinnerungszettel an deinen Computer: „Hier bin ich!" Es würde einen großen Unterschied in deinem Leben machen, wenn du dich an diesen Teil deiner Selbst erinnern würdest, denn das BIST du. Das ist dein Wesen. Und all das andere Zeug, das passiert – dieses ganze Drama und Blabla –, das brauchst du wirklich nicht mehr in deinem Leben. Du kannst das alles komplett fallen lassen.

Nach diesem Gespräch sah ich, wie sie sich ansatzweise veränderte, aber immer noch verfing sie sich sehr schnell und vergaß den Rat, den ich ihr gegeben hatte und alles, worüber wir gesprochen hatten. Erst einige Monate später sprach ich noch einmal persönlich mit ihr, und zwar in einer Satsang-Live-Übertragung aus Indien, während unseres jährlichen Indienretreats.

Wir übertrugen den Satsang mit kleinen Internet-Sticks für die Verbindung und mit Flaschen voller Insektenspray gegen die Moskitos. Felicia kam über Skype in die Sitzung und teilte kurz mit, dass sie sich in den letzten Tagen wieder völlig in ihre vielen Dramen verwickelt hatte, was ihr das Leben schwer machte und sie völlig aufrieb.

In dem Bemühen, ihr zu helfen, versuchte ich ihr exakt darzulegen, welche inneren Vorgänge ich bei ihr sehen konnte. Offensichtlich hatte unser früheres Treffen ihr das nicht klar genug zeigen können.

Lass uns genau hinschauen, was passiert. Du nimmst alles um dich herum als real wahr und erlebst dich selbst als getrennt von

Objekten und Personen. Du lässt zu, dass du von allerlei Emotionen überschwemmt wirst. All diese emotionalen Reaktionen sind Verstand. Ein Gedanke kommt und darauf folgt ganz schnell eine Emotion.

Auf diese Weise bleibst du getrennt. Das ist eine tiefsitzende Strategie, die schon die längste Zeit deines Lebens da gewesen ist. Dazu kommt das Gefühl von „jemand tut mir etwas an". Eigentlich tut niemand dir irgendetwas an. Du tust es dir dauernd selbst an, und wenn du ehrlich hinschaust, wirst du das erkennen.

Du überprüfst ständig das Außen. So wirst du sehr mit den Anderen verwickelt: „Wo sind sie? Wie geht es ihnen? Wie geht es mir im Vergleich?" Eine Struktur deines Verstandes heißt: „Ich bin nicht gut genug". Dies bedeutet nicht, dass du tatsächlich nicht gut genug bist – es ist nur dein Verstand, der dir das sagt.

Es wäre sehr hilfreich für dich, mehr Meditation und Stille in dein tägliches Leben zu bringen. Wir sind sehr darauf programmiert, uns in Beziehung zu setzen und unsere Geschichte zu erzählen; wie wir uns fühlen, wie wir es gerne hätten, „könnten wir nicht einfach alles verändern" und bla, bla, bla. Wir haben der Welt so viele wichtige Dinge zu verkünden. Wir wollen, dass alle Bescheid wissen über unsere starken Gefühle bezüglich allem.

Die Einladung ist, bei dem stillen Teil zu bleiben, hinzusehen und herauszufinden, was sich nicht ändert. Um wirklich in Kontakt damit zu kommen, hilft es, ruhig zu sein, nicht zu reden, keine Geschichten und Strukturen zu aktivieren. Wenn du leerer und stiller bist, wirst du in der Lage sein, für dich selbst zu sehen, was los ist. Dies wird Selbst-Gewahrsein genannt, und es ist wichtig für dich, dass du jetzt diese Fähigkeit entwickelst.

Im Grunde willst du nicht zulassen, was da ist. Du findest immer eine Ablenkung, so dass du nicht wirklich anschauen musst, was gerade passiert. Du tust irgendetwas, nur um zu vermeiden, dass du es siehst; du vertuschst es und tust so, als sei es nicht da. Aber das Beste, was du tun kannst, ist, es absolut zu akzeptieren. Es ist nicht falsch. Es ist einfach das, was passiert.

Wenn du immer etwas unternimmst, um dein Gefühl zu verstecken, wird alles sehr kompliziert. Wenn du aber völlig akzeptierst, was immer auch geschieht, zu hundert Prozent, dann wird sich dadurch wirklich etwas in deinem Leben verändern. Du musst gar nichts tun. Sieh es einfach. Beobachte einfach. Du musst die Muster nicht ändern oder sagen, sie seien nicht gut. Du musst nicht über sie urteilen. Akzeptiere sie einfach, wie sie sind.

Für dich ist es mehr als „nicht gut genug". Deine Struktur versetzt dich leicht in eine Opfer-Mentalität und dann denkst du, dass jemand Anderer das in deinem Leben erzeugt. Selbst-Gewahrsein wird dir helfen zu sehen, dass dies komplett unwahr ist. Der Schlüssel zum Selbst-Gewahrsein ist, mehrmals im Laufe des Tages in Stille zu sitzen. Die äußere Ruhe wird dir mehr innere Ruhe geben.

Rational betrachtet weiß jeder, dass du in der Community eine Menge Aufgaben sehr gut erledigst. Du würdest wahrscheinlich feststellen, dass jeder der Meinung ist, dass du gut genug bist. Dies ist eine Art von Realität, aber das hilft dir nicht, weil du deine eigene Struktur hast, die dich ständig mit der falschen Information füttert – nämlich, dass du nicht gut genug bist. Im Laufe des Tages scheinst du zunehmend nach Dingen Ausschau zu halten, die beweisen, dass du nicht gut genug bist. Du wirst zum Opfer. Alles verschwört sich gegen dich. Wenn du diesen Mechanismus wirklich siehst, dann wird er sich von selbst auflösen.

Im Außen muss sich nichts für dich ändern, damit du dich im Inneren gut fühlst. All deine Probleme und Dramen sind von den Strukturen deines eigenen Verstandes geschaffen. Ich bin auf den perfekten Witz für dich und deine Emotionen gestoßen:

> *Ein Fahrgast in einem Taxi beugte sich vor, um etwas zu fragen und tippte dem Fahrer auf die Schulter. Der Fahrer schrie, verlor die Kontrolle über das Steuer, stieß fast mit einem Bus zusammen, fuhr über den Bordstein und stoppte nur Zentimeter vor einem großen Glasfenster. Für einige Augenblicke war alles still im Auto, dann sagte der immer noch zitternde Fahrer: „Es tut mir leid, aber Sie haben mich zu Tode erschreckt." Der verängstigte Fahrgast entschuldigte*

sich beim Fahrer und sagte, er hätte ja nicht ahnen können, dass ein kleiner Klaps auf die Schulter ihn so sehr erschrecken würde. Der Fahrer antwortete: „Nein, nein, es tut mir leid, es ist ganz allein meine Schuld. Heute ist mein erster Tag als Taxifahrer – in den letzten 25 Jahren habe ich einen Leichenwagen gefahren."

●————————●

Nun konnte sie über sich selbst lachen und sagte, sie könne jetzt wie der Taxifahrer sehen, dass sie diese starken emotionalen Reaktionen nicht länger brauche, da sie aus der Vergangenheit kämen und ihr nicht länger dienten.

Rückblickend auf meine eigene Geschichte sah ich, wie auch ich dieses Muster des „nicht gut genug" lange Zeit meines Lebens sehr stark aufrecht gehalten hatte. Eines Tages bemerkte ich, dass es verschwunden war, nicht etwa, dass es ersetzt wurde durch die Idee, dass ich nun gut genug sei, sondern vielmehr einfach durch da sein in jedem Moment, so, wie er sich entfaltete – einfach sein, wie ich bin, und mich nicht darum kümmern, ob ich gut genug bin oder nicht. Seitdem wurde alles sehr schön.

Fast jeder hat oder hatte dieses Muster. Es ist einfach unglaublich, wie verbreitet es ist. Nimm einmal Napoleon; er musste den größten Teil Europas erobern, um zu beweisen, dass er „gut genug" war.

Es scheint mir, dass wir als Kinder nie wirklich gut genug für unsere Eltern waren. Was immer wir taten, es schien nicht das Richtige zu sein. So war das Kind ständig verwirrt und wusste nie wirklich, was in Ordnung war. Diese Unsicherheit wurde mit ins Erwachsenenalter genommen. Aber es ist nicht wahr. Es war damals nicht wahr und es ist heute nicht wahr. Wir sind genau so wie wir sein sollen!

Die Tragödie der Menschheit ist, dass wir nicht verstehen, wie das Leben funktioniert. Wir glauben, dass wir ein getrennter „Jemand" sind, und dann meinen wir, dass dieser „Jemand", so wie er ist, nicht in Ordnung sei. Die Realität ist, dass wir in jedem Moment genau so sind, wie wir sein sollen. Wir können nicht anders sein!

Du kannst ins andere Extrem gehen und sagen: „Ich bin okay!" Du kannst dir jeden Morgen 30 Minuten lang Affirmationen zusprechen, um dich zu überzeugen, dass du in Ordnung bist. Aber das hilft nicht wirklich. Ob du denkst, du bist in Ordnung, oder ob du denkst, du bist nicht in Ordnung, du bist in die Struktur eines „Jemand" eingebunden. Du glaubst, etwas zu sein, was einfach nicht existiert. Solange du an diesem Glauben festhältst, solange du diesem Glauben anhaftest, wirst du mit Sicherheit unter allen möglichen Situationen zu leiden haben.

Wenn diese ganze Struktur sich auflöst, bist du einfach nur, wer du bist, von Moment zu Moment. Dann gibt es im Inneren nichts mehr, was sagt: „Ich bin okay" oder „Ich bin nicht okay". Wenn im Laufe des Tages etwas passiert, dann wirst du in diesem Moment auf diese Situation in deiner einzigartigen Weise antworten. Jeder wird auf dieselbe Situation in anderer Weise antworten.

Zwei Mönche wuschen ihre Schalen im Fluss, als sie einen Skorpion bemerkten, der am Ertrinken war. Einer der Mönche schöpfte ihn augenblicklich heraus und setzte ihn ans Ufer. Dabei wurde er gestochen. Er fuhr fort, seine Schale zu waschen – und wieder fiel der Skorpion ins Wasser. Der Mönch rettete ihn und wurde wieder gestochen. Der andere Mönch fragte ihn: „Bruder, warum rettest du den Skorpion erneut, obwohl du doch weißt, dass es seine Natur ist, zu stechen?"

Der Mönch erwiderte: „Weil es meine Natur ist, ihn zu retten."

Der Vogel und der Suchende
Die Suche nach deinem wahren Selbst

In meinem Büro habe ich zwei verdunkelte Fenster, die gegen die blendende Sommersonne schützen. Jeden Morgen flog ein kleiner Vogel auf den Fenstersims, neugierig, einen anderen Vogel in seinem Revier zu sehen. Fasziniert von seinem eigenen Spiegelbild hüpfte er gegen das Glas und pickte und zwitscherte sein eigenes Abbild an. Obwohl so dicht dran, berührte er nie das, von dem er glaubte, dass es da sei, immer stieß er sich selbst dort, wo seine Reflektion auf den Spiegel des Glases traf. All seinen Bemühungen trat nur ein verwirrendes Geflatter und Vogelgeschrei gegenüber, welches ausnahmslos von ihm selbst kam. Das dauerte einige Minuten, dann flog er davon, wahrscheinlich jedes Mal ein wenig mehr außer sich.

Eines Tages beschloss ich, diese amüsante kleine Täuschung zu beenden und schob das Fenster auf, während der kleine Vogel auf dem Sims war. Er hielt inne, dann hüpfte er auf und setzte sich auf die Lampe in meinem Zimmer. Plötzlich durch diese unwahrnehmbare Barriere, die sein Spiegelbild festgehalten hatte, hindurch, sah er sich erst einmal um. Er hielt einige Sekunden an, war einfach nur da, ohne irgendeinem Phantom nachzujagen. Nach all den Verwirrungen durch die Spiegelbilder gab es einfach nur ihn, ruhig atmend. Dann endete der Augenblick mit einem Zwitschern und Flattern, als er wieder hinaus hüpfte, zurück in die Welt.

Des Vogels Missverständnis war, zu glauben, dass das, was er sah, ein anderes Wesen war. Unser großes Missverständnis ist, zu denken, dass wir dieses falsche Selbst sind, das Bild, welches wir von uns selbst erschaffen haben.

Das Selbst ist eine Gegebenheit. Wir kommen leer in dieses Leben. Das ist unsere Natur. Ich benutze das Wort leer nicht in dem Sinne, dass da gar nichts ist, sondern vielmehr in dem Sinne, dass alles nur aus dem Selbst entspringt. Eine Art spontane Freude, die von einem unschuldigen Zustand der Welt gegenüber rührt. Glücklich sein bedeutet, einfach zu sein, wer man ist. Was kann einfacher sein? Was musst du tun, um der zu sein, der du bist? Du musst etwas tun, um nicht der zu sein, der du bist.

Der zu sein, wer du bist, bedeutet Aufwachen, Erleuchtung. Darüber ist schon viel gesprochen worden, als ob es etwas sehr besonderes wäre. Die tatsächliche Erfahrung kann dramatisch sein, aber die Richtung, in die du gehst, ist sehr gewöhnlich.

Eine weitere Lehre, ein weiterer Lehrer, ein weiteres Buch oder um eine weitere Ecke zu schauen, wird dir nicht helfen, es zu finden. Das wird nur sicherstellen, dass es sich nicht offenbaren wird, weil du im Außen und nicht im Inneren suchst. Wie fleißig du auch hinschaust, du wirst es nicht finden. Du hoffst, dass eine spirituelle Reise dir etwas bringt, was du jetzt nicht hast.

Wir sind die Wahrheit, wir sind das, wonach wir suchen. Es ist genau hier, ganz nah. Es ist ein bisschen wie der Hund, der seinem eigenen Schwanz nachjagt. Der Hund erkennt nie, dass der Schwanz ein Teil seiner selbst ist, und je schneller er rennt, desto schneller rennt auch sein Schwanz!

Dies ist ein unglaubliches Missverständnis. Die Menschen denken, dass der Schwanz irgendwie abgetrennt ist und dass sie, wenn sie einfach nur die richtige Lehre bekommen würden, herausfinden könnten, wo der Schwanz ist, um ihn dann dem Hund wieder anzukleben. Was du suchst, bist du; und es ist immer da. Du bist das, wonach du suchst, und je mehr du danach im Außen suchst, desto weiter bewegst du dich natürlich davon weg. Diese total falsche Richtung hält manche Menschen für 30 oder 40 Jahre in der Rolle des spirituellen Suchers gefangen.

Es gibt Menschen, die gehen von Lehrer zu Lehrer, um den mit der größten Weisheit oder mit der stärksten Präsenz zu finden; und sie sind überrascht, wenn sie feststellen, dass bei ihnen nicht wirklich etwas geschieht. Ja, vielleicht erleben sie Freude, aber diese ist bald verflogen, sobald sie in ihre bekannte Umgebung zurückkehren.

Ein solcher Mann besuchte kürzlich unsere Gemeinschaft. Er war gänzlich in den Fesseln seiner 30jährigen Suche gefangen und fand nur eine Verwirrung nach der anderen. Er kam eigens zum Abend-Satsang und war der erste, der mit mir saß.

Beim zuhören geschieht eine Menge in meinem Kopf. Ich kann die Identifikation mit dem „Ich" erkennen, das so viel suchen will. Seit 30 Jahren suche und forsche ich. Es fühlt sich so an, als ob mich nicht mehr viel zurück hält, nur …

Und was würde passieren, wenn du dich jetzt einfach entscheidest, damit aufzuhören? Soweit ich weiß, hast du jeden spirituellen Lehrer auf der Welt besucht. Mit zweien oder dreien hast du dich angefreundet, du hast fast alle Bücher gelesen und du hast alle Übungen gemacht. Du unterrichtest sogar andere darin! Was könnte da noch übrig sein? Dies ist der Augenblick, um einfach aufzuhören. Was bleibt übrig, wenn du anhältst?

Ich weiß nicht, wer das ist, der da anhalten könnte.

Aber genau jetzt, drei Minuten nach neun, was geschieht dort drüben *jetzt* in diesem Moment? Es ist in der Tat egal, was in den letzten 30 Jahren geschehen ist, das ist alles Vergangenheit und vorbei. Das wird dir jetzt überhaupt nicht helfen. So, was geschieht gerade jetzt?

Da ist Fröhlichkeit … und Traurigkeit über diese dumme Anstrengung!

Also akzeptiere das – und dann kannst du anfangen zu lachen.

Ich hatte soviel Hoffnung auf …

Ja, du hattest gehofft, es würde ein großes Feuerwerk geben und Jesus und Buddha würden dort stehen und sagen: „Willkommen!

Du hast das Ende des Rennens ein für allemal erreicht! Hier ist deine spirituelle Goldmedaille!"

Ich habe das Gefühl, dass ich nach so langer Zeit nicht mehr daran glauben kann.

Du brauchst an gar nichts zu glauben! Es gibt nichts zu glauben. Du musst einfach nur erkennen, dass all das Streben, all diese Techniken und all diese Lehrer nicht wirklich viel geholfen haben. Also, genau jetzt, was ist noch übrig?

Ich weiß nicht. Ein Festhalten im Verstand, der nicht loslassen will. Er möchte eine Bedeutung haben. Es kann doch nicht alles umsonst gewesen sein!

Nun, die Realität ist, dass du all diese Dinge tun musstest, damit du sie jetzt alle in diesem Augenblick loslassen kannst. Ansonsten würde es in diesem Moment ein weiteres Buch oder eine weitere Technik geben.

Ja, zu klären gibt es weniger, dafür geht es tiefer. Es gibt immer noch die Vorstellung von einer persönlichen Geschichte.

Ja, die hilft in diesem Augenblick nicht. Vor 20 Jahren, an einem Freitagnachmittag, hast du eine Tasse Tee mit einem großartigen Meister getrunken, und wenn schon? Und vor 20 Jahren, an einem Samstagnachmittag, hast du ein wunderbares spirituelles Buch gelesen, und wenn schon? Jetzt, *in diesem Augenblick*, was geschieht gerade jetzt?

Da ist eine Weite und ein bisschen Festhalten. Da ist eine Angst, was morgen geschehen könnte – vielleicht werde ich morgen enttäuscht sein.

Ja, aber morgen existiert auch nicht. Es gibt nur jetzt.

Da sind wir also, es gibt nichts zu tun, es gibt keine Lehre und so bleibt dir nur das, was ist, in diesem Augenblick. Es ist unglaublich einfach und wenn du es auf einen späteren Moment verschiebst, dann hast du es nicht verstanden. Du glaubst, du musst dein „Ich" transformieren, aus dir selbst eine etwas bessere Geschmacksrichtung eines „Ich" machen. Sobald du aufhörst, kann die Hingabe zu dem „was ist" von alleine geschehen. Echte Hingabe bedeutet, dass du dich der Existenz hingibst. Was bedeutet das? Es bedeutet, dass du einfach akzeptierst, was geschieht.

Die Existenz ist nicht von dem getrennt, was ist. Ebenso bist du nicht getrennt von dem, was ist. Und dieses „was ist" schließt alles ein: Emotionen, Gefühle, alles. Wenn du gelangweilt bist, sei gelangweilt. Wenn du fröhlich bist, sei fröhlich. Wenn du sauer bist, genieße es. Wir haben immer die Vorstellung, dass wir „sauer sein" in irgendetwas Nettes ändern müssen. Nichts muss sich ändern. Und überhaupt, wie kannst du es verändern? Du musst es einfach akzeptieren, wie es ist, aber du nimmst immer die Haltung ein, es verändern zu wollen.

Tief im Wald fing eine kleine Schildkröte an, einen Baum hochzuklettern. Nach Stunden ganz enormer Anstrengung erreichte sie den Baumwipfel, sprang in die Luft, wedelte mit den Vorderbeinen und knallte auf den Boden. Nachdem sie sich erholt hatte, kletterte sie wieder langsam den Baum hoch, sprang und fiel wieder zu Boden. Die Schildkröte versuchte es immer wieder, während ein Vogelpärchen auf einem nahegelegenen Ast ihre traurigen Bemühungen beobachtete.
Schließlich wandte sich das Vogelweibchen zu seinem Partner und zwitscherte: „Liebster, ich glaube, es ist an der Zeit, ihr zu sagen, dass sie adoptiert ist."

Wenn es regnet, möchten wir, dass die Sonne scheint, und wenn wir traurig sind, haben wir das Gefühl, wir sollten fröhlich sein. Gib dich total hin. Akzeptiere einfach, wie es ist. Es gibt eine Menge zu tun, wenn du versuchst, die Dinge zu verändern. Wenn du sie akzeptierst, gibt es nichts zu tun. Wir versuchen immer, die Illusion in eine perfekte Illusion zu verändern, aber eine perfekte Illusion ist immer noch eine Illusion. Die Wahrheit ist, dass nichts geschieht und es niemanden gibt, der etwas tun könnte. Für unseren Verstand ist das etwas schwierig, weil wir gelernt haben, dass wir für alles, was einen Wert haben soll, hart arbeiten müssen.

Akzeptiere nicht einfach, was ich dir erzähle. Finde es für dich selbst heraus, indem du still bist. Indem du einfach still bist, wirst du herausfinden, wer du bist. Wenn wir still werden, werden unsere Gedanken weniger. Lücken entstehen zwischen den Gedanken. In diesen Lücken ist nichts. Dann werden wir noch etwas stiller und die Lücken werden etwas größer, und langsam fängt unsere starke Identifizierung mit den Gedanken an, abzureißen. Wir meditieren nicht, wir sprechen kein Mantra und wir praktizieren keine Übung, wir sind einfach still.

So, wow! Am Anfang hält es vielleicht nicht so lange an, weil die Gedanken natürlicherweise ein starkes Momentum haben. Einige von uns formen eine ganze Karriere aus ihren Dramen – unsere ganze Identität hängt von ihnen ab –, aber wenn du ruhiger wirst, ist die Stille einfach da; und das bist du. Du bist nicht das Drama, du bist nicht die Geschichte, aber du bist tatsächlich die Quelle der Geschichte und diese Quelle ist Leere. Frieden. Stille. Das ewige Selbst. Das Selbst. Sogar Gott. Die Existenz selbst. Wahre Freude.

Kapitel 2

Selbstwahrnehmung unterstützen

Im Satsang werden wir still,
wir lassen unsere Geschichten und Dramen
hinter uns und kommen in die Stille.
Wir sind diese Stille.
Das ist wunderschön,
denn es ist unglaublich einfach.
Es ist eine komplette Kehrtwende.
Du brauchst nichts. Du hast bereits alles.
Satsang erinnert uns daran, wer wir sind.
Und wer wir sind,
ist immer da.

Kapitel 2
Selbstwahrnehmung unterstützen

Wie sehr bemühen wir uns, unser Leben zu verändern, um glücklicher und zufriedener zu werden? Es geht nicht darum, etwas zu verändern. Es geht darum, sich über das bewusst zu werden, was ist. Von dem gewohnten Gefühl des Getrenntseins Abstand zu nehmen, die vielen Gedanken zur Ruhe kommen zu lassen und ein Zeuge unseres Lebens zu werden. Spirituelle Übungen wie Meditation und Yoga – alleine oder in einer Gruppe – unterstützen dieses Bewusstsein. Es ist auch eine sehr kraftvolle Unterstützung, einem spirituellen Lehrer zu begegnen und mit ihm zu arbeiten.

Still werden
Meditation und Selbstwahrnehmung

Dort, wo ich in Deutschland wohne, gibt es in unmittelbarer Nähe eine Autobahn. Ich benutze sie oft, denn ich genieße, dass es kein Tempolimit gibt und die vielen tollen Autos, die es scheinbar überall in D̶̶schland zu sehen gibt. Einmal fuhr ich nach Köln, um dort̶̶̶ ̶̶ang zu geben, als ein Vorderreifen platzte und ich von der Überholspur langsam rüber zum Standstreifen schlingern musste. ̶̶̶̶̶̶̶̶ ̶ir schon einmal passiert, deshalb beunruhigte mich dieser Zwischenfall nicht sonderlich. Ich rief den Reparaturdienst an, stellte mich an den Fahrbahnrand der stark befahrenen Autobahn und wartete.

Außerhalb des Wagens empfindet man die Geschwindigkeit der Autobahn wirklich ganz anders. Die Autos sehen eher wie Raketen aus, und der Boden bebt jedes Mal, wenn sie vorbeirasen. Wo eilen sie nur alle so fieberhaft hin? Was suchen wir? Geld, Glück oder vor allem Liebe? Vielleicht glauben wir, dass die Liebe am anderen Ende der Autobahn liegt? Oder ist diese ganze Eile einfach nur eine Suche nach dem Glück? Diese Fragen lösen für viele Menschen die spirituelle Suche aus, indem sie anfangen, zu schauen, worum es im Leben wirklich geht.

Um sich dieser Frage zu nähern, lohnt es sich, sich anzuschauen, wie stark dich die Suche nach Liebe und Glück hinaus in die Welt zieht. Setze dich einmal für einen Augenblick an den Rand der Autobahn deines Lebens und schaue, wie eilig du es hast. Betrachte, welche Gedanken dich immer weiter nach außen treiben.

Die Erforschung dieser Gedanken wird dir zeigen, was dich vorwärts treibt, und eines der wichtigsten Werkzeuge in dieser Erforschung ist die Stille. Lerne, still zu werden. Wenn du neu auf diesem Gebiet bist, wäre wahrscheinlich der erste Schritt, dir eine spirituelle Übung auszusuchen, wie zum Beispiel Meditation, Atemübung oder Mantra singen. Wenn du Anfänger bist, schließe dich einem Meditationskreis oder einer Gruppe an. Wenn man beginnt, ist es nicht immer einfach, alleine zu meditieren. Wir sind so daran gewöhnt physisch und mental aktiv zu sein, und eine Gruppe kann regelmäßiges Praktizieren unterstützen und stärken. Außerdem ist es hilfreich, einen Meditationslehrer zu haben, der dich begleiten kann.

> *Zwei Männer treffen sich auf der Straße.*
> *Der eine fragt den anderen: „Na, wie geht's?"*
> *Antwortet der andere: „Danke, gut."*
> *„Und wie geht's deinem Sohn? Ist er immer noch arbeitslos?"*
> *„Ja, aber er meditiert jetzt."*
> *„Meditiert? Was ist das denn?"*
> *„Das weiß ich auch nicht. Aber immer noch besser als herumsitzen und nichts tun."*

Wenn du regelmäßig meditierst, kannst du einen ruhigeren Verstand entwickeln. Damit meine ich, einen Verstand, der nicht geschäftig ist, der nicht so viele Gedanken und Ablenkungen ausspuckt wie üblich und der kein Hintergrundgeräusch und keinen Nebel in deinem Leben produziert und dich davon abhält, klar zu sein. Ein ruhiger Verstand ist eine wichtige Grundlage für das Bewusstsein, weil er dir erlaubt, tiefer in dich selbst zu schauen. Wenn du einmal den Dreh raus hast, dann wird es immer leichter es in dein tägliches Leben zu bringen.

Es gibt viele Formen der Meditation, angefangen von Zazen oder Vipassana, bis hin zu einem einfachen Fokussieren auf eine Kerzenflamme oder auf deinen Atem. Eine regelmäßige Übung zeigt schon nach recht kurzer Zeit eine Wirkung. Diese kann ganz verschieden sein, von einem größeren Gefühl inneren Friedens bis hin zu einem gestärkten Immunsystem. Der größte Vorteil der Meditation ist, dass sie dich Selbstwahrnehmung und Stille lehrt.

In der Community meditieren wir an jedem Morgen und noch einmal vor dem Mittagessen. Das Abendessen nehmen wir gemeinsam in Stille ein. Der Zweck der Morgenmeditation ist, in die Stille zu kommen. So verbringen wir den Tag mit mehr Raum im Inneren und wir stellen fest, dass wir nicht so gestresst, offener, und entspannter sind, mehr im Fluss mit uns selbst und dem Leben. Außerdem praktizieren wir jeden Morgen Yoga, da viele Strukturen und Muster auch im Körper festgehalten werden. Yoga kann helfen, einige von diesen Strukturen aufzulösen.

Zu der Zeit, als ich spirituelle Übungen machte, gab es eine Phase, in der ich jeden Tag fünf Stunden lang Tai Chi praktizierte. Es veränderte viel in meinem Körper und ich wurde offener, fließender und zentrierter. Es half mir, mich auf andere Weise wahrzunehmen und alte Blockaden in meinem System zu lösen. Übungen wie Tai Chi oder Yoga können auf deinem Weg eine große Unterstützung sein – sowohl für den Körper, als auch für den Geist.

In der klassischen indischen Tradition wird der Verstand in drei Typen eingeteilt. Der sehr aktive und leidenschaftliche Verstand, der nur sehr wenig Raum lässt. Der stille, schläfrige und eher träge Verstand, der fast schon zu viel Raum lässt und dem es schwerfällt, auf den Punkt zu kommen. Der dritte Typ ist ein reiner Verstand, der nicht mehr sehr viele Gedanken hat. Mit ihm fällt man in keine Dramen mehr, sondern führt ein sehr einfaches, ruhiges und friedliches Leben. Wenn ein großes Drama geschieht, dann hat der Verstand genug Raum im Inneren, um damit umzugehen. Hast du einen reinen Verstand erreicht, wird es Harmonie und Frieden in deinem Leben geben.

Falls du einen sehr starken Verstand hast, bedeutet das, dass du absolut damit identifiziert bist, ein getrennter „Jemand" zu sein. Wenn du jedoch Bewusstheit über dich selbst entwickelst, wir der Verstand ruhiger, stiller und friedlicher. Auf diese Weise ist die Wahrscheinlichkeit größer, dass du deiner wahren Natur begegnen wirst. Es ist dir dann möglich, in einem Raum hinter dem Verstand, hinter dem Geschnatter, den Urteilen, den Glaubensmustern und Vorstellungen über dich selbst und die Welt zu verweilen. Zu diesem

Raum zu gelangen und einen ruhigen Verstand zu entwickeln, ist nicht unbedingt ein schneller oder leichter Prozess, aber diese Einblicke in deine Wahre Natur werden es dir viel leichter machen, deine Meditation weiter zu verfolgen. Die introspektive Qualität der Meditation unterstützt dich darin, ein Zeuge für alles, was du erlebst, zu werden. Der Zeuge hat die Fähigkeit, nach innen zu schauen und zu erkennen, was gerade passiert. Das nennt man auch Selbstwahrnehmung.

Den Zeugen zu erkennen ist ein sehr wichtiger Teil des Erwachens. Letztendlich wird der Zeuge selbst auch verschwinden, aber bevor es dazu kommt, müssen wir unsere Fähigkeit der inneren Selbstbeobachtung vergrößern. Dafür müssen wir sehr aufrichtig sein, denn es ist nicht immer so einfach, das zu akzeptieren, was wir sehen. Unsere Beobachtungen sollten ohne Urteile wie „gut" und „böse" sein. Sie sollten überhaupt ohne jegliche Urteile sein.

Wenn wir ruhiger geworden sind, können wir sehen, wie unsere Gedanken aufsteigen. Normalerweise greifen wir nach den Gedanken. Zum Beispiel könnte der Gedanke „Ich habe Hunger" dazu führen, dass wir uns daran erinnern, dass der Kühlschrank ziemlich leer ist. Dann könnte der nächste Gedanke sein, wo wir etwas zu Essen kaufen können. Aber dann: „Oh, wie soll ich da hinkommen? Mein Fahrrad ist kaputt!" Wir kommen also vom ursprünglichen Gedanken „Ich habe Hunger" zum Gedanken, wie ich das Fahrrad reparieren könnte. Tatsächlich aber hat nichts wirklich stattgefunden.

Durch die Selbstwahrnehmung kannst du sehen, wie ein Gedanke im Verstand entsteht. Wenn er sich im Verstand befindet, ist er nicht real. Er ist nur eine Illusion. Es ist nur ein Gedanke. Du denkst vielleicht, dass jemand gegen dich ist, aber auch das ist nur ein Gedanke; es ist nichts Reales. Wenn du still genug wirst und die Fähigkeit der Selbstwahrnehmung hast, kannst du erkennen, wie dieser Gedanke aus dem Nichts heraus kommt, und du kannst ihn einfach in Ruhe lassen.

Um die Selbstwahrnehmung weiter zu unterstützen, empfehle ich dir eine Geschwindigkeit in deinem Leben, in der du noch präsent sein kannst. Mit Sicherheit wirst du dich am Anfang sehr langsam bewegen müssen, denn wenn du nicht langsamer wirst, wirst du weiterhin auf Automatik laufen. Wenn wir gestresst sind, fallen wir sofort in unser roboterhaftes, konditioniertes Verhalten. Wenn du nicht roboterhaft und unbewusst sein willst, musst du dich mit dir selbst unvertraut machen. Wir brauchen ein bewusstes Mittel, um uns selbst in die Gegenwart zu bringen.

Strenge dich bewusst an, dich sehr, sehr langsam zu bewegen – langsamer, als du es gewohnt bist, dich zu bewegen. Von deinem Auto bis zum Haus zu gehen dauert so vielleicht zehn Minuten anstatt zwei. Du wirst überrascht sein, wie viel man in diesen zehn Minuten wahrnehmen kann. Wenn du dich verlangsamst, wirst du dir plötzlich viel bewusster darüber, was um dich herum ist und was in deinem Inneren vor sich geht. Es gibt nur diesen Moment, und wenn du diesen Moment verpasst, verpasst du vielleicht auch den nächsten Moment. Auf diese Weise könntest du sogar dein ganzes Leben verpassen!

Als ich das erste Mal in einen Ashram nach Indien ging, meditierte ich sehr viel, und ich stellte dabei etwas sehr Interessantes fest. Ich fing an, mich langsamer zu bewegen. Nicht, weil ich mich bewusst dazu entschlossen hatte – damals war ich noch ein totaler Idiot – sondern einfach, weil die Meditation mich verlangsamte. Ich war total überrascht darüber, eine ganze Welt von Insekten und Käfern zu entdecken, die ich davor noch nicht einmal gesehen hatte. Ich hatte sogar kaum gewusst, dass sie existieren! Und plötzlich dachte ich nur noch: „Wow! Diese ganzen Insekten, wie sie auf meinem Frühstückstisch herumkrabbeln!" Ich hatte mich zu schnell bewegt, um ihnen überhaupt begegnen zu können.

Der Übergang von einem jahrelangen unbewussten Leben zu einem bewussten Leben ist nicht so einfach. Und natürlich ist auch jeder anders und wird eine etwas andere Unterstützung brauchen. Grundsätzlich müssen wir uns alle am Anfang sehr anstrengen, aber nach einiger Zeit wird es von ganz alleine geschehen.

Rhyan, ein junger Australier, lebt seit etwa einem Jahr in der Community. Er ist sehr kompetent und selbstbewusst. Er hatte noch nie zuvor meditiert und in seinen ersten Monaten hier schien er nicht wirklich zu verstehen, worum es geht. Aber kürzlich stieg etwas in ihm auf, und zum ersten Mal war es ihm möglich, tiefer in sich selbst hineinzuschauen. Er konnte sehen, wie rasant das Tempo auf seiner Autobahn war. Es ist eindeutig, dass das Meditieren ihm einen Einblick in sein Verhalten und seine Motivationen gegeben hat.

___

Ich hatte den Gedanken: „Ich bin ein Stück Dreck", schon so viele Male. Ich kann schon gar nicht mehr sagen, wie oft. Wahrscheinlich habe ich ihn, seitdem ich hier bin, jeden Tag pausenlos gedacht. Es gab also keine Pause, keine Lücke, um zu erkennen: „Das denke ich. Es ist nur ein Gedanke." Er ist immer da, aber es ist mir nie aufgefallen, wie stark er ist.

Das ist wirklich sehr wichtig. Jeder Gedanke kommt und jeder Gedanke geht. Und wenn du nicht absolut vorsichtig bist, dann identifizierst du dich mit dem Gedanken. Du wirst dem Gedanken vollkommen glauben! Du, zum Beispiel, bist davon überzeugt, dass du vollkommen wertlos bist. Du glaubst diesem Gedanken, weil du dich mit ihm identifiziert hast.

Für einen Augenblick konnte ich das sehen: „Siehst du! Da ist er wieder. Ah! Es ist nur ein Gedanke." Aber das Komische war, dass da etwas Anderes war, was diesen Gedanken beobachten konnte.

Das ist der Zeuge. Zu sehen, dass du der Zeuge des Gedankens bist und nicht der Gedanke selbst, bedeutet eine weitere Ebene des Verstehens. Wenn du sehen kannst, wie der Gedanke aufsteigt, dann bist du nicht mit ihm identifiziert. Es gibt eine entscheidende Lücke zwischen dem Beobachten, wie der Gedanke aufsteigt und der Identifikation mit dem Gedanken. In dieser Lücke zu verweilen, wird dein Leben wirklich verändern. Lass dich nicht dazu verleiten, nach den Gedanken zu greifen. Sobald du das tust, befindest du dich wieder in deinen alltäglichen Gewohnheiten.

40

Wie ist das mit aufsteigenden Emotionen? Bedeuten sie, dass ich bereits einen Gedanken aufgegriffen habe?

Ja. Normalerweise gibt es den Gedanken, und die Emotion kommt dann als Antwort auf diesen Gedanken. Dieser Gedanke, dass du vollkommen wertlos bist, ist offensichtlich nicht wahr, oder?

Wenn ich zulassen kann, dass es nur ein Gedanke ist, nein, dann ist es nicht wahr.

Das zu wissen, ist ein wirklich großer Schritt. Dann hält dich der Gedanke nicht mehr wirklich gefangen. Du bist nicht länger mit ihm identifiziert.

Naja, ich bin immer noch mit ihm identifiziert, aber jetzt kann ich etwas in mir beobachten: „Ah! Hier passiert etwas Komisches! Dieser Gedanke ist wieder da!"

Es ist nur irgendein Gedanke. Wir haben täglich Millionen davon.

Aber manchmal glaube ich wirklich noch, dass ich ein Stück Dreck bin. Was soll ich damit tun?

Nun, du musst gar nichts tun! Wenn du etwas damit tust, dann versinkst du im Dreck, oder? Du musst ihn auch nicht durch einen positiveren Gedanken ersetzen. Es ist nur ein Gedanke. Er ist absolut nicht real!

●————————●

Eine fundierte Selbstwahrnehmung ist sehr wichtig, und Meditation ist ein Mittel, das dir den Raum gibt, einen Schritt zurück zu treten, um zu sehen, wie ein Gedanke oder eine Emotion entsteht. Von da aus kannst du weiter gehen und deine Aufmerksamkeit dorthin lenken, wo der Gedanke herkommt, nämlich aus der Leere. So kommst du zurück in die Leere.

Keine einzige Struktur im Verstand kann diese Leere erreichen oder stören. Diese Gedanken „jemand hat etwas gegen mich" oder „ich bin ein Stück Dreck" verschwinden einfach. Sie schmelzen dahin, zusammen mit deinen ganzen anderen Gedanken, Dramen und Urteilen.

Auch der Zeuge, den du durch die Meditation entdecken wirst, befindet sich im Verstand und wird im richtigen Augenblick verschwinden. Dann ist niemand mehr da, um irgendetwas zu beobachten. Dann bist du einfach die Stille, die Leere, das Nichts, das Absolute.

Du könntest glauben, dass du durch die Meditation zum Absoluten gekommen bist, aber Tatsache ist, dass du bereits das Absolute bist. Du kannst nicht nicht das Absolute sein! Wenn du erkennst, dass du das Absolute bist – das war's! Dann ist das Spiel aus!

Viele Menschen, die ich kenne, wären zu einer richtig knallharten, spirituellen Praxis bereit. Wenn ich sagen würde: „Okay, wenn du wirklichen Frieden möchtest, dann musst du drei Monate lang oder sogar drei Jahre lang – manche wären sogar bereit für dreißig Jahre – morgens um fünf Uhr dreißig aufstehen, kalt duschen und zwei Stunden lang meditieren." „Super! Okay. Er ist ein knallharter Lehrer, aber ich werde es tun", würden sie antworten. Aber wenn ich sage, dass man gar nichts tun muss und dass genau jetzt bereits alles vorhanden ist, was dann?

Buddha praktizierte viele Jahre lang wirklich knochenharte Übungen. Bis er sich unter einen Baum setzte und aufgab. Im Augenblick des Aufgebens sah er plötzlich, dass er das Absolute war und es auch immer gewesen war. Es geht um ein sehr einfaches Verstehen, aber es ist fast unmöglich, es zu erkennen. Manche Menschen müssen zwanzig Jahre lang Übungen praktizieren, bis sie so müde davon sind, dass sie aufgeben. So wie Buddha.

Wenn die Selbsterkenntnis erst einmal stattgefunden hat, wird es keine Identifizierung mehr mit den Gedanken geben und auch keine Anhaftung mehr an sie. Gedanken, Emotionen, Wissen und Urteile werden zu Wolken, und wir sind zum offenen Himmel geworden – voller Frieden und Leere. Die Wolken können an uns vorüber ziehen, ohne uns zu stören.

Auf dem Weg zur Gnade
Sich mit der Wahrheit verbinden

Willkommen zum Satsang. Wenn ich jetzt, in diesem Moment, nach innen schaue, finde ich eine tiefe Stille. Gedanken kämpfen darum, in Erscheinung zu treten, aber die Stille ist so intensiv und tief, dass diese Gedanken weit weg sind – sie haben keinen Biss. Sie sind eher wie Schatten von Gedanken. Die Körper-Geist-Einheit hat kein Interesse am Tun. Selbst das geringste Tun erscheint wie eine gewaltige Anstrengung. Es besteht kein Interesse an der Außenwelt, sehr wenig passiert. Da ist ein unbeschreibliches Gefühl von Frieden, ein Frieden ohne Grenze oder Form, ein ewiger Frieden. Die Person namens Premananda ist weit weg. Es gibt eine gewisse Erinnerung an diese Persönlichkeit, aber sie fühlt sich an, wie eine Figur aus einem anderen Spiel, aus einem anderen Theater – eine alte Geschichte.

Das Selbst ist strahlend, eine tiefe Vereinigung und Verschmelzung findet in diesem Moment, in dem wir hier zusammen sitzen, statt. Wir haben uns entschieden, gemeinsam auf eine unermessliche Reise zu gehen, eine Reise von nirgendwo nach nirgendwo – von hier nach hier. Wir werden immer zurück in diesen Moment gebracht. Die Präsenz dieses Augenblicks, alles zulassen, was ist, sehen, wie der Moment sich entfaltet, ihn akzeptieren, wie er ist.

Langsam verebben unsere persönlichen Kämpfe, unsere eigene Geschichte, unsere Wünsche und Ängste und unsere Erwartung, wie es sein sollte. Alles scheint in Ordnung zu sein; die Existenz hat ihre kleinen Siege – wir geben bereitwillig auf, unser Vertrauen wächst, unsere Hingabe wächst, gespannt, der Existenz die Führung zu übergeben.

Aus der Vergangenheit kennen wir diese gewaltige Anstrengung, die notwendig war, um das Schiff im Wind zu halten, es vorwärts zu bewegen. Jetzt beginnen wir, diese Anstrengung aufzugeben, Schritt für Schritt, ein kleiner Sieg folgt dem anderen, und unser Vertrauen wächst, wenn wir sehen, dass nichts Schlimmes passiert. Tatsächlich fangen wir an, uns jeden Tag ein wenig glücklicher zu fühlen, ein wenig ruhiger und ein wenig leerer. Es gibt mehr Lächeln und Lachen, weniger Ernstes, keine Traurigkeit. Es ist einfach in Ordnung – so, wie es ist. Wir können es mit allem aufnehmen; es ist gut so, wie es gerade kommt.

Einfach selig, entspannt und friedlich. Eine enorme Ruhe, und wir sind bereit, unsere alte Welt – „meine Geschichte" – abzutreten. Wir wollen sie einfach nur gehen lassen und zu einem Abenteurer des Unbekannten, des Unerkennbaren, des sich entfaltenden Mysteriums werden.

Diese Worte kamen spontan am Ende unseres letzten Sommer-Retreats zu mir, nach zwei Wochen intensiver Begegnungen. Einer der Teilnehmer war ein Mann, der unsere Community alle paar Monate besuchte und wieder verließ. Er ist ein herzlicher Mann, der ein echtes Gefühl dafür hat, was in der Gemeinschaft und in der Energie der Beteiligten passiert. Sein erster Besuch bei uns war zu einem intensiven Retreat-Wochenende. Er wusste kaum etwas über die Community, hatte aber Interesse daran, etwas über sich selbst zu erfahren.

Er lebt alleine, verbringt Zeit mit seiner Tochter und seinen Hobbys und arbeitet in einem Beruf, der ihn weitgehend erfüllt. Er nimmt so viel wie möglich an Retreats, Wochenenden und abendlichen Satsangs teil und hat sogar unsere entstehenden Unkosten mit Spenden unterstützt. Indem er sich mit authentischer Freude und Leidenschaft einbringt, gibt er Raum für etwas, was von innen heraus wachsen kann und ermöglicht so, dass etwas zur Blüte kommt, was in seinem alltäglichen Leben kaum genährt wird.

Ein Weg, wie er regelmäßig in Kontakt mit mir bleibt, ist durch Skype während der Satsang-Live-TV-Übertragungen, die viermal pro Woche aus unserer Community ausgestrahlt werden. Während des Sommer-Retreats verwandelte er sich in eine Art lachenden Buddha, der beinah die ganze Zeit hindurch vor Freude und guter Laune kicherte und lachte. Etwas in ihm hatte sich geöffnet, und einen Tag nach Ende des Retreats schaltete er sich von zu Hause aus über Skype in den Abend-Satsang zu.

Was soll ich sagen? Einfach danke.

Wofür dankst du mir?

Ich weiß nicht. Ich bin einfach so dankbar, weil ich mich selbst sah, so klar und schön, und ich fühlte mich so zu Hause und in Frieden. Was kann ich Anderes sagen als danke!

Nun, ich glaube, du bist dankbar, hier ein paar Leute getroffen zu haben, die dieses ganze Zeug von einem falschen Selbst und „meiner Lebensgeschichte" nicht akzeptieren. Du hast herausgefunden, dass es eine Möglichkeit gibt, das Leben auf eine andere Art zu leben. Als mir das passierte, war ich 29. Ich hatte nach einer anderen Art, zu leben gesucht, aber keinerlei Idee, wie das aussehen könnte. Dann kam ich mit 29 in einen indischen Ashram und sah plötzlich, was dort geschah: In dem spontanen und freien Verhalten der Menschen fühlte ich die Liebe, die Energie und die Begeisterung für das Leben. Das war ein Schlüsselerlebnis für mich. Eine ganze Reihe von Menschen aus verschiedenen Ländern waren zusammen gekommen und begannen neue Wege der Kommunikation, des Zusammenlebens und der Zusammenarbeit zu finden. Es war unglaublich spannend!

Vielleicht war ich aus diesem Grund nicht geschockt, als ich zu euch kam; weil in diesem Moment alles anfing, Sinn zu machen.

Richtig. Vor einigen Jahren hatten wir hier eine Mitbewohnerin, die von ihrer Familie zu einem Psychologen geschickt worden war, der sie „geradebiegen" sollte. Sie hatte „seltsame Ideen" und war „alles andere als normal". Als sie mich traf, entdeckte sie, dass das, was sie seit Jahren im Inneren wusste, nicht „fremd" oder „falsch" war. Sie fand Menschen, die sie verstanden. Dies ist eine Befreiung, weil die Energie im Inneren sich plötzlich anders bewegt. Anstelle der Vorstellung, dass man irgendetwas „Falsches abgekriegt hat", realisiert man, dass man vielleicht schon immer irgendetwas Richtiges in sich hatte! Es ist sehr ermutigend, die Unterstützung von anderen Menschen zu haben und eine Lehre dahinter, die dem Ganzen Sinn und Stabilität gibt. Vielleicht bist du für all das dankbar.

Ja, genau! Ich möchte einfach offen sein für etwas, was ich als innere Sehnsucht fühle.

Indem du deine Aufmerksamkeit auf die Wahrheit gelenkt hast und klar gewählt hast, wie und wo du deine Zeit verbringst, hast du dich sehr geöffnet. Wenn du es dir erlaubst, kann dieses „Sich-Öffnen" weiter gehen. Es hängt jetzt allein von deinem Ja ab. Wenn wir uns öffnen, kommen manchmal auch Zweifel, „Abers" und Ängste. Etwas ist nicht zu erkennen oder unbekannt, nicht vertraut, und so können wir leicht Angst bekommen. Am Ende hängt es von dir ab. Mein Rat ist, lass zu, dass es sich weiter öffnet und dich mitreißt. Es ist sehr schön. Es gibt kein Ende, man bewegt sich einfach immer weiter.

Gut.

Und was auch immer geschieht, es ist dein Geschehen. Du musst nichts glauben. Es geht nicht um Glauben, es geht darum, dass du dir selbst erlaubst, dich durch „dein" sogenanntes Leben zu bewegen, offen, zugänglich und spontan. An einem gewissen Punkt entfaltet es sich einfach von selbst! Es ist verblüffend!

Es liegt in den Händen der Gnade, ob man zu dieser Leichtigkeit erwacht. Wenn es bestimmt ist zu passieren, wird es passieren, und wenn nicht, dann passiert es nicht. Dennoch haben wir auf dem Weg unsere kleinen Wahlmöglichkeiten, die uns für die Existenz öffnen und Gnade in unser Leben einladen können.

Wenn du mit Menschen verkehrst, die bewusst sind, werden diese dich nicht darin unterstützen, deine Identifikation mit deinen Meinungen und Glaubenssätzen, mit deinen alten Dramen und Traumata fortzusetzen. Sie werden dir nicht so viel Energie geben, wenn du in eine deiner Geschichten gerätst. Es ist nicht verwunderlich, dass einige Menschen in unserer Gemeinschaft eine energetische Öffnung hatten und diese Öffnung in mehreren Fällen angehalten hat.

Solche Öffnungen sind nicht ungewöhnlich, aber ohne diese Art von Unterstützung kann man sie sehr schnell verlieren. Klar ist, dass es einen Wert hat, mit einer Gruppe von Menschen in Verbindung zu stehen, die solchen Dingen besondere Aufmerksamkeit schenken.

Vier Mönche trafen die Vereinbarung, eine Woche lang in Stille zu meditieren und nicht ein einziges Wort zu sprechen. Am ersten Tag hielten sie alle Stille. Aber als es dunkel wurde, begann die Flamme ihrer einzigen Kerze zu flackern. „Oh, die Flamme geht aus", sagte ein Mönch.
„He, wir wollten doch kein einziges Wort sprechen", sagte der zweite Mönch.
„Warum sprecht ihr beide dann?", sagte der dritte Mönch.
„Ha! Ich bin der einzige, der nicht gesprochen hat!", sagte der vierte Mönch.

Mit wem du verkehrst, hat eine tiefgreifende Wirkung. Du kannst dich in ein Umfeld begeben, in dem die Menschen unbewusst und roboterhaft sind und eigentlich kein Interesse daran haben, den Blick auf sich selbst zu richten, oder du kannst dich mit Menschen umgeben, die bewusst sind und ein Interesse daran haben, noch bewusster zu werden; die auf derselben Reise sind wie du. Das gibt dir einen enormen Rückhalt.

Zusammen mit dieser äußeren Unterstützung können wir uns entschließen eine Haltung der Selbst-Reflexion zu entwickeln, indem wir unsere Aufmerksamkeit von „da draußen", nach „hier drinnen" verschieben. Dies erfordert etwas Mut, denn wenn wir uns ehrlich ansehen, was geschieht, sind wir möglicherweise nicht so glücklich über das, was wir da vorfinden.

Wenn du mehr und mehr die Gewohnheit der Selbstbetrachtung annimmst, wirst du die Konditionierung, der du ausgesetzt warst, zunehmend in den Griff bekommen. Du fängst an zu erkennen, wie all die Vorstellungen und Überzeugungen, die aus dieser Konditionierung entstanden sind, zwischen dir und dem stehen, was du wirklich bist. Du hast kleine Einblicke, kleine „Aha-Momente". Wenn diese kleinen Momente zunehmen, kannst du nicht mehr wirklich glauben, dass du ein „Jemand" bist.

Wenn du das verstanden hast, musst du dich nicht mehr so sehr in deinen psychischen Strukturen verfangen. Es ist viel wichtiger, dass du mit dem Verstehen dieses gesamten Identifikations-Mechanismus eine Chance hast, es plötzlich so klar zu sehen, dass es einfach abfällt. Es verschwindet. Das ist ein Moment, in dem du zu hundert Prozent realisierst, wer du bist.

So entwickeln wir Selbstwahrnehmung und vielleicht werden wir zunehmend mit Leuten zu tun haben, die auch an Wahrheit interessiert sind, und dann kommen wir vielleicht zum Satsang. Bei diesem Treffen dreht sich alles um das „Ich" ohne eine Geschichte, um das, was eintritt, sobald du absolut präsent bist und keinerlei Gedanken an die Vergangenheit oder Zukunft da sind. Normalerweise sind wir völlig mit „Tun" beschäftigt, mit Denken, mit der Erinnerung an letzte Woche und vielleicht mit der Angst vor der nächsten Woche – und so sind wir nie wirklich hier. Aber wenn wir still werden, nur für einen Augenblick, können wir zur Ruhe kommen und zu dieser Essenz gelangen, zu unserem wahren Selbst.

Im Satsang verlassen wir unsere Geschichten und Dramen für zwei oder drei Stunden, lassen unsere Anhaftung daran fallen und kommen zur Ruhe. Wenn wir zurück an die Arbeit gehen, zurück zu Familie, Beziehung, Alltag, wenn wir auf der Straße laufen, dann stellen wir fest, dass es eine kollektive Übereinkunft über das Leben gibt, auf die wir so viele Jahre lang konditioniert wurden. Wir nehmen all diese unsichtbaren Strukturen wieder auf und wir sind zurück im Film „Mein Leben". Sofort scheint die Stille zu verblassen. Aber wir sind diese Stille. Das ist unsere Natur. Sie ist immer da. Wir verlieren nur den Kontakt mit ihr.

Satsang ist eine Erinnerung daran, dass wir in der Lage sind, zu wissen, wer wir sind und dass dies immer hier ist. Es ist eine unglaubliche Chance und eine kraftvolle Unterstützung. Es besteht keine Notwendigkeit, das Leben aufzuteilen in ein alltägliches und ein spirituelles Leben, und das eine als wünschenswerter anzusehen als das andere. Das ist das Schöne am Leben. Wenn der Verstand dich in Ruhe lässt, ist der Abwasch genauso erfüllend und schön wie eine tiefe Meditation.

Wahrheit ist absolut schön, weil sie so unglaublich einfach ist. Es ist eine komplette Kehrtwende, weil man nichts von außen braucht. Man braucht gar nichts, von niemandem. Man hat alles da, alles, die ganze Weisheit des Universums, all das Wissen, all die Liebe, alles ist einfach da.

Wenn du zum Satsang kommst, entscheidest du dich in *Sat*, in der Wahrheit zu sein. Die normale Gesellschaft verbindet sich nicht mit der Wahrheit. Sie ist mit dem „Ich", mit „meiner Geschichte" und mit der Geschichte jedes Anderen verbunden. Es braucht einiges an Klarheit und Hingabe, um in *Sat* zu bleiben. Im Satsang und in der Gemeinschaft um einen Lehrer können wir enorme Unterstützung und Liebe erfahren – eine Hilfe, um in der Wahrheit, statt in „meiner Geschichte" zu bleiben. Wenn du dich mit der Wahrheit verbindest, dann bist du der Gnade ein Stück näher.

Die Suche nach dem Licht
Dem Lehrer fürs Erwachen begegnen

Kürzlich kam ein Mann zu meinem wöchentlichen Satsang, der vor allem herausfinden wollte, ob ich der richtige Lehrer für ihn bin. Er hatte die Vorstellung, einen Lehrer zu finden, ziemlich romantisiert. Er hatte einen ganzen Haufen spiritueller Bücher gelesen und hatte wahrscheinlich in der Zwischenzeit ein ganzes Geflecht von Philosophien und Ideen in seinem Kopf entwickelt. Er stellte mir viele Fragen im Satsang. Er wollte wissen, was es heißt, mein „Schüler" zu sein, was zu der Arbeit dazugehört und wie er erkennen kann, ob ich der richtige Lehrer für ihn bin. Ich habe ihm alles beantwortet, aber er war nie richtig zufrieden.

Schließlich kam es zu dem Punkt, wo er zum vierten oder fünften Mal da war, aber noch nicht weiter gekommen war, als mir viele Fragen zu stellen. Das brachte mich dazu, seine Motivation zu hinterfragen: War er tatsächlich daran interessiert, Antworten auf seine Fragen zu bekommen, oder interessierte er sich nur dafür, sie zu stellen? Er wollte, dass ich seinem denkenden Verstand dessen Fragen beantwortete. Ich war nicht daran interessiert, diesem Teil von ihm eine Antwort zu geben, sondern vielmehr dem Teil, der ihn hierher gebracht hatte.

Er war damit beschäftigt, mit Hilfe seines Verstandes einen Lehrer zu suchen und herauszufinden, welcher der Beste wäre und ganz besonders, ob er dieser Person vertrauen könnte. Er sagte, dass er ein Verlangen danach hätte, die Selbstrealisation noch in diesem Leben zu erlangen, aber er wollte sicherstellen, dass sein Verstand mit allem übereinstimmte, bevor er begann.

Die Gespräche mit ihm machten deutlich, dass er dem, was ihn auf die Suche nach der Wahrheit und zu diesem Ort – an dem die

Wahrheit erkannt werden könnte – gebracht hatte, nicht vertrauen konnte. Er steckte in seinem Verstand fest, und nichts konnte zu einem tieferen Teil von ihm durchdringen.

In unserem letzten Gespräch hatte ich das Gefühl, dass er allmählich davonglitt, deshalb sprach ich noch einmal mit ihm über den Prozess, den richtigen Lehrer zu finden.

Wenn du eine Verbindung zu deinem Selbst hast, dann könnte es sein, dass ein Lehrer im Außen nicht notwendig ist. Aber die meisten von uns sind so damit identifiziert, ein „Jemand" zu sein, dass wir einen lebenden „Jemand" im Außen brauchen, der uns führt. Der Schüler geht durch seinen eigenen inneren Prozess, und wenn er ernsthaft an einen Augenblick kommt, an dem die Priorität der Wahrheit so stark ist, dass er selbst nicht mehr weiter kommt, wird der Lehrer erscheinen – wie in einer Zaubershow. Wenn du innerlich bereit bist, wird der Lehrer auftauchen.

Es ist schwer zu akzeptieren, dass ich keine Wahl oder Verantwortlichkeit darin habe, mir auszusuchen, wer der Lehrer ist. Das macht es mir schwer, mich dem hinzugeben.

Offenheit ist ausschlaggebend. Ob das Herz nun wirklich offen ist oder ob Vertrauen da ist und später Hingabe, das wird alles von ganz alleine geschehen. Du kannst diese Dinge nicht wirklich tun.

Du hast erzählt, dass du zehn Jahre lang Bücher gelesen hast, aber die letzten sechs Jahre davon war ich schon bereits hier, zwanzig Minuten von deinem Haus entfernt. Wie kommt es also, dass du mir nicht vorher schon begegnet bist? Etwas hat sich in dir aufgebaut. Es brannte ein Feuer in dir, und ab einem bestimmten Punkt hast du mich gefunden, gleich um die Ecke und seit sechs Jahren auf dich wartend. Bei mir war das genauso. Ich hatte zwei Lehrer, und als ich bereit war, erschienen sie einfach, auf ganz magische Weise.

Wenn ich deinen Test bestehe, wirst du gerne weitermachen. Wenn ich deinen Test nicht bestehe, solltest du nach jemand Anderem suchen. Nicht wirklich danach suchen, aber du solltest einfach offen sein. Du bekommst vielleicht nicht den Lehrer, den du dir vorgestellt hast. Er ist vielleicht nicht perfekt genug, er entspricht vielleicht nicht deinen Vorstellung, wie ein Lehrer sich verhalten sollte, aber du fühlst eine tiefe Verbindung. Auch wenn der Verstand ihn verurteilen sollte, weil er nicht deinem Maßstab entspricht, gibt es im Inneren ein Wissen, dass er der Richtige ist. Es ist sehr mysteriös, wie diese Verbindung zustande kommt.

Du bist hier hergekommen, weil du das Gefühl hattest, dass ich etwas verstehe, was dir dabei helfen könnte, deine Suche zu beenden. Genau aus demselben Grund bin ich zu meinen spirituellen Lehrern gegangen. Ich war berührt von dem, was sie sagten, und ich fühlte, dass sie mir etwas zeigen konnten. Der erste Lehrer veränderte vollkommen mein Leben, weil er alle möglichen Türen und Fenster öffnete, von denen ich nicht einmal wusste, dass sie existieren.

Ich konnte ihm vertrauen, und als ich dann zum zweiten Lehrer ging, konnte ich auch ihm vertrauen. Wenn du für dich selbst kein eindeutiges Bild hast, dann ist das genau der Moment, wo du der Person vertrauen solltest, zu der du gekommen bist, um Hilfe zu erhalten – denn sie hat ein klares Bild.

In den ersten zwei oder drei Wochen, als ich bei Papaji war, verstand ich nicht genau, was ich eigentlich sehen sollte. Ich hatte tatsächlich viele falsche Vorstellungen, aber da ich schon fünfzehn Jahre versucht hatte, es selbst herauszufinden, war ich soweit und dachte: „Okay, lege alles zu seinen Füßen." So konnte ich einfach da sein und etwas konnte geschehen. Es hat viel mit Vertrauen zu tun. Wenn du nicht vertrauen kannst, wird es dir nichts bringen.

Ich glaube, dass jeder Mensch seinen eigenen Charakter hat. Würdest du sagen, dass jeder Lehrer auch seinen eigenen Charakter hat, seine eigene Art des Lehrens?

Jeder Lehrer hat eine andere Persönlichkeit, hat einen anderen Geschmack oder eine andere Facette. Aber alle vermitteln die gleiche Wahrheit. Deshalb macht es keinen so großen Unterschied, wer dein Lehrer ist. Er läutet einfach nur die Glocke. Aber es muss jemand sein, der die Glocke aus der Leere heraus läutet. Aus dem Nichts. Jemand, der weiß.

Willst du mir damit sagen, dass ich die Suche nach einem Lehrer nicht so ernst nehmen soll?

Ja, das Ganze ist nämlich eigentlich ein großer Witz. Du kommst hierher und möchtest ernsthaft gezeigt bekommen, wer du bist. Wenn du dir das anschaust, dann ist das sehr lustig, oder? Wenn du herausgefunden hast, wer du bist, wirst du feststellen, dass du der bist, der du schon immer warst – und dann wirst du zwei Tage darüber lachen. Deshalb kann ich dich auch jetzt schon auf den Witz vorbereiten.

* —— *

Es ist nur eine kleine Gruppe von Menschen, die das Leben hinterfragt und sich auf die Suche nach der Wahrheit macht. Sie fühlen sich von unterschiedlichen Lehrern, von unterschiedlichen Lehren und unterschiedlichen Wegen angezogen. Manche von ihnen finden die Wahrheit, aber viele gehen auf dem Weg verloren. Ich bin davon überzeugt, dass ein Lehrer notwendig ist. Ich weiß nicht, was die Leute letztendlich anzieht, ich kann eigentlich nur das Wort Gnade dafür benutzen. Im Leben mancher Menschen bringt die Gnade sie zu einem Lehrer.

Ich würde sagen, dass ich mit dreißig total verloren war. Ich war intelligent genug und hatte eine gute Ausbildung. Ich war ein ganz normaler, erfolgreicher Mann, der als Architekt tätig war, aber andererseits war ich absolut dumm. Auf tieferer Ebene verstand ich nicht wirklich viel. In mir war eine Frage, die beantwortet werden wollte; man könnte also sagen, ich hatte keine andere Wahl, als ein Sucher zu werden.

In meinem Leben hatte ich zwei Lehrer, und wie ich ihnen begegnet bin, war vollkommen mysteriös. Es geschah entgegen jeglicher Vorstellung, die ich davon hatte. Ich kann sehen, dass etwas anderes in meinem Leben am Wirken war, denn beim ersten Mal wusste ich noch nicht einmal, was ein Lehrer war und ganz sicher war ich nicht auf der Suche gewesen. Später verstand ich dann viel mehr, aber ich hatte keine Ahnung, dass ich noch einen zweiten Lehrer brauchte. Es schien bei beiden Begegnungen so zu sein, dass ich irgendwie bereit war, auch wenn ich das selbst nicht wusste. Vollkommen mysteriös. Ich befand mich definitiv in den Händen der Gnade.

Wenn deine Sehnsucht groß genug ist, dann bist du bereit, einem Lehrer zu begegnen. Wenn du dich in der Gegenwart eines solchen Wesens befindest, dann ist es die durch diese Person fließende Kraft des Selbst, die dich voranschreiten lässt. Wenn du dann bei diesem Lehrer bist, ist es das Beste, nichts zu tun. Nicht wirklich „nichts", sondern einfach empfänglich zu sein.

> *Ein Mann, auf der Suche nach spiritueller Erleuchtung, durchwanderte die Wüste und überquerte Gebirgsketten, um einen bestimmten, zurückgezogen lebenden Guru zu finden, der für seine Weisheit sehr bekannt war. Auf einem vereisten Gipfel fand der erschöpfte Mann eine kleine Höhle, in der ein kleiner Mann in Stille saß, nur mit Lumpen bekleidet. Der Mann fiel dem Guru zu Füßen und rief: „Oh, Guru, ich habe eine Frage und ich brauche eine Antwort. Kannst du mir weiterhelfen?"*
> *„Ja", antwortete der Guru. Er griff in seine Lumpen und zog etwas heraus, das er dem Sucher in die Hand legte.*
> *„Was ist das?"*
> *„Mein Bücherei-Ausweis."*

Der westliche Verstand ist absolut darauf konditioniert, etwas zu tun. Deshalb glauben wir, dass wir viel tun müssen, um etwas Sinnvolles zu erreichen. Wenn du empfänglich bist, und wenn du auf der Liste der Gnade ganz oben stehst, dann wird es einfach geschehen.

Manche Leute haben die Vorstellung, dass wenn du dich auf einen spirituellen Lehrer einlässt, du dich dann dem Menschen hingibst. Dass du dich selbst kleiner machst und deshalb anfällig für eine missbräuchliche Situation bist. Ein wahrer Lehrer würde niemals auf diese Art und Weise arbeiten. Ein wahrer Lehrer möchte, dass du erkennst, dass du das Selbst bist! Du bist das Selbst, und er ist das Selbst. Wir sind alle das Selbst! Die ganze Anstrengung des Lehrers liegt darin, dich aus der Unwissenheit in die Klarheit darüber zu bringen, wer du bist.

Während der Interviews mit indischen Meistern für mein Buch und meinen Film *Facetten des Erwachens – Indische Meister*, sprach ich mit Swami Dayananda, einem sehr hoch angesehenen Vedanta-Lehrer. Er war sich über die Rolle des Lehrers – oder des Gurus, wie man ihn in Indien nennt – sehr im Klaren:

> *„Der Guru sagt nicht: ‚Ich bin der Guru, du bist niemand!‘ Der Guru sagt: „Du bist das Ganze.“ Er sagt nicht: „Ich bin das Ganze, du bist niemand!“ Und das sagt er dir nicht nur, sondern er lässt es dich auch sehen. Der Guru ist der, der das Licht bringt, das ist alles! Wie ein guter Freund. Er verrät dir, wo es das beste Restaurant gibt. Guru bedeutet nicht Autorität. Der Guru ist der, der dich erkennen lässt, dass du dich nicht vom Guru unterscheidest. “*

Wenn Dayananda hier „das beste Restaurant" sagt, meint er damit, dass der Guru dir zeigen will, wo du bist und wie köstlich das Essen dort ist. Das ist alles. Die Rolle des Lehrers ist es, dir beständig ins Gedächtnis zu rufen: „Ich bin das Selbst, und du bist das Selbst. Wir sind nicht verschieden."

In der Gesellschaft wird uns immer die Geschichte, dass du jemand bist und ich jemand bin, ins Gedächtnis gerufen. Der Lehrer ruft uns ins Gedächtnis, dass da niemand ist. Wenn du deine seelischen Verletzungen mit in diese Begegnung bringst und abweisend gegenüber dem Lehrer bist, gibt es keine Möglichkeit, dass hier irgendetwas passiert.

Solange du dieses Spiel spielst, schneidest du dich von der wahren Führung des Lehrers ab. Er sagt: „Ich möchte dir gerne zeigen, wo es hier ein wunderbares Restaurant gibt", und du sagst: „Ich will nicht, dass irgendjemand mir zeigt, wo das Restaurant ist. Ich werde es selbst finden!"

Einem Lehrer zu begegnen, ist sehr subtil, denn es geschieht etwas im Inneren, fast so, als würde man sich verlieben. Normalerweise ist es eine recht unwahrscheinliche Begegnung, in der du plötzlich eine starke gemeinsame Anziehung fühlst. Du kannst nichts dagegen tun, es passiert einfach. Es passiert geradewegs aus dem Blauen heraus und es ist vollkommen überraschend. Wenn ihr euch begegnet, fühlst du: „Wow!" Dann fragt dich deine Mutter: „Bist du sicher, dass sie die richtige ist?" Aber du bist bereits jenseits von richtig – es ist bereits geschehen!

So verlieben wir uns normalerweise. Und genauso ist es, wenn man seinem Lehrer begegnet; es passiert einfach. Etwas wird ganz tief berührt, wenn ihr euch begegnet, und es wird dir schwerfallen zu erklären, was das ist.

Sobald du bereit bist, wird die Begegnung mit dem Lehrer stattfinden. Wenn du die Wahrheit wirklich wissen möchtest, wird der Lehrer erscheinen. Er ist vielleicht nicht der, den du dir aussuchen würdest, und es kann sein, dass du ihn anfänglich nicht einmal magst. Aber darum geht es nicht. Es geht nicht um den Verstand. Die Leute in unserer Gemeinschaft haben interessante Geschichten darüber, wie sie ihren Lehrer gefunden haben.

Eine Frau kam vor sechs Jahren nur für ein Wochenende hierher, um zu sehen, was ihre Schwester so treibt. Seitdem ist sie hier. Sie hatte überhaupt kein Interesse an einem spirituellen Lehrer oder an spirituellen Treffen. So stolperte sie in etwas hinein, das sie von ganzem Herzen in ihrem Leben wollte. Sie war aufrichtig berührt und es war etwas, nach dem sie sich gesehnt hatte, seitdem sie denken konnte. Sie verstand überhaupt nichts von dem, was im ersten Treffen besprochen wurde, aber es gefiel ihr so gut, dass sie wiederkommen musste. Sie fühlte ein Ja zu dem, was passierte.

Ein junger Engländer lebte und arbeitete in China, als er anfing, meine Satsang-TV-Übertragungen anzuschauen, die live über das Internet ausgestrahlt werden. Ich glaube, er hat viele von ihnen angeschaut, und als er China verließ, kam er direkt hierher.

Die Begegnung mit dem Lehrer ist sehr tief; du weißt es einfach. Dann kommt die Herausforderung: „Kann ich mich ihm hingeben? Kann ich dieser Person vertrauen?" Nur wenn die Hingabe und das Vertrauen groß genug sind, kann die wirkliche Arbeit beginnen.

Wenn möglich, schließe dich einer spirituellen Gruppe oder Gemeinschaft an, sei mit einem spirituellen Lehrer, der dir dabei hilft, still zu werden und nach innen zu schauen, damit du deinen konditionierten Verstand erkennen kannst und siehst, wie sehr du an „meiner Geschichte" hängst. Im Satsang mit einem wahren spirituellen Lehrer – und mit wahr meine ich jemanden, der das Selbst erkannt hat – kannst du nicht anders, als es zu sehen.

Um richtig frei zu werden ist es wichtig, jemanden zu haben, der deine Geschichte wirklich sehen kann, um sie dir zu spiegeln.

Es ist nur diese Illusion, die du selbst erschaffen hast, die dich vom Erwachen abhält. Die ganze Anstrengung des Lehrers besteht darin, eine Situation zu erschaffen, in der du das siehst. Und wenn du es siehst, ist alles vorbei.

Die Flamme weitergeben
Zusammensein mit einem erwachten Lehrer

Es gibt keinen Zweifel, wenn du dich wirklich nach Freiheit sehnst, dann ist der beste Rat, soviel Zeit wie möglich mit einem Lehrer zu verbringen. Lade ihn zum Essen ein, wasche seine Kleider und finde jeden erdenklichen Weg, Zeit mit ihm zu verbringen. Wenn das nicht möglich ist, besuche den Lehrer in regelmäßigen Abständen, so dass er immer in dir ist. Egal welche Frage du hast, in welcher Situation du bist, wenn du an den Lehrer denkst, wird die Antwort kommen. Durch die Erinnerung an den Lehrer erinnerst du dich in Wirklichkeit an deine wahre Natur.

Ich habe meinen Lehrer nicht zum Essen eingeladen oder seine Kleider gewaschen, weil das andere Menschen gemacht haben, aber nachdem ich ungefähr drei Monate bei ihm war, hatte ich ein Treffen mit ihm. Ich hatte vor, meine Sachen zu holen und in seiner Nähe zu wohnen, und im Verlauf dieses Treffens sagte er zu mir: „Sehr gut, sehr gut. Hol deine Sachen und komm zurück, dann kannst du ein Gästehaus für meine Leute machen."

Er bat mich, das zu tun und so tat ich es, vier Jahre lang. Jeden Tag kümmerte ich mich um die Gäste und ihre Belange, und abends war ich Gastgeber für das Abendessen, das ich im Gästehaus anbot.

Es war keine leichte Arbeit, und viele heftige Themen, die unbearbeitet oder versteckt irgendwo schlummerten, kamen in dieser intensiven Umgebung an die Oberfläche. Es wurde für mich ein Labor, um zu sehen, was in mir vorging, weil jeder, der das Gästehaus betrat, mir eine Art Lektion erteilte oder mit einer Botschaft für mich kam. Ich weiß nicht, was die Absicht meines Lehrers gewesen war, aber das Ergebnis war, dass ich viele Strukturen meines Verstandes sehen konnte und langsam aber sicher frei von ihnen wurde.

Wenn es schwierig oder herausfordernd war, musste ich loslassen, darauf vertrauend, dass diese Situation mir von meinem Lehrer angeboten worden war und das Ganze auf eine Art und Weise arbeitete, die ich vielleicht nicht erkennen konnte.

Man könnte sagen, dass ich mich vor der Situation verneigen musste, vor dem, was das Leben mir durch meinen Lehrer hatte zukommen lassen. Sich verneigen bedeutet, sich in die Beziehung mit dem Lehrer hineinzugeben, loszulassen und zu umarmen, was auch immer dadurch in dein Leben kommt.

In der westlichen Kultur hat Hingabe einen Unterton von Niederlage – sich dem Siegreichen hingeben. Die Hingabe, über die ich spreche, die in Bezug auf einen spirituellen Lehrer, hat nichts mit sich fügen oder aufgeben als Zeichen von Schwäche zu tun. Es bedeutet zu erkennen, dass, wenn ich mich dem Lehrer hingebe, ich mich auch meinem höheren Selbst hingebe. Es ist keine Hingabe an eine Person, sondern eher an die Abwesenheit einer Person.

Man könnte es auch als eine hell brennende Kerzenflamme betrachten, vor der alle möglichen anderen Kerzen stehen und darauf warten entzündet zu werden. Wenn der richtige Augenblick da ist, entzündet diese Flamme von selbst eine andere, und das Licht wird weitergereicht. Es gibt dabei niemanden, der wirklich etwas tut.

Die Begegnung von Schüler und Lehrer entspringt einem tiefen Schicksal und dem Wirken von Gnade. Wenn du zusammen mit einem Lehrer bist, dich hingibst und empfänglich bist, dann wird das Licht weitergegeben. Der Lehrer macht nichts, und der Schüler macht nichts, es ist überhaupt nichts Persönliches. Die Begegnung ist sehr tiefgreifend und geht über das Verstehen des Verstandes hinaus.

Das Selbst des Lehrers und dein Selbst sind dasselbe Selbst. Auf einer tieferen Ebene bedeutet das Sich-Einlassen auf diese Beziehung ein Sich-Einlassen auf deine wahre Natur. Es ist ein wichtiges Thema, das jeder verstehen sollte. Die tiefe Begegnung zwischen dem Lehrer und dem Schüler macht es möglich, zu erkennen, dass es zwischen dir und dem Lehrer keinen Unterschied gibt. In Wirklichkeit begegnest du nicht dem Lehrer, in Wirklichkeit begegnest du dir selbst. Es ist für niemanden möglich, das jemals mit dem Verstand zu begreifen. Man kann es nicht erklären, man kann es nur erleben; und das ist das Mysterium.

Die Schwierigkeit im Zusammensein mit einem Lehrer liegt darin, dass dir Dinge gesagt werden, die du nicht hören möchtest oder nicht hören kannst. Es gibt unterschiedliche Ebenen des Hörens. Normalerweise beginnt es mit „nicht hören können" und geht dann allmählich über in „hören" und dann zu „wirklich hören". Wirklich hören ist eigentlich sehr selten, denn wenn wir normalerweise etwas hören, holen wir direkt unsere eigenen Überzeugungen heran und fällen sofort ein Urteil. Wenn es nicht zu dem passt, von dem wir ohnehin schon überzeugt sind, können wir es nicht wirklich hören, und wir verwerfen es. Deshalb ist es eigentlich sehr selten, dass wir wirklich jemanden reinlassen, und das ist einer der Gründe, warum die Beziehung zwischen dem Lehrer und dem Schüler sich über einige Jahre erstreckt. Der Lehrer muss sehr geduldig sein, bis der Schüler reif ist und in der Lage zu hören.

Ein Mann bleibt mit seinem Wagen auf einer Landstraße liegen. Als der Mann aussteigt, um den Wagen zu reparieren, kommt eine Kuh vorbei und bleibt neben ihm stehen. „Das Problem liegt wahrscheinlich am Vergaser", sagt die Kuh. Erschrocken springt der Mann zur Seite und rennt die Straße entlang, bis er auf den Bauern trifft. Der verstörte Mann erzählt dem Bauern sein Erlebnis. „War es eine große rote Kuh mit einem braunen Fleck über dem rechten Auge?", fragt der Bauer.
„Ja, genau!", antwortet der Mann.
„Oh, Bessie würde ich besser nichts glauben!", sagt der Bauer. „Die kennt sich mit Autos überhaupt nicht aus."

Der Lehrer hat eigentlich nicht viel zu sagen, er muss nur warten, bis er einige Worte in den Briefkasten werfen kann. Um etwas in den Briefkasten einzuwerfen, muss dieser offen sein. Die meisten Briefkästen sind verriegelt. Zuerst musst du in der Lage sein zu hören, und dann musst du die Botschaft verstehen. Du kannst nicht wirklich wissen, wann du die Botschaft falsch interpretiert hast, du musst einfach dem inneren Prozess vertrauen. Im Grunde missverstehen wir häufig. Da kann man nichts machen. Du kannst nur tun, was du tun kannst. Ich würde mir darüber keine Sorgen machen – es wird einfach geschehen, wie es geschehen wird.

Worte können auf unterschiedliche Art und Weise interpretiert werden. Wie ich schon gesagt habe, wenn du normalerweise etwas hörst, ziehst du direkt alle deine Glaubenssätze heran und verwirfst es sofort. Deshalb macht es noch nicht einmal einen Unterschied, ob es in deiner Muttersprache ist oder nicht. Der viel wesentlichere Punkt ist, ob Offenheit da ist, ob das Herz wirklich offen ist und ob es Vertrauen gibt. Später gibt es vielleicht Hingabe, aber das geschieht alles von selbst; du kannst diese Dinge nicht wirklich machen.

Zwischen dem Lehrer und dem Schüler muss es eine wirklich offene Herzensbeziehung geben, weil der Lehrer die Aufgabe hat, das Ego zu entfernen – und dabei wird es immer zu einem schmerzvollen Augenblick kommen. Er kann dir einige Füllungen machen, er kann deine Zähne polieren. Das ist alles ganz nett, aber es wird einige verfaulte alte Zähne geben, die er ziehen muss, und das wird immer schmerzhaft sein. Ein netter Lehrer, bei dem du dich immer gut fühlst, macht nicht unbedingt eine gute Arbeit. Denn ein Teil seiner Arbeit besteht darin, das Ego herauszufordern, das dich nun einmal daran hindert, im Selbst zu leben.

All unsere netten, angenehmen, kleinen Anhaftungen müssen verschwinden. Naturgemäß halten wir an einigen sehr stark fest. Das ist zwangsläufig schmerzhaft. Es gibt keinen Weg, das irgendwie zu verhindern. Du möchtest viele Male weglaufen. Der Lehrer gibt dir nicht plötzlich irgendwelche Informationen und sagt: „Wow! Das ist es!" Es ist eher so, dass er alle Fluchtwege abschneidet. Wenn du ihn tatsächlich verlässt, ist das wirklich eine große Verschwendung, denn selbst wenn du zu einem anderen Lehrer rennst, wird dieser – wenn er etwas taugt – dich an einem gewissen Punkt zur selben Stelle bringen, vor der du weggelaufen bist.

Projektionen auf und Widerstände gegen eine – vor allem männliche – Autorität sind bei Schülern in Bezug auf ihren Lehrer durchaus üblich. Es ist immer frustrierend, wenn der Lehrer zu einem „Jemand" erklärt wird. Erst machst du ihn zu einem „Jemand" und dann trotzt du diesem „Jemand"; ohne zu erkennen, dass du ihn erst erschaffst und dich dann gegen ihn wehrst. Das ist ein sinnloses Spiel!

Was Widerstand gegenüber Autorität angeht, sind wohl die dramatischsten in unserer Community die Männer, und sehr häufig haben sie starke Einwände und gehen sogar im Widerstand zu mir fort. Über die Jahre habe ich die Rolle desjenigen übernommen, der die Entscheidungen in der Gemeinschaft trifft, und obwohl ich die Rolle gerne abgeben würde, kommt sie immer wieder zu mir zurück. So bin ich zu einer Art Autorität geworden.

Ich möchte euch von Mario erzählen, der ein sehr gutes Beispiel dafür ist. Er ist ein portugiesischer Mann mit einem starken Wunsch, frei zu werden und einem natürlichen Verständnis für diese Möglichkeit. Für ihn war es immer schon schwierig gewesen, zu vertrauen und mit männlicher Autorität umzugehen. Obwohl wir eine tiefe Beziehung haben, hat er immer das Gefühl, dass er mit mir nicht kommunizieren kann. Nach einem Retreat-Wochenende, auf dem er mit einem starken persönlichen Autoritätsproblem konfrontiert war, nahm er an einem Treffen der Hauptorganisatoren der Gemeinschaft teil.

Im Laufe dieses Treffens hatte er dann einen plötzlichen Widerstandsausbruch, nachdem ich ihm vorgeschlagen hatte, sein Mountainbike aus dem Schuppen zu nehmen und zu den anderen Fahrrädern zu stellen. Augenscheinlich war es nur eine kleine Sache, aber es drückte seine Knöpfe so heftig, dass er aufsprang und aus dem Zimmer stürmte.

Am nächsten Morgen hatte er alle seine Sachen in sein Auto gepackt und war entschlossen, nach Portugal zurückzufahren. Er war absolut entschieden wegzugehen, und zunächst war er überhaupt nicht offen, irgendetwas zu hören. Das änderte sich, nachdem einige mitfühlende Damen aus der Gemeinschaft im Café ein Gespräch mit ihm hatten. Später verabredeten wir uns im Garten, um über das Thema zu reden.

Alles hat sich über drei Wochen hin aufgebaut. Erinnerst du dich an unser letztes Treffen, als du gemerkt hattest, dass ich nicht zu den Meditationen komme, weil ich zu stolz und zu arrogant war?

Dir wurde klar, dass du nicht zu den Meditationen kommst, weil du dachtest, ich wollte, dass du kommst?

Ja, es war meine Art, der Autorität die Botschaft zu senden, dass ich tue, was ich will. Wie auch immer, alles sammelte sich an bis zu einem Höhepunkt, und nach meiner Explosion im gestrigen Treffen sah ich im Grunde das Missverständnis meines Lebens. Ich sah, dass Verletzlichkeit nichts mit Schwäche zu tun hat, sondern mit innerer Stärke.

Kleine Jungs werden nicht ermutigt, verletzlich zu sein.

Ich fühlte eine riesige Angst, und ich wollte mit ihr fertig werden. Irgendwann merkte ich, dass das Zulassen von Verletzlichkeit eine Art innere Stärke ist, vor allem angesichts des Widerstands gegen männliche Autorität.

Ja, verwundbar zu sein ist eigentlich nur eine Einladung, zu sein, wie du bist. Es scheint in diesem Bereich mehr Druck auf Männern zu lasten als auf Frauen. Das männliche Ego kann nicht schwach erscheinen. Es ist sehr subtil, aber zu sein wer du bist, schließt keine Teenager-Rebellion mit ein. Die ist Teil des Widerstand-Spiels.

Die reifste Möglichkeit, mit männlicher Autorität umzugehen, ist, sich nicht darum zu kümmern, sondern mit deinem Leben weiterzumachen. Die Botschaft dieser ganzen Geschichte ist, zu sein wie du bist, nicht wie Mama oder Papa dich haben wollten, als du ein kleiner Junge warst.

Er fuhr nicht nach Portugal davon, und am selben Abend, als er allein in seinem Zimmer war, bekam er einen kleinen Einblick in das Selbst. Nach seinem Widerstand, nach der Entscheidung, zu gehen und dann doch zu bleiben, war klar, es würde in ihm arbeiten. Ich war bereit, ihn zu unterstützen, als er am nächsten Tag in den öffentlichen Satsang kam, um seine Erfahrung mitzuteilen.

Ich nahm gestern Abend eine Menge erstaunliche Dinge wahr. Ganz plötzlich verwandelten sich Momente des Schmerzes und des Widerstands in wunderbare Empfindungen und in Wärme.

Willst du damit sagen, dass es sich im Widerstand kalt anfühlte, aber als du offener wurdest, fühltest du Wärme?

Ja, als ob sich eine Menge Energie, die ich lange Zeit festgehalten hatte, plötzlich bewegt. Ich war mir zum ersten Mal darüber bewusst, wie meine Vorstellungen an mir vorbeizogen und wie ich zugleich über sie lachte und weinte. Ich weiß, sie werden wiederkommen, weil das Ganze nicht geerdet oder etabliert ist.

Aber der Unterschied ist, dass du nun ein neues Verstehen hast.

Das ist der lustige Teil. Ich habe über Widerstand gelesen, aber es ist so anders, wenn es direkt passiert. Verstehen kommt nicht davon, dass man darüber spricht, und „Gefühl“ ist auch nicht wirklich das richtige Wort.

Es ist mehr wie ein Wissen auf tiefer Ebene, während du es vorher von einer intellektuellen Position aus verstanden hast. Willkommen im Rest deines Lebens! Es könnte jetzt ganz anders sein. Jeder der dich kennt, kann sehen, dass die Starrheit aus deinem Gesicht verschwunden ist.

Heute Morgen schmerzte mein Gesicht beinah von der Energie, die durch mich durch lief.

Ja! Es ist schmerzhaft, zu entspannen. Dies ist so ein schönes Beispiel dafür, wie Widerstand sich in etwas völlig Unerwartetes verwandeln kann. Sobald du entschieden hattest zu bleiben und nicht wegzulaufen, stand dir eine enorme Energie zur Verfügung. Gestern Abend dann manifestierte sich die Energie und in dir hat sich ganz deutlich etwas verlagert.

•———•

Im Widerstand liegt eine Möglichkeit, eine schöne Möglichkeit, denn wenn du dich gegen eine Situation oder Person auflehnst, baut sich Energie in deinem Inneren auf. In Momenten größten Widerstands gegen den Lehrer besteht die Möglichkeit größter Klarheit und Einsicht. Sobald du ein großes Problem mit dem Lehrer hast, kannst du – auch ohne dass ein Wort gesprochen wurde – sicher sein, dass du falsch liegst.

Wenn deine Erwartungen, wie ein Lehrer sich verhalten sollte, nicht erfüllt werden, hast du zwei Wahlmöglichkeiten. Du kannst dich in deinen Gedanken und Urteilen verfangen oder du kannst deinem Verstand bei dieser Arbeit zuschauen. Dein Bewusstsein hat immer etwas mit dir zu tun, nie mit dem Lehrer. Sobald du ein Problem mit etwas oder jemandem im Außen hast, bist du schon verloren, denn am Ende musst du alles zu dir selbst zurück nehmen. Wenn der Lehrer dich durch ein starkes Thema weit in den Widerstand hinein provoziert hat, ist es viel einfacher, dem Lehrer die Schuld für etwas zu geben, das du nicht anerkennen und nicht sehen willst; für etwas, das zu erschreckend erscheint, um in den Spiegel zu sehen, den dir diese Situation bietet. In diesem Moment des Widerstands ist eine enorme Energie eingeschlossen, und wenn sie durch ein neues Verstehen freigesetzt wird, arbeitet sie für, statt gegen dich.

Wenn du zukünftig das, worüber ich rede, erlebst, ist das ein wunderbarer Moment, den Mut aufzubringen, einen Schritt nach vorne zu machen und den Lehrer zu bitten, dir bei dem, was passiert, zu helfen. Dies ist einer der fruchtbarsten Momente, um um Hilfe zu bitten; und aus dieser Hilfe kannst du eine Klarheit beziehen, auf welche du deine Entscheidung aufbauen kannst, und mit der du erkennen kannst, was auf einer tieferen Ebene wirklich geschieht.

Prinz Gautama, der zum Buddha geworden war, sah einen seiner Anhänger unter einem Baum am Rande des Ganges meditieren. Auf die Frage, warum er meditiere, erklärte sein Anhänger, er versuche, so erleuchtet zu werden, dass er den Fluss ohne fremde Hilfe überqueren könne. Buddha gab ihm ein paar Rupien und sagte: „Warum gehst du nicht und lässt dich von dem Bootsmann dort hinüberbringen? Das ist viel einfacher."

Jedes Mal, wenn du vom Lehrer einen großen Schlag bekommst, hilft es nicht, wegzurennen und zu sagen: „Er war sowieso ein schrecklicher Lehrer. Ich hatte wirklich Glück, von ihm los zu kommen." Die richtige Erwiderung ist: „Vielen Dank für diesen Schlag. Bitte schlag mich beim nächsten Mal härter."

Vertrauen oder Hingabe ist sehr wichtig, weil dieses Band der Liebe, diese Herzverbindung, eine enorme energetische Stütze darstellt, um durch die sehr schwierigen Momente zu gehen. Wenn du wirklich frei werden willst, ist die Arbeit nicht mit dem Augenblick der Selbstrealisation beendet. Die spirituelle Arbeit geht weiter, alles muss aufgeräumt werden, vor allem der konditionierte Verstand. Für so etwas ist der Lehrer sehr wertvoll, weil er einen Einblick in dein falsches Selbst hat.

Beim Widerstand geht es nie um dieses oder jenes Thema. Es geht immer um dein Verstehen und um dein Engagement, frei zu werden. Dieses Thema ist einfach eine Chance, loszulassen und an diesem tieferen Ort zu bleiben, der nicht überladen ist mit all dem, was du zu wissen meinst. Leider passiert es oft, dass Menschen einfach die Situation verlassen, wenn ein Widerstand auftaucht. An einem bestimmten Punkt wird der Lehrer dich sehen, er wird dich kennen und wissen, was zwischen dir und der Freiheit steht. Dann wird er etwas unternehmen, eine Situation schaffen, die dich in irgendeiner Weise provoziert.

Du wirst dich auflehnen, und er weiß das. Lehrer wissen, dass sich etwas bewegt, wenn sie dich stinksauer machen. Lehrer hätten natürlich gern, dass du in wahrem Frieden bist, aber sie wollen nicht ausdrücklich, dass alles friedlich ist. Es gibt immer einen Sturm rund um den Lehrer, weil er als starker Spiegel wirkt.

Es ist ein seltsames Paradox, dass die Menschen zu einem Lehrer kommen, weil sie ihr Leben friedlich haben wollen, aber dann schauen sie sich um und sehen, dass alle um den Lehrer herum weit davon entfernt sind, friedlich zu sein. Sie sagen dann: „Also, das ist ein bisschen komisch! Er kann kein guter Lehrer sein, schau sie dir doch alle an!" Aber eigentlich ist es nicht so. Du musst die Dynamik verstehen, die abläuft. Wenn du wirklich friedlich bist, kann nichts diesen Frieden stören. Was der Lehrer tut, ist, dass er wie ein Katalysator wirkt, um dir zu zeigen, wo du noch nicht friedlich bist, und was die Ursache der Störung ist. Wenn du wahrhaft friedlich geworden bist, wird dich nichts, was der Lehrer tut oder sagt, aus diesem Frieden bringen.

Aus meiner Sicht verpasst ein Schüler, der wegrennt, während er in einem starken Widerstand ist, eine große Chance. Wenn man im Widerstand da bleibt und mit ihm arbeitet, dann kann es eine starke Bewegung geben und eine große Öffnung kann eintreten.

Der Hausherr sitzt komfortabel in einem Sessel in der Bibliothek und liest Zeitung. Plötzlich reißt John, sein Butler, die Tür auf und ruft: „Sir, die Themse überflutet die Straßen!"
Sein Herr sieht ruhig von seiner Zeitung auf und sagt: „John, bitte, ich habe es Ihnen schon einmal gesagt, wenn Sie etwas Wichtiges zu sagen haben, klopfen Sie zuerst an die Tür, dann betreten Sie den Raum und informieren mich auf eine ruhige und zivilisierte Weise über die Angelegenheit. Nun

bitte, tun Sie das."
John entschuldigt sich und schließt die Tür hinter sich. Drei
Sekunden später hört der Hausherr ein Klopfen an der Tür.
„Ja?"
Daraufhin öffnet John die Tür einen Spalt breit und
verkündet formvollendet: „Sir, die Themse."

Du musst dem Wirken des Schicksals absolut vertrauen und die
Gnade des Zusammentreffens akzeptieren. Der Lehrer weiß etwas,
was du wissen willst, und seine ganze Anstrengung zielt darauf ab,
dir dabei zu helfen. Er erkennt den richtigen Augenblick, in dem
er einen kleinen Trick anwenden kann, einen Trick, der für jedes
Individuum anders ist, und in diesem Moment merkst du, dass
du dasselbe bist wie der Lehrer. Dann ist alles vorbei. Dies ist sein
einziges Interesse.

Was ist wahr? Leben, um zu erwachen

*Es muss einen Grund geben,
warum jeder ein Ego besitzt.
Wahrscheinlich ist es ein kleiner Scherz der Existenz.
Seine Aneignung und sein Erkennen gibt uns
die Möglichkeit, es bewusst fallen zu lassen.
Aus dem Ego herauszutreten heißt,
zu wissen, „dass ich das nicht bin".
Gibt es keine Identifikation mit dem Ego,
wirst du in deinen natürlichen Zustand zurückkehren,
den eines Zweijährigen.
Nur bist du dir jetzt darüber bewusst.*

Kapitel 3
Was ist wahr? Leben, um zu erwachen

Auch wenn sich das Bewusstsein erweitert, fühlen wir uns dennoch oft getrennt. Wir können uns fragen, warum wir dieses Gefühl des Getrenntseins empfinden. Warum quälen wir uns? Was steht unserem Glück im Wege? Was ist der Sinn unseres Lebens? Wenn wir nicht der Körper sind, wer sind wir dann? Und was ist Tod? Die Antwort auf all diese Fragen führt uns zu der gleichen fundamentalen Botschaft: Erwache zu dem, was du wirklich bist und erkenne, dass nichts getrennt ist.

Garten Eden
Das Ringen mit dem Ego

Wir leben in der Nähe eines großen grünen Parks, der an den Fluss grenzt und bei gutem Wetter ein Anziehungspunkt für den ganzen Ort ist. Es gibt einen Spielplatz in der Mitte dieses schönen Parks, der für gewöhnlich der Mittelpunkt vieler kindlicher Aktivitäten ist.

Die Kinder laufen herum, treffen sich, spielen, lachen, weinen, kämpfen, fallen, springen. Ständige herrscht Bewegung, wunderbar frisch. Die Kinder sind ganz natürlich präsent. Einer fällt vielleicht von der Rutsche und bricht in Tränen aus, aber nachdem Mama ihn abgeklopft und geküsst hat, spurtet das Kind zurück zu seinen Freunden und ins nächste Abenteuer, die Wangen noch nass von den Tränen, aber der Schmerz ist schon völlig aus der Erinnerung verschwunden.

Es ist ein Geschenk, inmitten diese Stromes von Unschuld und Präsenz zu sitzen, und ich ermutige die Leute, die mit mir leben, zu diesem Spielplatz zu gehen und die Kinder zu beobachten. Was kann man von ihnen lernen? Unschuld, Präsenz und grundlose Freude. Kinder sind spontan und furchtlos. Dies sind die Eigenschaften deiner essentiellen Natur.

> *Eines Tages läuft ein Priester die Straße entlang, als er auf der anderen Straßenseite einen kleinen Jungen bemerkt, der versucht, eine Türklingel zu drücken. Aber der Junge ist einfach zu klein und die Klingel zu hoch für ihn.*
> *Nachdem der Priester die Bemühungen des Jungen eine Weile beobachtet hat, schreitet er schnell über die Straße, stellt sich hinter den kleinen Kerl, legt seine Hand freundlich auf die Schulter des Kindes, beugt sich vor und drückt beherzt die Klingel.*

Während er auf Höhe des Kindes in die Hocke geht, lächelt der Priester wohlwollend und fragt: „Und was jetzt, kleiner Mann?"
Worauf der Junge antwortet: „Jetzt rennen wir weg!"

Die Eigenschaften von Unschuld und Freude, die in der Kindheit so leicht gelebt werden können, werden überlagert, wenn sich das Ego entwickelt. Die Frage, was unsere natürliche, kindliche Unschuld überdeckt, wurde mir kürzlich von Lin, einer Bewohnerin der Gemeinschaft, gestellt. Sie beobachtete die Kinder beim Spielen mit einem der Papageien, die wir im Community Zoo halten. Der Papagei hüpfte auf einem Tisch herum und die Kinder lachten über seine Faxen. Lin war berührt von der Freude in diesem Augenblick, und spürte deutlich, wie sehr ihr das selbst im täglichen Leben fehlte.

Diese Kinder sind so spontan und gegenwärtig. Warum wachsen wir da heraus und ins Ego hinein? Sie beim Spielen zu beobachten und die einfache Freude in ihren Gesichtern zu sehen, löst auch Freude in mir aus. Gewöhnlich sehe ich alles durch den „Ich"-Filter, und das ist überhaupt nicht freudvoll.

Wir Erwachsene gehen in der Vorstellung des Getrenntseins verloren. Warum geschieht das? Warum leben wir nicht immer in der Wahrheit? Als Babys haben wir nicht viel Sinn für das Ego. Am Anfang fühlt ein Baby keine Trennung zwischen sich und seiner Mutter. Aber dann, wenn es lernt, dass alles einen Namen hat, durch den eine Unterscheidung zwischen ihm und allem anderen getroffen wird, entwickelt sich allmählich dieses Gefühl der Trennung. Langsam entwickelt es ein Ego. Es geschieht auf natürliche Weise. So, wie das Gefühl der Trennung zur Bildung eines Ego führt, so entwickelt sich auch die Identifikation mit einem falschen Selbst, was zwangsläufig zu Leiden führt.

Letztendlich bewirkt unsere Sehnsucht, frei von diesem Leiden zu sein, dass wir die Sache angehen und es verstehen wollen. Wir können die Natur des Ego untersuchen, indem wir ruhig werden und nach innen sehen. Wenn es schließlich als falsch entlarvt wird, verschwindet es und bringt uns zurück zu unserer ursprünglichen Natur. Wir sind zurück im Garten Eden. Aber jetzt gibt es einen Unterschied: wir sind uns dessen bewusst. Als kleine Kinder haben wir kein Ego, aber wir wissen das nicht, wir sind uns unserer selbst nicht bewusst. Wir müssen den Garten Eden verlassen, um es zu verstehen. Man kann sagen, dass das Ego uns die Gelegenheit gibt, Bewusstsein zu entwickeln.

Wenn ich richtig verstehe, ist das Ego wie ein Lehrer?

Ja, das könnte man so sagen. Es könnte also sein, dass das Ziel menschlichen Lebens einfach ist, frei zu werden und dass das Leben wie ein Laboratorium ist, um dir dabei zu helfen. Statt deine Tochter fröhlich spielen zu sehen und zu denken: „Sie ist so fröhlich und ich bin es nicht", könntest du es so betrachten, als würde dich das Leben erinnern, dass du das gerade nicht lebst. Du wirst an dein Gefühl von Trennung erinnert und du kannst die Gelegenheit nutzen, dir darüber bewusst zu werden. Den Garten Eden zu verlassen und den Weg wieder zurück zu finden, kann der letztendliche Grund für dein Leben sein.

Der Grund ist also, dass ich das Selbst finde?

Ja, du wirst das Selbst finden. Nicht dein Selbst, sondern das Selbst. Wir sind alle wirklich perfekt so wie wir sind, selbst wenn wir verloren gehen. Es ist völlig in Ordnung, verloren zu gehen. Wenn wir das Leben von Augenblick zu Augenblick leben, so wie es sich offenbart, dann gibt uns das eine Möglichkeit, klar und bewusst zu werden.

Es scheint, als müssten wir Menschen von der Unschuld und Klarheit, die wir als Kinder hatten, in die Verwirrung und in die abhängig machende Konditionierung gehen, in scheinbare Trennung, in Schmerz und Leid. Als menschliche Wesen haben wir aber auch Qualitäten, die uns da wieder heraus bringen können. Wenn wir frei werden, werden wir uns bewusst darüber, wer wir wirklich sind, und das ist etwas, was ein Kind nicht weiß.

Jeden Abend haben wir eine Meditation, die ein gemeinsames Abendessen in Stille beinhaltet. Es ist eine gewisse Zeitspanne, in der man nach einem anstrengenden Tag ruhig und still werden kann. Wir sitzen um einen riesigen Tisch zusammen, genießen das Essen und die Stille. Wenn alle fertig gegessen haben, sitzen wir für fünf oder zehn Minuten, ohne etwas zu tun. Nach und nach entsteht ein schönes Gefühl der Leere. Es ist sehr tiefgründig, und in der Leere hat man den Eindruck, mit alten Freunden zu sitzen, mit jedem und mit allem.

Von niemandem kommt eine Energie, die so etwas fragt wie: „Wie war dein Tag? Was denkst du über dies oder das? Hast du Fußball geschaut?" Da ist nichts dergleichen, nur Stille. Da ist ein nährendes Reservoir an Leere, und du kannst da hineinschmelzen.

In diesem Raum der Stille kam mir mein Gespräch mit Lin ins Bewusstsein, vor allem ihre ernste Frage nach dem Sinn des Lebens und warum wir ein Ego haben. Meine Antwort aus diesem leeren Raum wäre: „Wen kümmert's?" Es ist völlig unwichtig. Auf einer tieferen Ebene weißt du, dass das Leben für sich selbst sorgt; das Leben geht weiter, und du musst dich nicht darum kümmern. Du kannst einfach hier und jetzt in dieser Leere sein.

Der ganze Sinn des Lebens oder der ganze Sinn des Ego ist es, durch diesen Kampf zu gehen und endlich Klarheit zu erlangen. Über viele Jahre wuchs ich auf in dem Glauben, dass ich meine Gedanken bin, dass ich mein Körper bin, dass ich meine Gefühle bin, und darauf habe ich das „Ich" aufgebaut, mein Ego. Wenn du es für dich selbst untersuchst, wirst du dieses „Ich" nicht finden, und doch wirst du mit jeder Erfahrung im Leben darauf zurück verwiesen. „Ich denke dies. Ich glaube das. Ich weiß dies. Ich mag das. Ich bevorzuge dies. Ich urteile, dass diese Situation so ist." Alles verweist zurück auf das „Ich", in der Annahme, dass es ein „Ich", ein Ego gibt, und dass dies das ist, was wir sind.

Wenn wir zwei Jahre alt sind, haben wir nicht viel von einem Ego. Wir sind nicht wirklich identifiziert damit und fühlen uns eins mit allem. Allmählich bekommen wir des Eindruck, dass wir von allem und jedem Anderen getrennt sind; und als Erwachsene sind wir dann völlig in einer falschen Vorstellung darüber gefangen, wer wir sind. Wir glauben fest an „mein" und „Ich". Dieses kleine „Ich" ist genau das große Missverständnis. Es ist sehr schwierig zu sehen, aber sobald man es tut, beginnt ein Demontage des falschen Selbst und ein Wiedererkennen der wahren Natur. Die Identifikation mit einem separaten „Jemand" fällt ab. Es passiert automatisch, man muss nichts dafür tun. Das ganze System wird plötzlich erschüttert und will wieder zur Harmonie finden.

Lin fragte: „Warum haben wir ein Ego? Was macht das für einen Sinn?" Du hast vielleicht bemerkt, dass jeder eins hat. Es ist ziemlich selten, dass man jemanden trifft, der keines hat. Leute vom Land, die noch in Harmonie mit der Natur und mit sich selbst leben, können diese kindlichen Qualitäten von Unschuld und Spontaneität noch haben, aber wahrscheinlich kennen sie sich selbst nicht auf eine bewusste Art.

Die Erzieherin im Kindergarten beobachtet die Kinder, wie sie malen. Gelegentlich geht sie von Kind zu Kind, um die Kunstwerke zu betrachten. Als sie bei einem kleinen Mädchen ankommt, das ganz emsig malt, fragt sie sie, was denn auf ihrem Bild zu sehen sei.
Das Mädchen antwortet: „Ich male Gott."
Die Erzieherin hält einen Moment inne und sagt dann: „Aber niemand weiß, wie Gott aussieht."
Ohne mit der Wimper zu zucken und ohne ihren Blick vom Blatt zu heben, antwortet das Mädchen: „Gleich werden sie es wissen."

Es muss ja einen Grund geben, warum jeder ein Ego hat. Vielleicht ist es ein kleiner Scherz der Existenz. Indem man es sich zuerst aneignet und anerkennt, hat man die Möglichkeit, es später bewusst wieder abzulegen. Indem du aus dem Ego heraustrittst, weißt du: „Das bin nicht ich." Wenn es keine Identifikation mit dem Ego gibt, gehst du zurück in deinen natürlichen Zustand, in den Zustand eines Zweijährigen. Der Unterschied ist, dass du dir jetzt bewusst darüber bist.

Du warst dir deines Getrenntseins bewusst, und jetzt bist du dir des Gegenteils bewusst. Es ist eine sehr schöne und ganz natürliche Art zu leben. Wenn du sauer bist, bist du sauer, wenn du glücklich bist, bist du glücklich. Das Essen schmeckt gut, und du bist glücklich, das Essen schmeckt schlecht, und du fühlst dich auch in Ordnung, weil nichts mehr wirklich etwas ausmacht.

Deshalb kann ich sagen: „Wen kümmert die Antwort auf die Frage?" Du musst herausfinden, wer es ist, der die Frage stellt. Mit wem bist du wirklich identifiziert? Bist das wirklich du? Bist du der, der in den Jahren deiner Entwicklung als Mensch aufgebaut wurde?

Wir haben die Angewohnheit, alles, was in unserem Leben passiert, zu diesem „Ich" zurückzubringen. Wenn du siehst, dass diese Konstruktion von „Ich", „mein", „meine Geschichte", nicht real ist, dann wird sie dich gehen lassen. Du kannst dann anfangen, aus dem Sein zu leben. Die ganze Qualität deines Lebens wird sich ändern. Es sieht so aus, als brauchst du diese falsche Geschichte, diese falsche Identifikation nur, um zu erkennen, dass das nicht die Realität ist.

Der Verstand wurde konditioniert zu glauben, dass „Ich" etwas tun muss, damit ich mein Mittagessen bekomme, meine Miete zahlen und mein neues Auto kaufen kann. Ich muss etwas tun um glücklich zu sein. So spricht der Verstand. Eigentlich tut die Existenz die Arbeit – ohne jede Hilfe von dir. Das ganze Universum ist die Manifestation von Bewusstsein.

Wir haben oft über eine spirituelle Reise gesprochen, aber man kann nirgendwo hin gehen, und es gibt nichts zu finden. Es ist schon alles da. Wir sind schon genau so, wie wir sein sollten. Wir alle glauben, dass wir unser Leben gestalten, aber eigentlich erkennen wir in der Stille, dass das Selbst von allein entfaltet und dass immer für uns gesorgt ist. Wir werden die Erfahrungen machen, die wir im Leben brauchen, um die Lektionen zu lernen, die wir lernen müssen, und wir werden durch die Existenz dabei unterstützt.

Ich würde sagen, die ultimative Unterstützung, um dieses Missverständnis, wer du bist, zu durchschauen, ist ein Lehrer; jemand, der den gleichen Prozess durchlaufen hat und als Katalysator für Klarheit dienen kann, der dich vom Leiden an der Identifikation zur Freiheit führen kann. Zur Verdeutlichung hier eine Geschichte, die in einem kleinen Dorf spielt.

Die Bewohner eines Dorfes hatten Probleme mit einem Löwen, der ihr Vieh riss. Sie jagten und töteten den Löwen, aber sie bemerkten nicht, dass er ein Junges hatte. Das Löwenjunge blieb allein im Busch zurück, und als Waise war es ziemlich einsam. In diesem Moment kam eine Herde Schafe vorbei; sie fanden den jungen Löwen und nahmen ihn mit. Und natürlicherweise aß das Löwenjunge nach einiger Zeit Gras und machte: „Määhhh", genau wie die Schafe.

Der kleine Löwe wurde größer und größer und lebte sehr glücklich mit den Schafen. Er dachte tatsächlich, er sei ein Schaf. Jeden Tag fraß er Gras und machte: „Määhhh". So ging es einige Zeit lang weiter, bis eines Tages ein alter weiser Löwe vorbeikam, auf der Suche nach etwas Leckerem zu essen. Er bewegte sich auf die Schafherde zu, als er zu seiner Überraschung in der Mitte der Herde einen Löwen sah. Der Löwe fraß Gras und machte: „Määhhh", genau wie ein Schaf.

Der alte Löwe lief zu dem jungen Löwen und schreckte dabei die ganze Herde auf. Er packte den jungen Löwen und schleppte ihn, der in panischer Angst blökte und strampelte, bis zum Rand des Sees. Der junge Löwe dachte immer noch, er sei ein Schaf, das von einem hungrigen Löwen fortgezerrt würde. Der See lag sehr still da, und als der junge Löwe ins Wasser schaute und sein Spiegelbild sah, war er sehr überrascht zu sehen, dass er genau wie der weise alte Löwe aussah. Plötzlich, mit einem Mal, erkannte er, dass er ein Löwe war. Und er brüllte!

Finde heraus, wer du bist und brülle dein Brüllen, tanze deinen Tanz. Das göttliche Absolute ist das Wesen eines jeden Menschen, aller Vögel und Tiere, aller Steine und Bäume, des ganzen Planeten und des gesamten Universums. Wir sind ebenso ganz gewöhnliche Männer und Frauen, und diese Schnittstelle zwischen unserer Gewöhnlichkeit und unserer göttlichen Natur ist die Essenz unseres Missverständnisses.

Glück hat seinen Preis
Die Angst ums Überleben

Als ich vor sieben Jahren in Deutschland ankam, hatte ich einen Koffer, die Kleider, die ich anhatte und ein Minus von fünftausend Euro auf meinem Konto. Außerdem kannte ich niemanden. Die Situation hätte hoffnungslos aussehen können und Vertrauen in das Leben zu haben hätte ein Thema sein können. Jedoch war es eine sehr aufregende Zeit, weil sich alles von da aus entfaltete. Ich traf Leute, ich reiste herum und hatte immer das Geld und die Unterstützung, die ich brauchte, um zu überleben und zu wachsen.

Ich hatte meine Karriere als Architekt aufgegeben als ich 27 war und hatte danach nie mehr einen konventionellen Beruf. Manchmal war es hart gewesen, manchmal gab es alles im Überfluss. Manchmal überkam mich die Angst, nicht überleben zu können – häufig durch Geldmangel angestoßen – und das verursachte Leiden in meinem Leben. Schließlich erkannte ich, dass die Energie, die ich in das Leiden steckte, wirkliches inneres Zufrieden- und Glücklichsein total behinderte.

Heute lebe ich in dem Vertrauen, dass alles, was ich zum Leben brauche, immer da sein wird. Ich mache mir darum keine Gedanken mehr und das schafft einen großen Raum, das Leben einfach so zu genießen, wie es sich entfaltet.

Kürzlich bin ich nach Brüssel gefahren, weil ich eingeladen war, dort einen Satsang zu geben. Bei den Leuten, die ich dort getroffen habe, ist mir aufgefallen, welche Macht Geld in ihrer Gesellschaft hat und wie seine Wichtigkeit das Leben der Menschen dort ständig belastet.

Ein Mann, mit dem ich sprach, arbeitete viele Stunden in der Woche als hochgestellter Diplomat im Stadtzentrum. Einige Jahre zuvor hatte er durch die Menge an Arbeit, die er zu bewältigen hatte, einen Burnout. Der Stresspegel hatte sich bis zu dem Punkt aufgebaut, an dem er es nicht mehr bewältigen konnte. Während seiner Genesung war er schockiert über sein vorheriges Leben – gefangen in endlosem Stress und Überlastung – und er entdeckte die Meditation. Eine Zeit lang lebte er ruhig, aber aus irgendeinem Grund nahm er seine alte Stelle wieder an, arbeitete weniger als zuvor, aber wieder in einer ziemlich stressigen Umgebung.

Er vergaß seine Verbindung zur Meditation und zur Selbstreflexion nicht, und aufgrund seiner Übungen und seiner Selbsterforschung fühlte er sich von meinen Satsang-Treffen angezogen.

Ich möchte einfach nur der sein, der ich bin, aber ich fürchte, dass ich keine Kontrolle über mein Überleben haben werde.

Was meinst du damit?

Mein Leben ist voller Termine und Besprechungen, und wenn ich mich davon zurückziehe und einfach nur bin, wie ich bin, habe ich das Gefühl, dass in meinen Leben viele neue Schwierigkeiten auftauchen werden.

Dann bleib am besten dort. Genau dort mit all den Terminen und Besprechungen. Das ist viel besser. Wer hat denn all diese Termine gemacht? Stehen die irgendwo geschrieben?

Nein, aber ich kann das nicht einfach hinter mir lassen. Es ist für mein Überleben notwendig.

Kannst du sehen, dass durch diesen Versuch zu überleben, fast alles in deinem Leben – insbesondere das Arbeiten in einer Stadt, in einem Job wie dem deinem – sich auf irgendeine Art und Weise in Richtung Geschäfte machen und Termine bewegt?

Ich habe nicht gesagt, dass das ein besserer Weg ist, zu leben, aber ich lebe hier, in diesem Leben, auf dieser Erde und ich muss Geld verdienen und meine Zukunft sichern. Ich muss meine Miete zahlen. Ich habe eine Steuernummer. Wie es scheint, kann ich das alles nicht einfach fallen lassen.

Ich weiß, dass du nach deinem Burnout meditiert hast, und manchmal hast du im Inneren wahrscheinlich etwas entdeckt, was unberührt von dem war, was im Außen geschehen ist. Stimmt das?

Ja, da waren klare, sehr schöne Augenblicke, in denen ich das Gefühl hatte, dass für alles gesorgt ist. Es war sehr tief, aber es wird von den Anforderungen des täglichen Lebens überdeckt.

Wenn du ein tiefes Verständnis davon bekommst, wer du wirklich bist – worin du ja schon einige Einblicke gehabt hast – dann bist du in deiner wahren Natur. Du bist einfach nur präsent und Teil dieses Kosmos, Teil dieses Phänomens, das wir Bewusstsein nennen.

Liegt denn irgendein Wert darin, Geld anzuhäufen oder Anstrengungen zur Absicherung der Zukunft zu unternehmen?

Es liegt ein enormer Druck auf den Menschen, ihr Leben der Ansammlung von Geld zu widmen und in sicheren Investitionen anzulegen, was ihnen angeblich ewiges Leben geben wird!

Natürlich ist ein Job, der dir Geld für deinen Lebensunterhalt sichert, ein Weg, wie die Existenz sich um dich kümmert. Sei bei dem, was du tust präsent und schaue der Zukunft entspannt entgegen. Es wird immer genug da sein. Es gibt eine tiefe Verbundenheit, und in dieser gibt es eine reichhaltige Unterstützung für unsere täglichen Bedürfnisse.

Dieser immense Fokus darauf, Geld anzuhäufen ist völlig falsch. Er vermittelt das Gefühl, dass man, wenn man eine Menge Geld hat, ein glückliches Leben führt und wenn man sehr arm ist, ein unglückliches Leben hat. Aber meine persönliche Erfahrung ist, dass das einfach nicht wahr ist.

Wie kann ich denn leben, wenn ich in diesem Zustand des „Nichts" bin?

Ah! Das ist eine gute Frage. Du musst gar nichts tun. Es funktioniert alles von alleine. Während du damit beschäftigt bist die Miete zu zahlen, geschieht das Leben sowieso. Hast du jemals darüber nachgedacht, wie das geschieht? Die Sonne kommt raus, der Regen fällt, der Reis wächst, Babys werden geboren und Menschen sterben. Alles geschieht einfach. Während du denkst, dass du das tust, geschieht es und wenn du aufhörst „dein Leben zu tun", wird es absolut immer noch geschehen. Während du damit beschäftigt bist zu denken „Ich tue mein Leben", entfaltet sich das Leben einfach. Großartig! Gott hat tolle Arbeit geleistet. Er verdient es, sonntags frei zu haben! Während du versuchst, dein Leben zu tun, kannst du nie sein.

Es geschieht einfach?

Ja! Wie hätte ich unser Treffen planen können? Wir mussten uns treffen. Ich bin nach Brüssel gekommen, du warst da und es war unsere Bestimmung, uns heute Abend hier zu treffen.

●━━━━━●

Ein Großteil des Lebens ist ausschließlich auf materiellen Reichtum ausgerichtet. Geld ist zum Fokus der ganzen Welt geworden, und dieser Fokus bedroht selbst den Planeten durch die ökologischen Folgen, die das nach sich zieht. Doch der ökonomische Rationalismus des Planeten steht immer an erster Stelle. Die Bedürfnisse des Planeten in Bezug auf Bevölkerung und ökologisches Gleichgewicht stehen immer an zweiter Stelle, obwohl es in den letzten drei oder vier Jahrzehnten ein immer größeres Bewusstsein für ökologische Schäden gab.

Soweit ich sehen kann, rührt diese ganze Jagd nach Geld, Waren und Überleben von zwei Grundgedanken her: Wir wollen glücklich sein, und wir denken, wir sind ein Körper, der das zum Überleben braucht. Wir alle wollen Glück, aber wir denken, wir können es von einer guten Flasche Bier, einem Glas Wein, einem neuen Partner, unserem Seelenverwandten oder von ein bisschen mehr Geld bekommen.

Machen uns diese Dinge wirklich glücklich? Vielleicht gibt es für kurze Zeit einen Genuss daran, etwas Materielles zu bekommen: „Oh, was für ein toller Urlaub! Ich bin definitiv ein bisschen glücklicher." Die Hoffnung, dass etwas von außen uns glücklich machen wird, ist ein Aufhänger, den wir Menschen uns für uns selbst ausgedacht haben und der uns immer in Abhängigkeit von neuen Wünschen hält.

Aber es ist einfach nicht möglich, dass wirkliches Glück von außen kommt. Bedenke einmal, wie wunderschön das ist. Es bedeutet nämlich, dass du es einfach jetzt finden kannst, weil du es bereits hast. Wenn du einfach nur anhalten würdest, würdest du es finden. Es ist einfach da und wartet auf dich, und alle Bemühungen, es woanders zu finden, bringen dich nur weiter davon weg.

Geld in seiner Essenz ist in Ordnung, es ist ein Werkzeug, das die Menschheit erfunden hat, aber es hat sich zu einer Obsession entwickelt, aus der Angst heraus, dass wir nicht überleben werden. Tatsache ist, dass wir alle nicht überleben werden. Wenn du dich selbst nur als Körper siehst, dann wirst du nicht überleben. Wenn du dich selbst als ewiges Selbst siehst, dann bist du hier für immer und ewig. Das ewige Selbst verändert sich nie, es ist ein absolut konstantes Phänomen.

Der wesentlichste Teil unserer Natur ist von Fragen des Überlebens absolut unberührt. Wenn wir in ein tiefes Verständnis für das ewige Selbst eintauchen, dann existieren Tod und Geburt nicht. In der Präsenz, im Bewusstsein, gibt es nichts, wohin du gehen kannst und nichts, was du erwerben kannst.

Wir selbst sind das Glück und es kostet nichts. Alles ist uns ganz und gar geschenkt. Die Existenz sorgt immer für uns, auch wenn wir meinen: „Ich habe mein Leben zu meistern, und wenn ich es nicht tue, dann wird mein Leben nicht funktionieren." Es wird sich vielleicht nicht so gestalten, wie wir es geplant oder uns erhofft haben, aber das Wichtigste ist, gegenwärtig zu sein für unser Leben, für das Leben, das gerade passiert.

Wir sind so daran gewöhnt, die Kontrolle zu haben oder die Kontrolle erlangen zu wollen, über unsere Beziehungen, über unseren Arbeitsplatz, über unser Einkommen, über unser ganzes Leben. Es ist eine Gewohnheit, es ist alles, was wir kennen. Der Kontrollierende ist das falsche Selbst, der „Jemand". Wenn du von diesem falschen Selbst aus Nein sagst, kannst du eine Energie des sich Zusammenziehens in deinem Körper spüren. Ja sagen, ohne etwas verändern zu wollen, ist Hingabe an das Leben, wie es ist. Du kannst die Ausdehnung in deinem Körper spüren. Das „Ja" ermöglicht es dir, ins Leben und in das, was ist, hineinzuschmelzen.

Diese Art von Akzeptanz ist sehr bedrohlich, weil sie zum Abbau des Ego führt. Der schnellste Weg, es aufzugeben, ist Ja zu sagen: „Ja, Ja!" Auch in Situationen, wo du Nein sagen willst – besonders in Situationen, wo du Nein sagen willst. Das ist äußerst schwierig, weil du immer dorthin kommen wirst, wo du nicht mehr Ja sagen kannst.

Diese Herausforderungen stellen sich jeden Tag. Die meisten von ihnen sind recht klein, aber wenn du dir dieses Ja angewöhnst und in seinen Fluss kommst, fängst du an, in der Akzeptanz dessen zu leben, was ist, unabhängig von der Situation. Dieses „Ja" fühlt sich wie eine Leichtigkeit oder eine Ausdehnung im Körper an. Das führt dich zu dem Glück, das in dir wartet.

Natürliches Glück, das ist eigentlich das, wer wir sind. Es ist die gleiche Natur wie das Singen der Vögel. Wenn kleine Kinder miteinander spielen, wenn sie ihre Sandburg am Strand bauen, fühlen sie sich glücklich, und sie fühlen sich auch glücklich, wenn die Wellen kommen und die Sandburg mit der aufziehenden Flut wieder zusammenfällt. Es ist nicht wirklich kompliziert. Diese Freude ist natürlich, wir müssen nur Kontakt zu ihr herstellen. Das einzige, was dies verhindert, sind all die Konditionierungen in unserem Verstand, die uns einreden, dass das Leben auf eine bestimmte Art stattfinden sollte.

In der Welt der Dualität, das heißt, im „Spiel der Zwei", sind Glück und Unglück absolut miteinander verwoben, aber du kannst aus diesem ganzen Spiel aussteigen und dann steht es außer Frage. Eigentlich gibt es dann auch nicht mehr wirklich Glücklichsein. Da ist ein tiefes, kontinuierliches Gefühl von Genährtsein oder Wohlbefinden, und dieses Fundament wird nicht von Glück oder Unglück beeinträchtigt. Du fühlst dich nicht besser, wenn du glücklich bist oder schlechter, wenn du unglücklich bist. Dieses Fundament akzeptiert alles. Es ist deine Natur, und es ist sehr gewöhnlich.

> *In einem Park sitzt ein alter Mann und weint sich die Augen aus. Ein junger Jogger kommt vorbei und fragt ihn, was los ist.*
> *Der alte Mann sagt: „Ich bin Multimillionär. Ich habe ein tolles großes Haus, das schnellste Auto der Welt, und ich habe gerade eine schöne blonde Sexbombe geheiratet, die mich jede Nacht befriedigt, ob ich es mag oder nicht." (schnief)*
> *Der junge Jogger sagt: „Mann, du hast alles, wovon ich schon immer geträumt habe! Was kann so falsch in deinem Leben sein, dass du hier im Park sitzt und weinst?"*
> *Der alte Mann sagt: „Ich kann mich nicht mehr erinnern, wo ich wohne."*

Es ist mir fast peinlich zu sagen, dass ich die ganze Zeit glücklich bin. Selbst wenn ich Wut, Trauer oder Schmerz empfinde, gibt es da einen zugrunde liegenden Frieden und eine tiefe Akzeptanz dessen, was ist. Es ist schlimmer als glücklich, es ist wie: „Wow! Wow!" Die ganze Zeit: „Wow!" Ich habe nichts dafür getan. Es ist meine Natur. Ich bin einfach so gebaut. Als ich auf diesem Planeten ankam, war „Wow!" schon inklusive, ganz umsonst. Jeder hat es, doch haben wir den Kontakt dazu verloren.

Viele Leute wissen noch nicht einmal, dass dieses innere Glück existiert, leider, und so haben wir eine Gesellschaft geschaffen, die auf Verlangen und Gier basiert. Eine unersättliche Werbebranche versucht, in uns das Verlangen nach Dingen zu wecken, die wir uns eigentlich gar nicht leisten können, und eine riesige Verkaufsindustrie versucht uns davon zu überzeugen, dass wir einen Urlaub in Barbados oder tausend andere Dinge brauchen, wenn wir wirklich glücklich sein wollen. Ohne das können wir nicht wirklich glücklich sein.

Wie der alte Mann auf der Parkbank und der Suchende aus Brüssel vergessen wir, dass wir alles sind, was wir uns jemals wünschen können. Da die Welt dir kein Glück geben kann, schließe deine Augen, sieh nach innen und entdecke, dass du selbst Glück bist. Du hast eine Menge „Wow!" da drin. Du bist voller „Wow!" Wenn du nicht vorsichtig bist, kannst du vor lauter „Wow!" explodieren. Du platzt einfach.

Sich auflösen ins Nichts
Die Angst vor dem Tod

Neben dem Haus unserer Community gibt es einen Garten, der für lange Zeit brach lag, und es reizte kaum jemanden, dort durchzulaufen. Im vergangenen Jahr pflanzten wir Gras, Blumen und Bäume, wir stellten Stühle und Bänke hinaus und errichteten einen Sitzkreis aus großen Baumstämmen. Er wurde sehr schön, aber immer noch fehlte etwas. Er brauchte Bewegung, er brauchte Leben. Wir beschlossen eine Vielzahl seltener Hühner zu kaufen, die herumlaufen und dem Areal Charakter und Atmosphäre geben sollten.

Als wir sie im Garten freiließen, rannten sie in die Ecken oder vergruben sich unter dem Heu. Um ihnen Zeit zu geben, sich zu akklimatisieren, ließen wir sie über Nacht in ihrem Hühnerstall. Am nächsten Tag öffnete die Tierpflegerin die Tür, um die Morgensonne hinein zu lassen und fing an, sie in Richtung Tür, Sonnenlicht und grünem Gras hinaus zu dirigieren.

Nach einigem Zögern entschieden alle, dass draußen zu sein ein besseres Angebot war als das leicht schmuddelige, stinkende Drinnen, in dem sie die Nacht verbracht hatten; alle, abgesehen von einem, ein kleiner Kerl, dessen Augen von Federn verdeckt waren. Er lief überall hin, nur nicht zur Tür, so, als ob er Angst vor dem Sonnenlicht und dem größeren Raum da draußen hätte. Er grub sich in eine Ecke und krallte sich gut fest. Behutsam stupsend brachte ihn die Tierpflegerin langsam zur Tür. So wurde er schließlich hinausgetrieben und von jenem dunklen Ort entfernt, an dem er sich unter der Rampe versteckt hatte.

Die Furcht vor dem Ende des Bekannten, selbst wenn dieses dunkel und stickig ist, ist die häufigste Angst aller, die auf der Reise zu sich selbst sind; und oft wird diese Angst nicht erkannt.

Damit Erwachen geschehen kann, muss es eine Priorität und eine Klarheit geben. Vielleicht kennst du die Situation, wenn etwas Schönes passiert oder du zum Satsang gehst und deine Gedanken verschwinden. Du fühlst eine unbeschreibliche Glückseligkeit und Stille und bist völlig nach innen gewandt und mit dir selbst. Dann gehst du nach Hause und beschäftigst dich wieder mit deinen gewohnten Aktivitäten und Beziehungen. Wenn du am nächsten Morgen aufwachst, weißt du, dass die Stille und die Glückseligkeit verschwunden sind und du zurück in der Welt bist, die „mein Leben" heißt. Wirklich bereit zu sein für das Erwachen und dafür, aus all dem herauszutreten, heißt, bereit sein, dich deinem Leben total auszuliefern. Mit allem. Total. Das ist also nicht für jeden. Eigentlich ist es für fast niemanden!

Als ich mit einem Bewohner der Gemeinschaft im Garten saß, dachten wir über die Auswirkungen all dessen nach. Wir sprachen und tranken einen kalten Saft zusammen, während unsere neuen Hühner im Gras pickten und scharrten.

* ——— *

Ich fühle eine Menge Angst davor, loszulassen. Ich finde auch, dass ich an meinen Vorstellungen und Gewohnheiten festklebe, und an der alten Art, zu handeln und mein Leben zu leben. Und dann, wenn ich nach innen schaue, komme ich jetzt oft zu diesem leeren Nichts. Wunderschön ... aber ich habe Angst vor diesem „Nichts".

Einerseits will ich frei sein von meinen Einschränkungen und Problemen, aber andererseits hafte ich an ihnen, weil sie Teil meiner Identität sind. Ich hänge sehr an diesen Gewohnheiten und Einschränkungen, und ich fürchte so etwas wie den Tod.

Du fürchtest, dass etwas sterben könnte, was nie existiert hat. Du hast nie dein Leben „getan". Du hast die Show nie in Gang gehalten. Das ist nur ein Teil der falschen Identifikation.

Wir fühlen uns mit der Überzeugung, dass wir ein getrennter „Jemand" sind, sicher. Und so fühlt sich die Vorstellung, dass diese Identifikation dahinschmelzen oder sich abbauen könnte, wie ein Tod an, wie etwas Endgültiges. Wir schreiten wirklich ins Unbekannte, und das bringt Angst mit sich. Die Sehnsucht nach Freiheit und die Angst vor dem „Tod" arbeiten zusammen.

Ja, genau. Es ist erstaunlich, dass ich diese Bewegung hin zur Angst tatsächlich beobachten kann, indem ich prüfe, wer es denn ist, der Angst hat. Ich sehe, dass sich dann innerlich etwas öffnet, und das schafft einen Raum rund um die Angst.

Wenn du bewusster wirst, wird deine Geschichte wirklich langweilig; sie wird wirklich alt und stinkend, und du weißt, dass sie nicht funktioniert. Du hast deine Geschichte so lange gelebt und sie hat nie funktioniert. Es kommt fast immer zum gleichen stinkenden Ende.

Du warst unglaublich widerstandsfähig und ängstlich und gerade jetzt besteht deine Herausforderung darin, zu sehen, dass die Angst fehl am Platze ist. In keinem Moment weißt du, was der nächste Augenblick bringen wird. Du fürchtest den nächsten Moment, denn auf einer bestimmten Ebene hast du Angst, dass es dein letzter Augenblick ist. Es gibt eine Angst vor dem Tod, aber was du eigentlich im letzten Augenblick deines Lebens erlebst, im Augenblick des Todes, ist im Grunde nichts anderes, als das, was du in jedem anderen Moment auch erlebst.

Die Menschen, die du zurücklässt, werden zähneklappernd an deiner Leiche stehen, aber für dich wird es nicht so sein. Es gibt also eigentlich keinen Grund, jenen Moment zu fürchten oder diesen Moment zu fürchten. Wenn du das klar sehen kannst, dann kannst du den anderen Weg gehen und das Leben einfach nur umarmen. Du kannst diesen Moment umarmen, und mit großem Genuss offen sein für den nächsten Moment, wohl wissend, dass du es mit allen vergangenen Momenten schon aufgenommen hast, und dass du es auch mit allen kommenden Momenten aufnehmen kannst.

Du sagst also, dass die Angst, die ich erlebe, ebenfalls eine Illusion ist, die der Verstand erschaffen hat?

Ja, denn was ist Angst? Sie ist eine Vorstellung von der Zukunft. Du hast Angst vor dem Sterben, ja? Wir haben Angst vor unserem Tod in der Zukunft, weil wir glauben, dass wir jetzt hier sind. Aber was wir für „hier" halten, ist eigentlich eine Illusion. Wenn man stark genug an diese glaubt, dann meint man, dass diese Illusion sterben wird. Man bekommt Angst, weil es sich wie das Ende anfühlt. Aber man hat Angst vor dem Tod der Illusion, vor etwas, das nie existiert hat.

Diese Angst, von der du redest, ist eine reale Angst, aber sie gründet auf einer Illusion. Als separate Individuen glauben wir, dass „wir" sterben. Wenn wir mit unserer Angst und der Unausweichlichkeit des Todes des Körpers konfrontiert sind, kann uns das dazu bringen, dass wir erforschen, was übrig bleibt, wenn der Körper stirbt. Wenn alles weg ist, bleibt nur das Selbst.

———————

Ein Ehepaar traf eine Vereinbarung: Wer zuerst stirbt, kommt zurück und teilt dem Anderen mit, ob es Sex nach dem Tod gibt. Ihre größte Angst war, dass es gar kein Leben nach dem Tod gibt. Nach einem langen gemeinsamen Leben war der Ehemann der erste, der starb. Getreu seinem Wort nahm er den ersten Kontakt auf:
„Marion ... Marion."
„Bist du es, Bob?"
„Ja, ich bin zurückgekommen, so, wie wir es vereinbart hatten."
„Das ist wunderbar! Wie ist es?"
„Nun, ich stehe am Morgen auf, ich habe Sex, ich frühstücke und dann geht es auf den Golfplatz. Ich habe wieder Sex, bade in der warmen Sonne und habe dann noch ein paar Mal Sex. Dann esse ich zu Mittag; du wärest stolz auf mich – ganz viel Gemüse! Ein weiteres Spiel rund

um den Golfplatz, dann ziemlich viel Sex für den Rest des
Nachmittags. Nach dem Abendessen geht es zurück auf den
Golfplatz. Dann gibt's noch mehr Sex bis spät in die Nacht.
Ich hole mir etwas dringend benötigten Schlaf und am
nächsten Tag fängt alles wieder von vorn an."
„Oh, Bob, du bist im Himmel?"
„Nein ... ich bin ein Kaninchen."

Einer meiner Lieblingsautoren und spiritueller Lehrer ist der Russe
George Gurdjieff. In gewisser Weise war er der erste moderne
Meister. In seinem Buch, *„Begegnungen mit bemerkenswerten
Menschen"*, beschreibt er ein Treffen mit einem sehr guter Freund.
Dieser Freund hatte sein Leben der Suche nach Wahrheit und
Freiheit gewidmet. Er hatte die ganze Welt nach jemandem
abgesucht, der ihm die Wahrheit zeigen konnte, und schließlich traf
er jemanden, der ihm von einem großen Meister erzählte, welcher
in einem weit entfernten Kloster lebte. Um dorthin zu gelangen,
gab es eine Bedingung. Er musste sein ganzes Leben hinter sich
lassen und nie mehr zurückkehren. Symbolisch gesehen ist es das,
was man braucht, wenn man der Wahrheit begegnen will.

Ich sage nicht, dass man seine Familie, seine Stadt oder seine
Arbeit zurücklassen muss, aber im Inneren muss man bereit
sein, alles aufzugeben. Alles, woran man festhält, verhindert das
Erwachen. Fast jeder möchte in den Strukturen seines Lebens
bleiben. Natürlicherweise bevorzugen wir es ein „Jemand" zu sein,
aufgrund der Angst, die mit der Vorstellung, „Niemand" zu sein,
verbunden ist.

Es ist beängstigend, weil es zum Werden von „Niemand"
gehört, dass „Jemand" stirbt. So kann eine große Angst vor dem Tod
entstehen. Wir spielen ein lustiges Spiel mit dieser Angst vor dem
Tod, denn so natürlich sie sich auch anfühlen mag, sie ist irrational.
Es ist nur das illusorische falsche Selbst, das sich auflöst. Das falsche
Selbst kann Gott und das Geheimnis des Lebens nicht umarmen. Es
kann nicht zulassen, dass das wahre Selbst sich entfaltet und hingibt
– und überhaupt könnte dich das wahre Selbst auf einen Weg

führen, der nicht deinen Plänen entspricht. Du willst in der Lage sein, den nächsten Moment zu steuern, den nächsten Moment zu verwalten. Wenn du Dinge auf eine bestimmte Weise haben willst, erzeugt das eine riesige Anspannung in deinem Verstand.

Jeden Mittwochabend feiern wir in der Community mit Musik und Mantra-Singen, und bringen so alle in eine schöne, liebevolle Offenheit. Während einer dieser Abende hatte eine Frau eine außerkörperliche Erfahrung, einen Einblick in die Tatsache, dass sie nicht der Körper ist. Sie hatte schon einige Zeit zuvor starke Erfahrungen gehabt, und jetzt, mit Musik und Gesang in vollem Gange, fiel sie unerwartet ganz langsam zu Boden, so, als sei sie bewusstlos geworden, aber mit einem großartigen Lächeln auf ihrem Gesicht.

Wir prüften, ob alles mit ihr in Ordnung war, und dann überließen wir sie dem, was in ihrem Inneren geschah. Es war eindeutig kein körperliches Problem; vielmehr hatte sich etwas grundlegend in ihrem Geist, in ihrem Energiesystem, verschoben.

Nach einer halben Stunde kam sie langsam aus diesem Zustand heraus und fing ziemlich dramatisch an zu weinen. Ihr Körper zitterte unkontrolliert. Niemand wusste, was los war, und einige Leute hatten sogar Angst, dass sie sterben würde. Aber letztendlich wandelte sich das Weinen in Lachen.

Später war sie in der Lage, darüber zu sprechen, was passiert war. Sie beschrieb Energie, einfach Energie, ohne eine Spur von etwas Persönlichem. Es war in gewissem Sinne ein Tod, weil sie aufgehört hatte, in der Weise zu existieren, wie sie es von vorher kannte. Sie hatte ein gewaltiges Weiß erfahren, das gleichzeitig vollkommen leer und doch kraftvoll und voll war.

Es war ein so schöner Moment. Sie bekam einen Geschmack des Todes, aber sie weinte und schluchzte so stark, weil sie nicht wieder zurück kommen wollte. Sie erzählte, wie sie sich in dieser Energie ausdehnte, frei von Körper und Verstand. Wie konnte ihr kleiner Körper das alles aushalten? Sie konnte spüren, wie sie in ihren Körper zurückkam und war darüber völlig erschrocken. Er war vielleicht nicht in der Lage, die immense Energie zu fassen, die ihre wahre Natur war.

Ich sprach noch am selben Tag mit allen darüber. Ich wollte besonders diejenigen ansprechen, die besorgt um sie gewesen waren, als sie in Zeitlupe zusammenbrach und zu Boden fiel. Sie war in der größten Ekstase ihres Lebens, und sie waren besorgt, dass etwas Schreckliches mit ihr geschehen war. Sie war weder in ihrem Körper noch in ihrem konditionierten Verstand, sondern woanders – und immer noch war Bewusstsein vorhanden. Sie hatte einen Einblick in ihre wahre Natur.

Kurze Zeit später erhielt ich eine Frage per Email von einem jungen Franzosen, der an diesem Thema von „Tod vor dem Tod des Körpers" interessiert war.

———

Ich kenne ein berühmtes Zitat, in dem es heißt: „Stirb, bevor du stirbst!" Wenn ich dem Satsang zuhöre, verstehe ich die Botschaft von Freiheit und vom Erwachen aus dem falschen Selbst, von der Identifizierung mit dem Körper und mit dem Verstand, aber ich sehe diese Sache mit dem Tod nicht klar.

Meine Frage ist: Wie kann dieser Tod vor dem Tod passieren, wenn wir die ganze Zeit genau von dem Ort aus funktionieren, der sterben muss? Ist es das falsche Selbst, das stirbt? Und wie geschieht das?

Ich möchte das Zitat ein wenig verändern. Ich würde es vorziehen zu sagen: „Stirb, bevor du stirbst und werde wiedergeboren." Aber eigentlich ist das auch nicht wirklich wahr. Es ist mehr wie eine Metapher für diesen Moment des Erwachens. Du erwähnst das falsche Selbst oder das Ego. Auf diese Weise identifizieren wir uns. Wir haben langsam eine Identität erworben, und wir nennen diese „Ich". Es ist dieses „Ich", über das in dem Zitat gesprochen wird; das ist die Identität, die sterben sollte – vor dem Tod des Körpers. Aber natürlich ist diese Identität sowieso falsch. Sie existiert nicht wirklich, und wenn sie nicht existiert, kann sie auch nicht sterben.

Wir sind sehr identifiziert mit unserer Selbstwahrnehmung, unserem falschen Selbst. Falsch in dem Sinne, dass es nicht wirklich existiert, obwohl es zu existieren scheint. Wir haben eine große Anhaftung an diese Erscheinung, und das Zitat erinnert uns an eine Möglichkeit – indem wir erkennen, dass diese Identifikation falsch ist, entschleiern wir die Wahrheit. Die Wahrheit ist, dass es nichts gibt, wenn alle Erfahrung aufhört – und in jedem Moment entsteht aus diesem nichts etwas Neues. Dies kann nur Freiheit genannt werden, da es frei ist von irgendwelchen vorgefassten Identifikationen.

Wir alle werden eines Tages den Körper verlassen, aber es gibt nichts, was weggeht. An einem gewissen Punkt funktioniert nur der Körper einfach nicht mehr. Es ist nur Bewusstsein, das immer gegenwärtig ist und der Körper wird durch dieses Bewusstsein aktiviert. Eigentlich ändert sich nichts – Körper kommen, Körper gehen. Das Bewusstsein ist wie eine große Suppe, in der diese Körper auftauchen und ebenso verschwinden. Berge kommen und Berge gehen. Flüsse kommen und Flüsse gehen. Bewusstsein ist ständig in Bewegung.

Es ist ein kontinuierlicher Prozess von Tod und Wiedergeburt. Was auch immer jetzt geschieht, wird im nächsten Moment etwas Neuem weichen. Das ist das Wesen des Lebens. Was wir „Tod vor dem Tod" nennen, bezieht sich nicht auf eine physische Transformation, sondern auf die Transformation vom identifizierten Selbst in die Freiheit. Die Möglichkeit dieser Freiheit besteht darin zu wissen, wer wir wirklich sind und von Moment zu Moment in unschuldiger Spontaneität zu leben, ohne sich um die Vergangenheit zu kümmern oder die Zukunft zu fürchten; und dem Leben vertrauensvoll zu erlauben, sich zu entfalten.

Sei wie du bist

Lebe deine wahre Natur

Einen kurzen Spaziergang vom Haus entfernt gibt es einen großen Kran, der früher dem Be- und Entladen der Schiffe diente, der aber stillgelegt und zu einem schönen kleinen Café umgebaut wurde. In der Kabine gibt es eine Bar und einen kleinen Tisch, aber die meisten Tische stehen draußen mit Blick auf den Fluss. Hier kann man stundenlang die Schiffe beobachten, die den Rhein auf und ab fahren, und die Enten und Schwäne, die ihren Geschäften nachgehen. Da es in der Nähe von unserem Haus und so ein netter Ort ist, gehe ich manchmal dorthin, um mich zu entspannen oder um mit meinem Laptop an etwas zu arbeiten.

Eines Morgens saß ich still an einem der Tische, als ich nicht weit ein kleines Mädchen sah, das einige Stufen herunterfiel. Sie brach in Tränen aus, dann stand sie auf und rieb sich ihr Bein. Danach schaute sie sich um, fing an, ein kleines Lied zu singen und ging weiter. Niemand lief zu ihr hin und versuchte, etwas an ihrer Reaktion zu ändern, ihr zu sagen, sie solle nicht singen oder nicht weinen oder keine Treppen hinunter rennen. Nur ein kleiner dramatischer Moment, dann ein Lied, dann die nächste Sache.

Es war interessant, zu sehen, dass es für mich kein großes Schild mit der Aufschrift „Regeln" gibt, es gibt nur eine vollkommen authentische Antwort in jedem Moment. Dieser Moment ist nicht mit irgendeiner der alten Konditionierungen verknüpft; es gibt keinen Hund, der mit seinem Schwanz wedelt oder bellt, weil er denkt, er sollte das tun. Es gibt keine „nächste Sache", die nur ich erledigen kann und die getan werden muss. Es gibt niemanden, der es tut, es gibt nur eine riesige Verfügbarkeit. Es mag vielleicht ein einzelner Gedanke aufsteigen, aber man kann ihn in weiter Ferne lassen. Er hat keinen wirklichen Biss, weil der Friede viel stärker ist. Da ist eine kindliche, friedliche Stille, zart und subtil.

Die Einladung hier in diesem Moment ist, dass du völlig authentisch sein kannst. Es gibt Milliarden von Handlungen, die in diesem Augenblick geschehen könnten, und es macht keinen Unterschied welche eintritt. Es gibt kein Urteil darüber, ob diese eine besser oder schlechter ist als die anderen Milliarden; es ist nur eine Handlung. Wenn sie aus der Authentizität des Augenblicks entsteht, kannst du das Selbst, die Wahrheit, die Liebe, sogar die Schönheit spüren – indem du einfach nur du selbst bist.

Letztes Jahr tauchte plötzlich ein junger Mann in der Gemeinschaft auf. Er hatte eine Woche an der Universität verbracht, als ihm klar wurde, dass er ganz und gar nicht das wollte, was ihm dort offensichtlich angeboten wurde: eine gute Ausbildung und eine strahlende Zukunft. Er war zutiefst verunsichert und wusste nicht, warum er so eine große Traurigkeit und Bitterkeit sich selbst und der Welt gegenüber verspürte. Nachdem er in die Gemeinschaft gekommen war, weinte er oft. Er kam aus einer richtig gut funktionierenden, netten Familie, aber als sensibler Mann spürte er eine starke Trennung in sich selbst, die daher kam, dass er nie wirklich wusste, wer er war.

Eines Abends nach dem Essen, als er wieder von Weinen und Schluchzen überflutet war, nahm ich ihn zur Seite und brachte ihn an einen ruhigen Ort, wo wir über diese Bewegung in seinem Inneren sprechen konnten und darüber, was er nicht akzeptieren konnte.

Ich kann es nicht zulassen, dass ich ein offenes Herz habe, mich selbst liebe, still bin oder nicht still bin.

Tja, der Trick ist, dass du gar nichts „zulassen" musst. Sei einfach so, wie du bist. Heute Abend bist du zum Beispiel ein Mann. Musstest du etwas tun, um ein Mann zu sein?

Nein, aber ich meine, wenn ich ruhig bin, dann werde ich richtig still und das ist sehr schmerzhaft. Das ist immer so.

Es ist schmerzhaft, still zu sein?

Ja. Es ist, als würde sich in meinem Herzen ein Schmerz abspielen. Es ist kein schlechter Schmerz oder guter Schmerz – nur Schmerz.

Ist es wirklich Schmerz oder könnte man auch sagen, dass du einfach berührt bist? Vielleicht kommst du mit deinem liebenden Herzen in Kontakt und bist daran nur nicht so gewöhnt.

Ja, es fühlt sich ein bisschen an, wie in etwas hinein zu fallen, das aufgehört hat.

Und dieses Aufhören nennst du Schmerz?

Ja. Das Weinen hört auf und ich kann nicht tiefer gehen. Es ist wie ein Abschalten.

Wer sagt, was tiefer ist und wer sagt, ob du mit dem Weinen aufhören sollst oder nicht? Kannst du es einfach so akzeptieren, wie es ist?

Da kommen Gedanken hoch, und dann ist es so verwirrend, und ich weiß nicht, was passiert.

Was du beschreibst, ist sehr verbreitet. Leider haben wir auf unserem Lebensweg und durch unsere Erziehung sehr oft ein Getrenntsein erfahren. Wir können uns selbst nicht so akzeptieren, wie wir sind, weil wir angefangen haben zu glauben, dass wir so nicht in Ordnung sind und dass wir anders sein müssen. Diese Botschaft erreicht uns auf vielen unterschiedlichen Wegen und durch viele unterschiedliche Quellen. Deshalb ist es so schwer, einfach so zu sein, wie wir sind.

Wir bemerken nicht einmal, dass wir uns selbst nicht akzeptieren können. Wir werden getrennt, weil die Wertungen, die uns in unserer Kindheit auferlegt wurden wie Stimmen sind, die zu Gedanken werden. Diese Gedanken bleiben bei uns. Sie kommen nicht mehr von den Eltern oder von der Gesellschaft – sie sind jetzt ein Teil unserer geistigen Struktur.

Wir werden zu unserem eigenen Richter und verurteilen uns beständig selbst: wer wir sind, ist nicht in Ordnung. Es ist ein komischer Widerspruch, denn wie können wir anders sein? Wir können nur so sein, wie wir sind.

Nicht so sein zu wollen, wie wir sind, ist wie ein Vermeiden.

Ja. Wir vermeiden zu sein, wer wir sind, weil wir denken, dass es nicht in Ordnung ist und wir etwas anderes sein sollten. Die Einladung heißt, zu entdecken, was wirklich hier ist und dann das zu sein, was sowieso passiert, was wir aber nicht akzeptieren können.

Wenn du anders sein könntest, wärest du es auch. Wenn dies nicht der richtige Ort wäre, dann wärest du an einem anderen Ort. Wahrscheinlich entdeckst du gerade, was es bedeutet, frei zu sein; du entdeckst, was es bedeutet, du selbst zu sein. Und du bist total willkommen, nicht weil du hier in dieser Gemeinschaft bist, sondern weil du auf diesem Planeten herumläufst.

———————

Vielleicht entwickeln wir die Vorstellung, dass wir uns in etwas anderes verwandeln könnten, etwas, was ein bisschen besser ist, aber was könnte einfacher sein, als „zu sein, wie man ist"? Dennoch, es ist fast unmöglich, weil die meisten von uns einfach uneins mit sich selbst sind.

Wir haben eine Seite in uns, wahrscheinlich die Seite, die uns zu einem Retreat bringt oder die mit uns bei einem schönen Sonnenaufgang sitzt, die eine Art kabellose Netzwerkverbindung oder Navigationssystem ist. Sie ist mit einem großen Satelliten irgendwo dort oben verbunden, den wir Gott oder Existenz nennen, und der führt uns Schritt für Schritt durch unser Leben. Manchmal sind wir damit im Einklang und für ein paar Augenblicke spüren wir ein tiefes Gefühl von Frieden und Einssein, als ob alles genau so ist, wie es sein sollte. Wir nennen das spirituelle Erfahrung, aber wir sind einfach nur, wer wir in diesem Moment wirklich sind.

Unglücklicherweise identifizieren wir uns die meiste Zeit mit unserer anderen Seite, mit unserer Geschichte, die auf einem Charakter basiert, den wir „ich" nennen. Diese Geschichte ist uns über die Jahre sehr vertraut geworden. Sie hat sich unmerklich geschrieben, und durch die Identifikation mit ihr trennen wir uns von unserer wahren Natur. Die Realität unserer Geschichte ist, dass wir gegen uns selbst konditioniert wurden.

Als du aufgewachsen bist, hat man dir oft gesagt, dass es nicht in Ordnung ist, die Gefühle zu haben, die du hattest. Vielleicht hat dir deine Mutter gesagt, dass du zum Spielen rausgehen sollst, gerade in einem Moment, als du ihr eigentlich einfach nur nah sein wolltest. Jedenfalls gehst du raus und spielst, hast deinen Spaß und bist schließlich komplett mit Schlamm- und Grasflecken beschmiert. Dann kommst du ins Haus zurück und vielleicht ist sie sauer, weil du so eine Schweinerei angerichtet hast – und: konntest du nicht einfach etwas vorsichtiger sein! Das mag völlig normal aussehen, und es mag nur eine kleine Sache sein, aber sensible Kinder können dadurch, wenn es sich oft wiederholt, tief beeinträchtigt werden. Sie können mit einem scheinbar eingebauten Gefühl von Geteiltsein, von immer Getrenntsein aufwachsen.

Um du selbst zu sein, musst du dieses Getrenntsein erkennen und wenn du zum Beispiel Tränen spürst, akzeptiere sie einfach. Wenn du Ärger empfindest, akzeptiere einfach den Ärger, wenn du dich unglücklich fühlst, akzeptiere es, dich unglücklich zu fühlen, wenn du dich traurig fühlst, akzeptiere es, dich traurig zu fühlen. Erlaube dir einfach, zu sein, mit einem tiefen Annehmen, weil es nicht falsch sein kann. Wenn du das, was ist, intensiv und vollkommen akzeptierst, verändert es sich ziemlich schnell zu etwas Anderem.

Zu sein, wer man ist, ist einfach gegeben – du musst nichts tun. Nicht einmal meditieren. Wenn du Zeit damit verbringst, still zu sitzen, wird es dich natürlich unterstützen, aber dann akzeptiere einfach, was ist. Akzeptiere die Gedanken, akzeptiere die Gefühle. Die Alternative ist, die Dualität aufrecht zu erhalten, ein „Jemand" zu sein. Das macht eine Menge Arbeit.

Ramana Maharshi sagte immer: „Sei wie du bist." Er sagte nicht: „Sei wie ich." Er sagte nicht: „Sei wie der Mann dort drüben." Er sagte: „Sei wie du bist." Was kannst du denn machen? Sogar, wenn du dein ganzes Leben damit zubringst, zu versuchen, jemand anderes zu sein, wirst du am Ende zu der Einsicht kommen, dass du nur sein kannst, wie du bist. Es gibt keine andere Möglichkeit. Und außerdem, wenn die Existenz wollte, dass du jemand Anderes bist, dann wärst du vermutlich jemand Anderes. Aber wahrscheinlich will die Existenz nur, dass du einfach bist, wie du bist. Das ist eine sehr schöne Einladung.

Die meisten von uns verbringen ihr ganzes Leben damit, zu bewerten und zu entscheiden, ob sie etwas mögen oder nicht. Stell dir einfach vor, dass der Tod kommt und an deine Tür klopft: „Tja John, du hast dich entschieden, welche Dinge du magst und welche Dinge du nicht magst. Nun ist es Zeit, mit mir zu kommen." Wen interessieren deine Urteile? Es ist völlig unwichtig, eine komplette Zeitverschwendung.

Wenn alle unsere Wertungen von uns abfallen, ist das Leben einfach so, wie es ist. Das ist alles! Sogar wenn du alle Dinge entdeckst, die du magst und die du nicht magst, wird dir das Leben immer noch weiter Sachen bringen, die du magst und die du nicht magst. Das wird sich nicht ändern, nur weil du weißt, was du bevorzugst. Und in diesem Prozess wirst du niemals zufrieden sein.

Wenn wir bereit sind, alles zu akzeptieren, was auch immer passiert und was auch immer wir in unserem Inneren finden, fallen die Wertungen von uns ab und wir können das feiern, was das Leben bringt. Wir erkennen das Paradies im alltäglichen Leben.

Die Möglichkeit, wirklichen Frieden zu erkennen, ist ein großer Moment. Was ist Frieden? Frieden ist, zu akzeptieren, was ist. Das ist wirklich sehr einfach. Du wirst niemals das ändern, was ist, also kannst du es genausogut akzeptieren. Alles ist schon so, wie es sein soll. „Sei wie du bist" zeigt die Möglichkeit auf, dass du in eine tiefe innere Harmonie kommen kannst, in der du nicht länger getrennt bist. Du bist immer noch sehr individuell, aber da ist einfach nur Sein, das sich von Augenblick zu Augenblick entfaltet, ganz schlicht.

> *Ein blinder Mann geht mit seinem Blindenhund in ein Geschäft. Plötzlich nimmt er die Leine und fängt an, den Hund über seinem Kopf kreisen zu lassen. Der Manager läuft zu dem Mann und fragt: „Was machen Sie?!!"*
> *Der blinde Mann antwortet: „Ich schaue mich nur ein bisschen um."*

Du bist hier auf diesem Planeten, um kraftvoll zu sein, schön zu sein, um zu sein, wer auch immer du sein sollst; und um dieses in der Welt zu leben. Tanze deinen Tanz, wie auch immer er aussieht. Das ist nicht so schwer. Du musst dich nur daran erinnern, wer du bist und dich dem hingeben – vertraue einfach.

Die Welt
Unsere irrtümlichen Vorstellungen

Zum Ende des Oster-Retreats fuhren etwa 30 von uns, Bewohner aus der Community und Gäste, zum Rhein-Ufer, unsere Arme voll mit Picknick-Körben, Kissen und Wolldecken. Nach wenigen Minuten waren wir direkt am Wasser und gingen flussaufwärts zu einem Naturschutzgebiet mit Wiesen voll Flora und Fauna und mit ausgedehnten Waldflächen entlang des Flusses.

Als wir so entlang wanderten, gesellte sich ein junger Mann zu mir, den offensichtlich etwas sehr beschäftigte. Er sah die natürliche Schönheit überall um uns herum und war sich deren Bedrohung sehr bewusst. Das löste in ihm einige starke Gefühle und Gedanken aus, die er über die Welt hatte und die ihm Leiden verursachten.

Was mich wirklich betroffen macht, ist diese Hilflosigkeit, wenn ich die Nachrichten aus aller Welt sehe, wenn Menschen andere Menschen verletzen, wenn der Planet in Gefahr ist, und ich nicht wirklich etwas dagegen tun kann.

Nun, das ist allein deine Vorstellung. Der Mann auf der anderen Seite des Zauns hat eine völlig andere Vorstellung; er fällt die Bäume und betrügt die Armen. Also wer hat recht?

Ich weiß es nicht.

Die Welt ist voll mit diesen Situationen.

Ja, und ich identifiziere mich sehr mit diesen Themen und fühle einen so großen inneren Konflikt über das alles.

Wenn du die Welt als so vollkommen ansehen könntest, wie sie ist, könntest du dich einfach entspannen.

Sieht sie in deinen Augen vollkommen aus, mit all den Konflikten und Ungleichheiten?

Ja, sie ist immer vollkommen. Wie könnte sie nicht vollkommen sein?

Weil es so viel Leid gibt.

Das ist so, weil alle daran glauben, sie seien voneinander getrennt. Vor kurzem erlebte eine Frau aus unserer Gemeinschaft ein sehr kraftvolles Energie-Phänomen, einen Einblick in ihre wahre Natur. Ich sehe sie nicht leiden. Sie erlebt die ganze Bandbreite der Gefühle, aber ihr grundlegender Ort in jedem Moment ist einfach Erstaunen.

Hat die Welt ihre Ernsthaftigkeit für sie verloren?

Sie kann sie nicht mehr ernst nehmen, weil sie weiß, dass das, was du die Welt nennst, eine Illusion ist. Sie ist nicht real.

Ich kann sie fühlen und riechen und wahrnehmen. Glaubst du wirklich, dass sie nicht existiert? Ist sie physisch nicht da, oder wie meinst du das?

Ich vermeide immer, auf diese Frage zu antworten, denn wenn du die Antwort nicht schon kennst, würde alles, was ich sage, dir nicht helfen, und wenn du sie kennst, dann müsste ich nichts sagen. Bis du die Wahrheit kennst, ist es eine irrelevante Frage. Von deiner begrenzten Perspektive aus ist es offensichtlich lächerlich, zu sagen, dass ich nicht getrennt bin von dem Baum, von der Schönheit der Natur oder vom Leid in der Welt.

Wenn ich all das Leiden und die Schrecken sehe, die gegen die Menschheit und gegen die Natur begangen werden, ist es sehr schwer für mich, zu verstehen, dass das Problem in mir ist. Ich werde so konfus und denke, ich sollte etwas unternehmen, auch wenn du sagst, dass die Probleme nicht real sind. Es ist immer ein großer Sprung für mich, nicht nach außen zu schauen und den Schmerz zu fühlen und mich über den Zustand der Welt zu sorgen.

Musst du dich wirklich darüber sorgen? Auf der absoluten Ebene geschieht nichts, also ist es nicht nötig, sich zu sorgen. Alles ist vollkommen in Ordnung. Auf einer etwas weniger absoluten Ebene leben wir in einem sich kontinuierlich verändernden dynamischen Universum und der Kosmos hätte kein großes Problem, wenn der Planet Erde nicht existieren würde. Obwohl wir sehr an unserem menschlichen Leben hängen, würde der Planet Erde kein großes Problem haben, wenn es keine Menschen gäbe. Man könnte ziemlich gute Argumente dafür vorbringen, dass er ohne uns besser dran wäre.

Wie ich sagte, auf der absoluten Ebene brauchen wir gar nichts zu tun, weil es die Natur dieses Planeten und des Universums ist, alles von selbst zu regeln. Menschen mögen es, zu glauben, dass sie die Kontrolle haben und diejenigen sind, die alles tun, aber das ist einfach nicht wahr. Wenn wir die Dinge von einem mehr relativen Gesichtspunkt aus betrachten, ist das Beste, was wir tun können, bewusster zu werden.

* —— *

Das Problem bei diesem Gesprächsthema, das ich versucht habe dem jungen Mann und vorher auch Anderen zu erklären, ist: Wenn du glaubst, selbst ein „Jemand" zu sein, nimmst du die Welt durch deine Sinne wahr und durch ein Verstehen, das auf Trennung basiert. „Ich bin hier, und dort drüben ist der Fluss, das Picknick und die Party-Gäste." Wenn du diese Art von Vorstellung hast, dann existiert die Welt natürlich, jedoch existiert sie in einem beschränkten Sinn und damit stellt sich die Frage: „Wie können wir überhaupt etwas wissen?"

Bis vor etwa 100 Jahren war die Wissenschaft darauf fixiert, die Welt in einer sehr beschränkten und eindimensionalen Weise zu erforschen und zu verstehen. Newton machte Experimente über Gravitation und Äpfel, die von Bäumen fallen, und ob wir es wissen oder nicht, diese physikalische Weise, die Welt zu verstehen, hat unsere Vorstellungen total beeinflusst.

Einige Zeit nach Isaac Newtons Experimenten begann sich die Wissenschaft zu verändern. Leute wie Niels Bohr, Rutherford und Einstein fingen an, Theorien und Experimente von der Natur der Dinge zu entwickeln. Bald kam die Spaltung des Atoms, das bis dahin als kleinstes Teilchen galt. Mit immer weiter entwickelten Apparaturen waren sie in der Lage, diese Teilchen in sogar noch kleinere zu spalten. Jedes Mal, wenn sie die Teilchen spalteten, entdeckten sie ein bisschen von Etwas und viel von Nichts. Sie gaben diesem Etwas einen Namen und ein wenig später, als die nächsten Apparaturen fertig waren, spalteten sie dieses Etwas und fanden wieder ein bisschen von Etwas und viel von Nichts.

Ich erwähne das, weil dies alles die Art unseres Denkens beeinflusst hat; und die Art, wie wir denken, beeinflusst, wie wir die Welt wahrnehmen. Die Entdeckungen dieser frühen Quanten-Physiker waren eine absolute Revolution im Verständnis der Dinge. Zur selben Zeit stellten viele bekannte Wissenschaftler fest, dass das Konzept, dass wir von der Welt getrennt sind, völlig falsch war. Sie erkannten, dass es ein neues Verständnis geben müsse, das Verständnis, dass wir alle eins sind.

Ich bin nicht getrennt vom Baum, vom Fluss oder vom Picknick. Ich bin nicht getrennt von dir. Das mag lächerlich klingen, denn mit dem Wissen, das wir durch unsere begrenzten Sinne erlangen, erscheint es so, als wären wir alle voneinander getrennt. Wenn ich den Picknick-Korb ansehe, sehe ich ein eigenständiges Objekt, einen nützlichen Weidenkorb. Doch das ist nur so aufgrund meiner sehr begrenzten Wahrnehmung. Die wahre Natur des Picknick-Korbs ist ein bisschen Etwas und eine Menge Nichts.

Natürlich ist die Welt physisch. Du kannst gehen und auf einen Baum klettern oder auf eine Computertastatur tippen. Wenn ich sagen würde, sie existiert nicht und du existierst nicht, dann würdest du mich natürlich für völlig übergeschnappt halten. Aber wenn du weißt, wer du bist, dann weißt du, dass nichts wirklich existiert. Du verstehst vollkommen, dass alles eins ist.

Aus diesen Gründen zögere ich immer, darüber zu sprechen, aber es ist sehr interessant, weil das, was die Wissenschaftler vor kurzem herausgefunden haben, genau das ist, was die Inder, die Chinesen und die buddhistischen Mystiker seit tausenden von Jahren sagen. Materie ist illusionär, sie ist nicht das, als was sie erscheint.

All unsere Vorstellungen über die Welt und „mein Leben" sind nur ein Märchen, das sich im Verstand abspielt. Die gute Nachricht ist, dass du dieses Märchen von der Festplatte löschen kannst: Du drückst auf „Löschen" und alles verschwindet. Wenn du erwachst, siehst du in einem einzigen Augenblick, dass „mein Leben" einfach nur ein Märchen ist. Es hat nie wirklich existiert und in diesem Augenblick ist sein Festhalten an dir vorbei. Was zurückbleibt, ist nur das, was ist.

Vier Mönche meditierten in einem Kloster. Plötzlich begann die Gebetsfahne auf dem Dach zu flattern. Der jüngste Mönch fiel aus seiner Meditation und sagte: „Die Fahne flattert."
Ein etwas erfahrenerer Mönch sagte: „Der Wind flattert."
Ein dritter Mönch, der mehr als zwanzig Jahre dort war, sagte: „Die Gedanken flattern."
Der vierte Mönch, der der älteste war, sagte: „Die Mundwerke flattern!"

Wenn man ein „Jemand" ist, der seine Sinne benutzt, um zu versuchen, den Klang der Vögel zu verstehen oder den Sonnenschein zwischen den Bäumen wertzuschätzen, dann ist man unverzüglich getrennt von allem. Wenn du wie eine Videokamera bist und nur die sensorischen Informationen empfängst, dann wirst du zum Klang der Vögel, wirst zu den Sonnenstrahlen zwischen den Bäumen, wirst zur ganzen Umgebung, zum ganzen Bündel dessen, was vor sich geht. Es gibt keine Trennung.

Viele von uns haben Momente erfahren, in denen es plötzlich schien, als würde uns alles auf eine außergewöhnliche Weise berühren. Die Klänge sind klarer und die Farben satter. Alles erscheint uns plötzlich heller, klarer und lebhafter. Wir nehmen einen unglaublichen inneren Frieden wahr. Es ist beinahe so, als würde die Zeit anhalten oder unendlich werden – eine gänzlich andere als unsere alltägliche Erfahrung.

Offensichtlich ist alles in der Welt stets im Wandel – einschließlich der Gedanken im Verstand, der Emotionen und des Körpers selbst. Jedoch ist da etwas, was sich nicht ändert, und das ist das, was ich gern als das ewige Selbst bezeichne.

Mein Rat an den jungen Mann, der mit mir den Fluss entlang ging, war, das zu untersuchen, was schon gegenwärtig ist und sich auf jenen Teil von sich zu konzentrieren, der sich nie ändert. Dieser essentielle Teil unserer Natur – Bewusstsein – ist immer gegenwärtig und vollkommen unberührt von den Überlebensproblemen und von der physischen Welt. Wenn du anfängst, die Welt vom Raum des ewigen Selbst aus zu sehen, wird sofort alles anders.

Kapitel 4
Der Weg des Herzens

Es ist Hingabe. Es ist Aufgeben.
Das Aufgeben des „Ich",
das Aufgeben „meiner Geschichte".
Faktisch ist es die Demontage oder
das Dahinschmelzen des Egos.
Es ist das Dahinschmelzen desjenigen,
der weiß, der urteilt, der tut.
Hingabe bedeutet Aufgeben auf tiefer Ebene,
ein Sich-Geben in Gottes Hände.
Gott ist überall, Gott ist alles. Gott ist auch du.
Es ist die Hingabe an die Entfaltung jedes Augenblicks.

Kapitel 4
Der Weg des Herzens

Im Westen verlassen wir uns darauf, dass unser Verstand und unsere Gefühle uns durchs Leben führen. Auf dem Weg des Herzens geht es um die Verbindung mit dem inneren Navigationssystem, unserer Intuition, und um das Vertrauen in den Fluss des Lebens. Es geht darum, mit offenem Herzen zu leben und dem zu vertrauen, was das Leben bringt. Wenn du von Herzen dem Leben vertrauen kannst, so, wie es ist, wirst du eine Ausdehnung und Offenheit erfahren, die jenseits von Gefühl und denkendem Verstand liegen.

Weg des Herzens
Hingabe und Vertrauen

Jedes Jahr zieht es mich nach Tiruvannamalai, eine kleine Stadt im Süden Indiens. Einer meiner spirituellen Helden, Sri Ramana Maharshi, lebte dort sein ganzes Leben lang und leitete an, dass am Fuße des heiligen Berges Arunachala ein Ashram um ihn herum errichtet wurde. Dort finde ich mich immer zu Jahresbeginn ein. Während unseres dreiwöchigen Retreats wohne ich mit einer Gruppe von 35 Schülern in einem Ashram mit Blick auf den Berg.

Es gibt etwas in der Energie und im Tempo Indiens – besonders in dieser kleinen Stadt – was wirklich jeden konfrontiert, der zu lange auf seine eigene, private westliche Art gelebt hat, in einer gut eingerichteten Wohnung und in einer gut organisierten Stadt. Dort hat jeder seinen Freundeskreis, seine soziale Sicherheit, seine Familie nahebei und seinen angenehmen Job. Jemanden, der aus solchen Verhältnissen kommt, wird das allgemeine Chaos und die ungeordnete Lebendigkeit Indiens gewiss ziemlich durchschütteln.

Mila war zum Satsang in Deutschland gekommen. Sie war ihrem Interesse an Wahrheit gefolgt und nach vielen Zweifeln schließlich mit nach Indien gekommen. Sie lebte ein komfortables Leben und hatte sich selbst nie wirklich auf diese ehrliche Art betrachtet, die durch Satsang gefördert wird.

Während des Indien-Retreats machen wir immer eine drei oder vier Tage lange Busreise, um verschiedene indische Meister zu besuchen. 35 Menschen für mehrere Tage in einen indischen Bus eingepfercht und alles miteinander teilend, das sah nach einer intensiven Erfahrung aus, die Mila, wie sich herausstellte, auf keinen Fall ausprobieren wollte. Am Anfang weigerte sie sich völlig, aber sie konnte sehen, dass ihre Gründe sich zu sträuben, bestimmte Konditionierungen und tief in ihrem Verstand verankerte Vorstellungen waren. Einen Tag vor der Busfahrt kam sie auf dem Balkon des Ashrams auf mich zu.

—

Was ich im Moment brauche, ist etwas Hilfe, um in den Bus zu kommen. Gestern, nach dem Gespräch mit Cheryl und Meera, die sich als mein Unterstützungsteam angeboten haben, entschied ich mich, die Busreise mitzumachen. Das Versprechen ihrer Unterstützung hat mir geholfen, Ja zu sagen – aber ich zittere vor Angst! Ich versuche, mich dem hinzugeben und sage mir: „Rein da! Du kannst allen vertrauen. Du kannst auf die Existenz vertrauen!" Aber es funktioniert nicht. Also brauche ich etwas Hilfe, um in den Bus zu kommen.

Ich kenne eine kleine Geschichte. Sie wird dir nicht sehr gefallen, aber vielleicht wirst du sie dir merken.

Eine Frau sitzt in einem Bus. Während sie so da sitzt, bemerken die anderen Passagiere, dass sie sehr nervös wird. Schließlich fragt einer von ihnen: „Ist alles bei Ihnen in Ordnung?" Und sie sagt: „Nun, eigentlich bin ich ziemlich nervös, weil ich fürchte, meine Haltestelle zu verpassen." „Welche Haltestelle ist es denn?", wird sie gefragt. Sie antwortet: „Die Endstation."

Weißt du, wir sind alle so. Wir sind im Bus und er wird uns bis zur Endstation mitnehmen. Vielleicht haben wir alle ein anderes Ziel, aber wir sind alle in diesem Bus, und wir müssen uns nicht wirklich darum kümmern, weil für alles gesorgt ist. Vielleicht erinnerst du dich nicht mehr, aber du hast nicht wirklich entschieden, in den Bus zu steigen und in diese Welt hineingeboren zu werden. Du bist einfach angekommen.

Und wenn du gehst, dann gehst du. Auch das entscheidest du nicht wirklich. Das sind wahrscheinlich die beiden wichtigsten Ereignisse deines Lebens, und sie passieren einfach – es ist keine Entscheidung erforderlich. Und Dinge wie „Welchen Anteil an Sauerstoff in der Luft brauche ich?" entscheidest du wahrscheinlich auch nicht. Das alles geschieht einfach jeden Tag. Wenn du beginnst, das zu verstehen, kannst du dich entspannen. Und so ist es schön, dass zwei nette Menschen namens Cheryl und Meera sich um dich kümmern werden, aber eigentlich ist der Job schon getan. Siehst du das?

Ich verstehe nicht ganz.

Jeder und alles kümmert sich schon um dich. Dein Verstand möchte zwei spezielle Betreuer haben, aber du bist schon gut betreut.

Intellektuell weiß ich das, aber ich kann es nicht fühlen und meine Ängste übertönen dieses Wissen.

Nun, das ist sehr ehrlich. Du kannst schon sehen, dass du in den ersten zehn Tagen des Retreats gut betreut wurdest. Mit dem Vertrauen, das durch diese Fürsorge entstand, hast du die Entscheidung getroffen, mit uns auf die Busreise zu kommen. Also passiert es schon. Etwas öffnet sich, und ein tiefes Verständnis für Vertrauen kommt bereits an die Oberfläche. Das ist dein Thema. Im Laufe unseres Lebens stecken wir viele Schläge ein, und das macht es uns schwer zu vertrauen.

Ja. Das kann eine hervorragende Chance sein, diese Ängste zu bewältigen und mehr ins Vertrauen zu kommen.

Ja, und nicht nur für dich. Du bist ein dramatisches Beispiel, aber eigentlich, auf eine stillere oder weniger offensichtlichere Weise, ist es für alle gleich. Nicht jeder kann vertrauen. In der Tat kann kaum jemand völlig vertrauen.

Du konntest genug vertrauen, um dich deiner Angst vor dem Unbekannten einen Schritt zu nähern. Du dachtest, etwas Schreckliches würde dir auf der Busreise geschehen, und das hast du mit jeder Faser deines Seins geglaubt.

Traditionell gibt es zwei Wege zur Selbst-Realisation. Den Weg des Wissens und den Weg des Herzens. Sehr unterschiedliche Wege, aber sie kommen zur selben Wahrheit. Der Weg des Wissens führt zu einem Moment des Verstehens, in dem du erkennst, dass die Konstruktion, die „mein Leben" heißt, und die du seit vielen Jahren aufgebaut hast, nicht existiert, dass sie schon immer eine Illusion war.

Der Weg des Herzens – Hingabe – führt zur Wahrheit durch Loslassen. Du gibst laufend alles, was du als „Ich-Sein" erkennst, an die Existenz ab. Du überlässt ständig alles dem Feuer. Auf diese Weise kommst du zur selben Wahrheit. Aufgrund dieser vielen kleinen Opfergaben wird dieses große „Ich", die Illusion, einfach dem Feuer überlassen, und in diesem Moment hört es auf, zu existieren. So oder so, das Ego, das falsche Selbst, wird als nicht existent erkannt. So oder so, es ist ein totaler Tod des „Ich".

Sobald man in Indien aus dem Flugzeug steigt, ist die Luft nur so von Hingabe getränkt. Wenn man durch die kleinen Dörfer oder Städte geht, egal, wo man in Indien ist, man kann sofort Hingabe spüren. Sie hängt in der Luft. Überall, wo du hingehst, gibt es kleine Einblicke: Tempel, kleine Schreine, Opfergaben, vielleicht ein Girlande um den Hals einer Kuh. Überall sind kleine Zeichen der Hingabe.

Aber Hingabe ist nicht wirklich außerhalb. Es geht nicht um den Schrein oder die Girlande. Es geht eigentlich darum, was in dir passiert. Das ist ein wichtiger Bestandteil meiner ganzen Arbeit – zu beobachten, wie sich das Herz öffnet, und zu sehen, wie das durch Geben ausgedrückt werden kann. Wenn wir beten, was die Inder Puja nennen, oder wenn wir einem Gott Blumen oder Weihrauch darbringen, passiert etwas in uns. Es ist dem ziemlich ähnlich, was im Westen passiert, wenn wir in einer aufrichtigen Weise beten.

Es ist Hingabe. Es ist ein Aufgeben des „Ich", ein Aufgeben „meiner Geschichte". Es ist in der Tat ein Abbau des Ego oder ein Dahinschmelzen. Der Wissende, der Beurteilende, der Täter schmilzt dahin. Hingabe oder Loslassen ist ein tiefes Aufgeben, ein Opfer an Gott. Gott ist überall, und Gott ist alles, Gott bist auch du. Es ist Hingabe an jeden Augenblick, der sich entfaltet.

Es geht darum, den Wissenden aufzugeben und alles in dir, von dem du meinst, dass du es kennst. Es kann ein bisschen beängstigend sein. Du könntest sogar Horror empfinden. Hingabe kann nur funktionieren, wenn da ein tiefes Vertrauen ist. Im Westen haben wir Schwierigkeiten, jemandem oder einer Sache gegenüber Vertrauen zu empfinden. Wir vertrauen nur unserer „Geschichte" – was wirklich schade ist. Auf dem Weg des Herzens geht es darum, sich zu öffnen. Wenn du in dieser Offenheit lebst, kannst du spüren, wie einfach Vertrauen und Hingabe sind. Wenn du jemanden triffst, der ein sehr offenes Herz hat oder sehr viel im Herzen ist, dann hast du das Gefühl, dass diese Person ganz sie selbst ist und vor Energie pulsiert. Da ist große Freude, Spaß, Spontaneität und Verspieltheit. Wenn du ein tiefes Vertrauen hast, dann öffnet sich dein ganzes Wesen dem Leben. Du bist da für das Leben.

Man kann ein Gespür dafür bekommen, wenn man traditionelle indische Mantras (heilige Lieder) singt. Sie haben eine besondere Energie und wurden speziell entwickelt, um das Energiesystem des Körpers zu öffnen. Wenn man diese Mantras singt, kann man wirklich eine Öffnung spüren, und wenn man seine ganze Energie in sie hinein gibt, dann passiert etwas wirklich Großartiges. Wenn man das gleiche Mantra immer und immer wieder singt, über Stunden, ohne Pause, dann verschwindet man einfach. Man ist weg. Da ist niemand mehr zu Hause. Das ist ein wunderbarer Moment göttlicher Trunkenheit. Dadurch kann totale Hingabe stattfinden.

Mit „totaler Hingabe" meine ich, den Augenblick so zu akzeptieren, wie er ist, Ja sagen zum Augenblick. Mit „nicht hingeben" sagt man eigentlich Ja zum falschen Selbst. Man sagt Ja zum „Ich". „Ich" entscheide, nicht zu akzeptieren, was gerade passiert. Wer ist dieses „Ich", das entscheidet? Nun, es ist natürlich das falsche Selbst. Es ist der Teil des Verstandes, der Vorstellungen hat. Wir tun dies die ganze Zeit, ohne zu merken, was wir in Wirklichkeit wählen. Wenn du den Augenblick nicht akzeptierst, wie er ist, dann ist das, was du tatsächlich tust, dem falschen Selbst Kraft zu geben.

Man braucht sorgfältige Aufmerksamkeit, denn es gibt immer die Möglichkeit, sich wieder im „Ich" zu verfangen. Wenn es uns wieder erwischt, ziehen wir uns zurück ins falsche Selbst. Man kann nicht wirklich entscheiden, sich ganz hinzugeben, aber man kann ein Leben in Hingabe leben. Man kann mit einem offenen Ja leben, und wenn man dieses offene Ja hat, dann hat man Akzeptanz.

Neben Hingabe braucht man auch Vertrauen. Sie bedingen einander. Je mehr man vertraut, desto tiefer kann die Hingabe gehen, und je mehr man sich hingibt, desto leichter ist es, zu vertrauen.

Du kannst nicht wirklich Liebe erfahren, bevor du dein Herz nicht geöffnet hast und vertraust. Wir alle hatten Momente, in denen unser Herz ganz offen war und sich dann aufgrund eines Schmerzes wieder geschlossen hat. Wir haben also eine Geschichte um die Liebe herum, um das offene Herz herum. Wir vertrauen dem nicht so ganz. Aber Liebe ist Vertrauenssache.

Ein Bergsteiger fiel von einem Felsvorsprung und als er hinunter stürzte, konnte er einen kleinen Zweig ergreifen und schaffte es gerade noch, sich daran festzuhalten.
„Hilfe! Ist jemand da oben?", schrie er.
Eine majestätische Stimme dröhnte durch die Schlucht: „Ich werde dir helfen, mein Sohn, aber zuerst musst du mir vertrauen."
„Ja, ja, ich vertraue dir!", rief der Mann.
„Lass den Zweig los!", dröhnte die Stimme.
Es folgte eine lange Pause, und schließlich rief der Mann: „Ist noch jemand da oben, mit dem ich reden kann?"

Grundlegend für Vertrauen ist eine Akzeptanz dessen, was ist, selbst wenn du – aufgrund welcher Veranlassung auch immer, aufgrund welcher Urteile auch immer, aufgrund welcher Vorstellungen auch immer – denkst, dass du es nicht magst. Das allein klingt schon sehr unangenehm und herausfordernd, aber es hat eine enorme Wirkung. Wenn du dein persönliches Wollen beständig aufgibst, wirst du feststellen, dass all deine Urteile, Ideen, Wünsche und Vergleiche beginnen, zu verschwinden – und du fühlst dich dem Selbst näher, der Existenz näher, deinem eigenen Wesen näher.

Das passiert einfach. Aber während du damit beschäftigt bist, in deinem persönlichen „Ich" Recht zu haben, hältst du dich selbst auf Abstand, erschaffst du Trennung.

Dienen ist ein schöner Weg, um das Herz zu öffnen, loszulassen von persönlichen Wünschen und im Selbst zu verschwinden. Einfach nur Geben zum Beispiel, ohne Grund und ohne etwas zurück zu erwarten. In Ashrams und Klöstern sind die Mönche, Nonnen und alle, die dort etwas zu tun haben, „im Dienst". Worauf ist ihr Dienen ausgerichtet? Wem dienen sie? Man kann sagen, sie dienen der Existenz und dem göttlichen Werk.

Der Abwasch in der Küche scheint dir erst einmal nichts zu bringen. Vielleicht wirst du ein bisschen müde, aber wenn du mit dem Abwasch weitermachst, stellst du fest, dass am Ende etwas passiert. Durch diesen einfachen Dienst kann sich das gesamte Energie-System öffnen. Das Herz öffnet sich und das Ego, das getrennte „Ich" beginnt sich aufzulösen und abzubauen.

Wahres Dienen kommt aus dem Herzen, zusammen mit Mitgefühl und Demut. Wenn du den Dienst in einer herzlichen Art und Weise tust, dann hast du daraus einen Nutzen, nämlich ein offenes Herz.

Beobachte, was dann in deinem Leben passiert und, soweit wie möglich, finde Wege, anderen zu dienen. Geben wird dein Herz öffnen und ermöglichen, dass Vertrauen kommt.

Ich möchte eine persönliche Geschichte von Vertrauen erzählen. Zu jedem Vollmond in Tiruvannamalai wandern Hunderttausende von Menschen um den heiligen Berg Arunachala. Sie folgen einem bestimmten Pfad und huldigen den unzähligen kleinen und großen Schreinen auf dem Weg. Es ist ein Fluss aus Menschen.

Als ich da in einer halben Million Menschen mitfloss, hatte ich ein ganz besonderes Erlebnis. An einem der belebtesten Abschnitte des Weges, im Herzen des Haupttempels der Stadt, wurde ich von den Menschen, mit denen ich unterwegs war, getrennt. Es war extrem überfüllt, und in der Mitte des Gedrängels saßen zwei runzlige, schöne alte Saddhus auf dem Boden, gekleidet in ihre traditionellen orangefarbenen Gewänder. Einer hatte die Augen geschlossen und der andere sang ein Mantra und begleitete sich mit ein paar Zimbeln. Ich hatte das Bedürfnis, ihnen etwas zu geben. Ich beschloss, ihnen ein paar orangefarbene Decken zu kaufen, die gerade an einem nahe gelegenen Stand angeboten wurden. Aber ich stellte fest, dass ich viel zu wenig Geld hatte und nicht kaufen konnte, was ich wollte.

Plötzlich tauchte aus dieser riesigen Menge ein Freund auf, den ich seit Monaten nicht gesehen hatte. Als er mich sah, kam er auf mich zu und gab mir etwas Geld, das er mir schuldete. Die Existenz hat arrangiert, dass dieser Freund genau dann erschien, als ich etwas Geld brauchte. Wie ist das möglich?

Wir stecken so viel Energie in Planung und Kontrolle, damit wir immer das haben können, was wir meinen, zu brauchen. Derweil verlernen wir zu vertrauen und so erlauben wir dieser größeren Möglichkeit nicht, es für uns zu tun. Mir widerfahren tagtäglich viele Geschichten wie diese.

Vertrauen ist etwas, worin wir nicht so gut sind. Wir sind gut darin, unserem eigenen Verstand zu vertrauen, aber das ist nicht das Vertrauen, über das ich spreche. Ich spreche über Vertrauen in das, was ist, selbst wenn es nicht zu unseren Vorstellungen passt. Das Leben entfaltet sich einfach. Können wir es einfach akzeptieren?

Hoffnungslos in der Wüste
Loslassen und präsent sein

Wenn es je eine Zeit gab, über die ich sagen könnte, dass ich hoffnungslos in der Wüste verloren war, dann war es unmittelbar nach einer besonders schönen Zeit in meinem Leben. Es ist sehr geheimnisvoll, wie die Ereignisse zusammen passten und wie perfekt die Synchronizität sich abspielte. Ich war soweit, dass ich klar sehen konnte, dass selbst in Zeiten, die unglaublich hart oder voller Leiden sind, doch immer alles klappt.

Ich hatte seit etwa sieben Jahren in Indien gelebt, fünf davon bei meinem spirituellen Meister Papaji. Schließlich war es Zeit zu gehen. Um in Indien für eine so lange Zeit bleiben zu können, musste ich mein Visum betreffend eine leicht illegale Hilfe arrangieren. Es war nicht hundertprozentig legitim, aber zu dieser Zeit eine zulässige Praxis in Indien.

Ohne darüber nachzudenken, denn für viele Jahre hatte ich nicht viel nachdenken müssen, nahm ich ein Flugzeug von Delhi nach Australien. An dieser Stelle muss ich sagen, dass ich mich nach fünf Jahren mit einem spirituellen Meister sehr gut fühlte, aber ich war vom Leben auch nicht wirklich getestet worden.

Einige meiner Freunde hatten in Australien eine Dinnerparty organisiert und warteten dort auf mich. Aber unglücklicherweise hatte die Existenz andere Pläne. Ich kam in Bangkok um acht Uhr morgens an und stellte fest, dass mein Weiterflug Verspätung hatte. Man bot mir für die Zeit meines Aufenthalts am Flughafen ein Hotel an. Diese Aussicht war sehr aufregend für meinen Verstand, der sich sofort ein komfortables Zimmer und ein tolles Essen vorstellte, so ganz anders als in Indien. Ich übergab meinen Pass den Beamten der Einwanderungsbehörde und bevor ich mich versah, kamen einige bewaffnete Wachen auf mich zu, legten mir Handschellen an und führten mich ab. Ich war natürlich leicht schockiert und fragte, was los sei, als sie mich wegzogen. Ich wurde verhaftet und verbrachte drei Wochen in einem thailändischen Gefängnis. Unnötig zu sagen, dass mein Essen in Australien kalt wurde!

Schließlich auf Kaution freigelassen, verbrachte ich zwei Monate damit, aus Thailand herauszukommen. Es war eine harte Zeit. Ich war noch nie im Gefängnis gewesen, und ich glaube, thailändische Gefängnisse gehören zu den am wenigsten wünschenswerten. Ich war der einzige Westler in meinem Block und natürlich musste ich neben der Toilette schlafen, mit 50 Schwerverbrechern um mich herum. Aber das Interessante war, ich fühlte mich absolut frei. Ich würde nicht sagen, dass ich besonders glücklich war, aber da war ein innerer „Boden", auf dem ich mich völlig frei fühlte.

Einer der denkwürdigsten Momente dieser Erfahrung war, als ich vom Gefängnis zum Gericht gehen musste. Ich musste besonders früh am Morgen aufstehen und ein nettes kleines braunes Outfit tragen – eine kurze braune Hose und ein braunes T-Shirt mit Knöpfen. Dann legten sie Fußschellen um meine Knöchel, mit einer Kette dazwischen, die ich mit einer Schnur anheben musste, um gehen zu können. Ich kam in einen Bus mit vielleicht 50 anderen Gefangenen, alle ebenfalls in Ketten und wir wurden vor Gericht gekarrt, wo wir in einem großen Käfig warten mussten. Wir alle rasselten mit unseren Ketten.

Es war interessant, dass immer jemand auftauchte, um mich zu unterstützen und mir zu helfen. In jedem der drei verschiedenen Abschnitte wurde ich von jemandem ernährt. Im Gefängnis wurde ich mit köstlicher Hausmannskost versorgt. Sobald ich auf Kaution draußen war, gab mir die britische Botschaft erstaunliche Unterstützung; ich erhielt einen neuen Pass und den Rat, aus Thailand zu fliehen, da ich niemals einen fairen Prozess bekommen würde. Ich entdeckte, dass die Flucht aus einem Land schwieriger war als die Flucht aus einem Gefängnis. Die Existenz kümmerte sich um mich, und eines Tages stieß ich am Strand mit einem echten Verbrecher zusammen, der so freundlich war, meine Abreise zu organisieren!

All das passte nicht wirklich zu meiner Vorstellung von einem schönen Thai-Hotel, aber es war in der Tat sehr interessant. Rückblickend passierten viele Dinge zu dieser Zeit, einschließlich der Gefahr, getötet zu werden. Es war eine harte Lektion, aber im Gefängnis entdeckte ich, dass ich wirklich frei war. Nichts beeinflusste das. Es ist möglich, alles zu akzeptieren, wenn es ein tiefes Vertrauen zum Leben gibt.

Obwohl meine physische Freiheit eingeschränkt wurde und die Unterkunft kaum fünf Sterne hatte, fühlte ich einen inneren Frieden, der durch nichts beeinflusst werden konnte. Später konnte ich den Wert meiner Verhaftung – nur einen Tag, nachdem ich meinen Meister verlassen hatte – erkennen. Dadurch wurde klar, dass es eine Ruhe und Kraft gab, die durch nichts Äußeres berührt werden konnte.

Wir wollen immer die Situation ändern, in der wir uns befinden, oder die Gefühle, die wir haben. Kürzlich ging ich nach Berlin, um Satsang zu geben, und ich sprach mit einem Mann, der die Ergebnisse seiner Meditation nicht akzeptieren konnte. Er hatte Vorstellungen davon, wie es sein sollte und war blind für das, was tatsächlich für ihn passierte.

* — *

Ich erlebe wiederkehrend, dass nichts zu tun ist und keine Bezugsperson da ist, wenn es innen und außen still ist. Dann kommt eine große Leere, wie eine wilde Landschaft oder eine Wüste, und ich schaffe es nicht, mich dem zu stellen und da durch zu gehen.

Wenn du zu dieser Wüste kommst, fühlt es sich dann an, als seist du willkommen oder eher nicht?

Es ist nicht angenehm, nicht schön. Es ist einfach nur sehr öde. Meine Sehnsucht ist, glücklich mit mir selbst zu sein, berauscht mit mir selbst zu sein.

Das klingt, als hättest du einige starke Vorstellungen darüber. Es ist langweilig, und du willst, dass es berauschend ist. Was, wenn ich dir sage, dass diese Wüste du selbst bist? Könntest du diese Langeweile akzeptieren?

Ich habe das versucht, aber dann dachte ich: „Oh nein! Das schaffe ich nicht." Einmal sagte ein Freund zu mir: „Warum gehst du zum Satsang, wenn du so ein hoffnungsloser Fall bist?" Es war wirklich eine große Freude für mich, das zu hören. Ich war total fasziniert. Ich war überglücklich, erleichtert, aber ich weiß nicht, warum. Es klingt eigentlich nicht so positiv.

Absolut hoffnungslos zu sein ist sehr positiv, und in der Tat sage ich oft, dass man nur bereit für Satsang ist, wenn man alle Hoffnung aufgegeben hat. Wenn du versuchst, alles im Griff zu behalten, aktivierst du den Verstand; aber wenn du einfach alles akzeptierst, wie es ist, ist es langweilig. Ich erinnere mich, dass ich einmal etwa drei Monate lang gelangweilt war. Das war nicht so leicht zu akzeptieren, aber wenn ich es nicht tat, dann wurde es noch viel schlimmer. Indem man das Leben nicht so akzeptiert, wie es ist, sagt man eigentlich: „Ich mag es so nicht. Ich hätte es gern anders. Hier ist eine langweilige Wüste und da drüben ist ein Haufen Spaß; und das ist, was ich wirklich möchte." Das ist die Quelle all unserer Probleme; aber Frieden – ein ganz gutes Wort für Glück – kommt sofort, wenn man das Leben akzeptiert, wie es ist, ohne den Wunsch, es zu ändern.

Die Einladung ist einfach, jetzt hier zu sein, Hoffnungslosigkeit zu akzeptieren, Langeweile zu akzeptieren, was auch immer es ist. Natürlich ist dies nicht so einfach, weil wir stark konditioniert wurden, alles daran zu setzen, das zu bekommen, was wir wollen. Wir haben viele Vorstellungen davon, wie es sein sollte: keine

Langeweile, lass uns Spaß haben! Erstaunlicherweise öffnet sich die Langeweile und wird zur Freude, sobald du die Langeweile einmal akzeptiert hast. Von der Freude geht sie über in Frieden, dann über den Frieden zur Liebe, welche unsere wahre Natur ist.

Ich kann sehen, wie mein Verstand durchstartet und sagt: „Aha! Jetzt muss ich diese Einsamkeit und Leere tolerieren, damit am Ende vielleicht Liebe kommt."

Wenn du das Wort „tolerieren" verwendest, suggerierst du, dass es etwas Besseres gibt. Aber wir sprechen über deine wahre Natur. Das ist das Beste.

Sagst du also, dass für mich im Moment die Wüste das Beste ist und sonst nichts?

Wenn es das ist, was passiert, dann ist es das, was passiert. Meine Vermutung ist, dass du ein paar Vorstellungen und Urteile über diese Wüste hast, aber jemand Anderes könnte es Leere oder „No-Mind" nennen. Vielleicht bist du gar nicht so hoffnungslos, wie deine Freunde glauben!

Normalerweise sind wir sehr verstrickt darin, etwas zu „tun". In der Wüste zu sein, in der nicht viel passiert, das ist ein guter Ort, um zu fragen, wer es denn ist, der so viel „tut". Du kannst dich auf die Frage „Wer bin ich?" fokussieren.

Mein Denken, mein Verstand, versucht sie zu beantworten, und beschwört viele Bilder herauf.

Ja, ja, das tut der Verstand. Aber mit dieser Frage suchst du nach einer viel tieferen Antwort – und in der Tat suchst du nach einer Antwort, die ein bisschen wie deine Wüste ist: langweilig. Wir wurden stark durch die Vorstellung konditioniert, dass wir sehr aktiv sein müssen, Aufregungen erfahren und jede Menge Freude und Liebe erleben müssen, so wie ein „Macher". Aber wenn du deine Vorstellung über den Macher fallen lässt und die langweilige alte Wüste akzeptierst, dann wirst du wahrscheinlich feststellen, dass all deine Tage im Satsang belohnt wurden. Hoffnungslos sein ist schön, weil man dann sehen kann, was unglaublich naheliegend und unglaublich einfach ist.

———

Jede Hoffnung, die du hast, hält dich auf Abstand zur Leere, weil sie dich in einem ewigen Kreislauf des Begehrens hält, in dem du hoffst, dass du etwas bekommst – wenigstens ein bisschen, wenigstens irgendwas. „Wenn ich nur nach Indien gehen könnte, das wäre es! Wenn ich nur einen großen Heiligen treffen könnte!" Oder vielleicht ist Eiscreme alles, was du willst. Vielleicht möchtest du einen neuen Liebhaber. Liebhaber sind immer gut – man kann eine Menge auf sie projizieren. „Wenn ich nur den richtigen Liebhaber finden würde, dann wäre alles in Ordnung." Große Hoffnungen, und für einige Zeit fühlen wir uns natürlich recht gut damit.

Wir haben alle schon Silvester erlebt, den 31. Dezember. Wenn es Mitternacht schlägt, erreicht die Hoffnung einen Höhepunkt, denn dieses Jahr war wirklich schrecklich, aber das nächste Jahr wird wirklich toll sein! Leider ist das neue Jahr bereits am nächsten Nachmittag um etwa 15:00 Uhr ziemlich ähnlich wie das letzte Jahr, und so fällt all deine Hoffnung wieder zusammen. Also eigentlich ist Hoffnungslosigkeit wirklich gut. Wenn du eine Menge Hoffnung hast, blickst du immer in die Zukunft. Diese Woche ist schrecklich, aber die nächste Woche wird großartig sein!

Ich war in Sydney, als nicht nur ein neues Jahr anbrach, sondern etwas viel größeres – es war ein neues Jahrtausend. Wow! Es schien, als sei das etwas ganz Besonderes, weil es ja nur alle tausend Jahre passiert. Es gab so viel Hoffnung. Man hatte schon Monate im Voraus geplant, wie man das neue Jahrtausend wirklich zu etwas Besonderem machen konnte. Genau so funktioniert der menschliche Verstand. Man fühlt sich nur gut, wenn es Hoffnung gibt, dass die Zukunft wunderbar sein wird, selbst wenn man jetzt in der Gegenwart leidet.

Wenn du dieses Leiden wirklich ändern willst, musst du sehen, wie du die Illusion der Hoffnung im eigenen Verstand festhältst. Es ist die einzige Sache, die dich davon abhält, auf göttliche Weise zu leben. Wenn du zu dieser Leere – zu einer Abwesenheit von dir – kommst, dann bist du dir plötzlich des Lufthauchs auf deinem Körper bewusst, der Vögel, der Geräusche des Verkehrs, der Gegenwart der Natur. Alles beginnt sich plötzlich auf sehr einfache Weise zu bewegen. Und du stellst fest, dass du dich genau jetzt sehr sehr gut fühlst, ohne etwas zu tun.

Während du dich in deine eigene Natur hinein entspannst, entdeckst du gleichzeitig ein Gefühl des Wohlbefindens. Ich möchte dich wirklich ermutigen, bei dir selbst zu bleiben. Dann wirst du entdecken, dass du nichts brauchst, um dich gut zu fühlen – weil du dich bereits gut fühlst. Genau hier findest du, wonach du suchst.

Sherlock Holmes und Dr. Watson gehen campen, bauen ihr Zelt auf und schlafen ein. Einige Stunden später weckt Holmes seinen treuen Freund.

„Watson, schauen Sie bitte in den Himmel und sagen Sie mir, was Sie sehen."

Watson antwortet: „Ich sehe Millionen von Sternen."

„Was sagt Ihnen das?"

Watson überlegt eine Minute. „Astronomisch gesehen sagt es mir, dass es Millionen von Galaxien und möglicherweise Milliarden von Planeten gibt. Astrologisch sagt es mir, dass Saturn im Löwen ist. Die Zeit betreffend, muss es etwa Viertel nach drei sein. Theologisch ist es offensichtlich, dass der Herr allmächtig ist und wir klein und unbedeutend. Meteorologisch scheint es, als werden wir morgen einen schönen Tag haben. Was sagt es Ihnen?"

Sherlock Holmes ist einen Moment lang still und sagt dann: „Jemand hat unser Zelt geklaut."

Wenn du auch nur irgendeine Hoffnung hast, bringt dich das zurück in das Spiel von „mein Leben". Du wirst auf die Welt da draußen schauen und dir selbst sagen: „Wenn ich nur auf den Gipfel dieses Berges klettern könnte, dann wäre dort oben so viel gute Energie, dass ‚puff!' – mit einem Schlag alles perfekt ist!" Wenn man in der Hoffnung lebt, lebt man für die Zukunft. Das ist ein Mittel, das der Verstand benutzt, um dem Jetzt zu entkommen. Aber wenn du in Hoffnungslosigkeit lebst, lebst du absolut im Augenblick.

Das Navigationssystem
Lass dich von deinem Herzen führen

Es war ein Frühlings-Wochenende in der eleganten Stadt Paris. Ich war dorthin gekommen, um Satsang zu halten und in Kontakt zu kommen mit der französischen Kultur. Am Samstag war ich im Haus eines Freundes zum Abendessen eingeladen und entdeckte einen wunderbaren Tee, der „Kaiserin Tee" oder so ähnlich hieß. Da ich Engländer bin, liebe ich guten Tee, und ich war interessiert daran, ihn zu kaufen. Ich bekam die Wegbeschreibung zu dem Geschäft, in dem es ihn zu kaufen gab, aber mein Freund warnte mich, dass es nicht einfach zu finden sei, da es sich in einem Labyrinth von Gassen und Plätzen befände. Es war nur wenig Zeit zwischen dem Abendessen und meinem abendlichen Satsang, also gab ich für diesen Tag die Hoffnung auf mein Teegeschäft auf.

Am nächsten Tag spazierte ich mit einigen Freunden durch einen alten Teil der Stadt mit vielen verwinkelten Gassen und schönen Gebäuden. Ich spürte sehr intensiv, dass das passierte, was immer passierte: Ich schenkte den Wegbeschreibungen und Karten keine Aufmerksamkeit, sondern folgte einer Art wortlosem internen Navigationssystem. Die Menschen, mit denen ich unterwegs war, waren zunehmend entnervt durch all die unerwarteten Kehrtwendungen und Abbiegungen, die ich machte, besonders, als ich hinter ihnen verschwand und mich in eine dunkle Seitengasse aufmachte.

Nachdem wir so eine Weile gegangen waren, stießen wir plötzlich auf eine kleine Straße und befanden uns genau vor dem Teegeschäft, von dem uns am Vortag erzählt worden war. Wir waren ohne Plan und ohne Vorstellungen herumgewandert und an genau dem Ort angekommen, zu dem wir wollten.

Ich muss sagen, ich sorge mich nie darum, ob ich einen Ort, den ich suche, finden werde oder nicht. Da ist ein Gefühl, es zu wissen, selbst wenn ich eigentlich gar nichts – im Sinne eines bestimmten, feststehenden Wissens – weiß. Unzählige Male in meinem Leben war ich an neuen Orten, und immer ertappe ich mich dabei, wie ich sicher geführt werde: in Geschäfte, Restaurants, Galerien und an andere Orte, mit denen ich im Einklang bin. Wenn ich mit Schülern oder Freunden unterwegs bin, sind sie immer überrascht, wie ziellos ich herum zu laufen scheine, und auf welch geheimnisvolle Weise wir an Orte kommen, die perfekt zu uns passen. All die großen Entscheidungen in meinem Leben sind auf diese Weise gefallen, und auch meine spirituellen Meister habe ich so gefunden.

Im Satsang am Abend beschrieb ich, was geschehen war und sprach über dieses interne Navigationssystem, denn das war es, das uns langsam durch die verwinkelten Straßen von Paris zu dem wunderbaren Teeladen geführt hatte, und dann zum richtigen Bus, der uns pünktlich zum Satsang zurück brachte. Nachdem ich das Thema eingeführt hatte, kam ein Franzose nach vorn. Bevor er zu sprechen begann, fragte ich ihn, wie es zu seiner Entscheidung kam, diesen Satsang zu besuchen.

Ich würde sagen, das Navigationssystem hat mich geschnappt, und ich konnte mich nicht erwehren.

Richtig. Was ich das Navigationssystem nenne, ist immer da, es ist immer in Betrieb, nimmt dich immer mit – führt dich eigentlich durch dein ganzes Leben. Wir müssen nur Ja sagen. Die Urteile, die wir darüber fällen, ob etwas gut oder schlecht ist, sind überhaupt nicht wichtig. Es ist besser, dem Navigationssystem zu vertrauen.

Man kann es immer spüren, wenn da ein Ja ist, weil alles sich öffnet und fließt. Wenn man sich an starke Vorstellungen oder Strukturen des Verstandes klammert, dann kann dieser „Fluss" nicht stattfinden

Ich habe lange Zeit versucht, mich daran zu klammern, aber es funktioniert nicht!

Man bekommt Kopfschmerzen davon.

Ja. Diesen kleinen Unterschied kenne ich sehr gut. Ich brüte über einem Problem und denke, ich kann es nicht lösen. Dann versuche ich, „Ja, Ja, Ja" zu sagen, aber es ändert sich nichts. Das einzige, was hilft, ist, es nicht ernst zu nehmen: „In Ordnung, das Herz ist verschlossen. Prima." Dann entspannt sich etwas, und es kann sich wieder öffnen. Es ist passiert! Jetzt habe ich das Gefühl, dass ich mein Herz nicht mehr verschließen kann, selbst wenn ich es wollte. Ich kann nicht ändern, was ist, und genauso wenig kann ich sagen „Wow! Ich habe mein Herz geöffnet."

Ja, diese Dinge passieren einfach, und genauso einfach passiert auch eine dichte Wolke des Verstandes.

Aber das größte Hindernis in meinem Fall war, mit Hilfe des Verstandes aus dem Verstand heraus zu kommen.

Aber das versuchst du jetzt nicht mehr.

Nicht mehr so sehr.

Es ist ein weit verbreitetes Missverständnis in spirituellen Kreisen, zu meinen, dass wir den Verstand stoppen müssen. Denn das bedeutet, mit Gedanken zu kämpfen und bei Kopfschmerzen zu landen!

Kann ich davon ausgehen, dass dieser Zustand der Öffnung sich wieder verschließt? Vielleicht ist dieses Öffnen und Verschließen ja wie Tag und Nacht oder wie Sommer und Winter.

Ich glaube nicht, dass es so sein muss. Es ist möglich, mit einem offenen Herzen zu leben. Dafür muss ein großes „Ja" da sein, ohne eine Vorstellung, dass dies oder das besser wäre, ohne „Ich hätte es gern so, aber nicht so". Diese Präferenzen müssen wegfallen, und wenn du ein starkes Empfinden von „Ja" hast, dann kann dein Herz offen bleiben.

Glaubst du, es kann wachsen und wachsen, bis es ein Dauerzustand wird?

Ich weiß nichts über „wachsen und wachsen", aber man kann permanent offen sein, ja. In gewisser Weise könnte man sagen, es ist natürlicher, mit einem Energiesystem zu leben, das einfach offen ist.

Wir trachten danach, einen ruhigeren Verstand zu haben und unser Bewusstsein zu schärfen. Das erlaubt uns, zu etwas vorzudringen, was wir unser ureigenes Wesen nennen können, unsere Essenz, unser Sein, das Selbst. Das Navigationssystem ist eine Metapher für dieses Sein, diese Essenz. Leben mit einer direkten Verbindung bringt uns mehr Vertrauen und mehr Hingabe an das Leben. In gewisser Weise funktioniert unser Navigationssystem genau wie jenes im Auto. Mit unserem Herzen ist natürlich kein Satellit verbunden, sondern die ganze Energie des Daseins. Leben in dieser direkten Verbindung zu unserem Wesen heißt, die Nachrichten erhalten, die für uns bestimmt sind. Das bringt uns eine konstante Führung, während sich unser Leben entfaltet. Es führt uns immer, aber in der Regel sind wir so in unseren Gedanken und Gefühlen gefangen, dass wir es nicht wahrnehmen. Wenn wir in Offenheit leben, fühlen wir, wie einfach es ist, zu vertrauen und sich hinzugeben.

Obwohl wir vielleicht die Idee haben, ein gut versiegeltes Päckchen zu sein, das getrennt von allem Anderen existiert, ist die Realität die, dass wir ein absolut integrierter Teil des Ganzen sind. Wir werden von allen Arten energetischer Phänomene durchs Leben geführt, die auf die Erde und auf uns einwirken, ob wir uns dessen bewusst sind oder nicht.

Ich weiß nicht, wie das alles funktioniert, aber ich weiß, dass ich ruhig werde, wenn ich nicht so beschäftigt mit Gedanken bin, und das ist so, als ob ich geführt werde. Da ist ein unmittelbares Wissen.

Es gab Zeiten in meinem Leben, da wurde ich schon bei einfachen alltäglichen Entscheidungen ein bisschen nervös, zum Beispiel: „Soll ich am Nachmittag oder am Morgen gehen?" Manchmal habe ich sogar eine Pro-Contra-Liste dazu geschrieben, um die richtige Antwort herauszufinden.

Heute ist das nicht mehr so. Wenn ich ruhig bin, dann gibt es fast immer ein klares „Wissen", und auch wenn etwas nicht klar ist, entscheide ich einfach und bleibe dann dabei – denn eigentlich ist es wirklich egal. Ich weiß auf einer tieferen Ebene, dass es keinen Unterschied macht, wo ich lande. Wenn ich am Morgen gehe, werde ich beim Mittagessen landen. Wenn ich am Nachmittag gehe, werde ich beim Abendessen landen.

Es gibt andere Zeiten, wenn die Dinge aus irgendeinem Grund nicht so entspannt sind, nicht so ruhig, und vielleicht kann ich spüren, dass sich etwas in mir ein bisschen zusammengezogen hat. Da sind eine Menge Gedanken, und ich habe nicht wirklich ein Empfinden von „Wissen". Ich gerate ein wenig unter Spannung und versuche, das in den Griff zu bekommen. Aber selbst in dieser Situation, wenn ich mir dieses „Wissens" nicht bewusst bin, ist das Navigationssystem noch in Betrieb.

Ich dachte zum Beispiel, ich würde Architekt werden. Ich hatte alles durchlaufen – ich studierte und bekam mein Stück Papier, auf dem stand: „Jetzt sind Sie Architekt", aber irgendwie traf das dann nicht ein, oder nur für eine kurze Weile. Zu jener Zeit war ich nicht an Indien oder indischen Gurus interessiert, aber unerwartete Dinge geschahen, und ich landete in Indien und besuchte einen indischen Guru. Von da aus nahm mein Leben eine ganz andere Richtung. Wie konnte das passieren? Ich weiß es nicht wirklich, ich kann nur annehmen, dass es aufgrund dieses Navigationssystems passiert ist. Es lenkte mich in eine Richtung, die ich nicht kannte.

Der Gründer von Apple, Steve Jobs, wurde in einem Interview über das iPad gefragt, welche Art Verbraucherumfrage für das neue

Produkt gemacht worden war. Er sagte, es sei gar keine gemacht worden. Wie hätten Leute eine Meinung abgeben können, wenn sie gar nichts von den unglaublichen Möglichkeiten des iPads wussten? Ebenso hat Henry Ford vor der Einführung der ersten Autos keine Konsumentenforschung auf dem Markt durchgeführt. Vermutlich hätten die Menschen der damaligen Zeit ein schnelleres Pferd vorgeschlagen. Was hätte ich über Indien und über einen indischen Guru entscheiden können, wo ich doch gar kein Wissen darüber hatte und keine Ahnung von den unglaublichen Türen, die mir das in meinem Leben öffnen könnte?

Nachdem ich viele Jahre mit den Gedanken in meinem Verstand gekämpft habe, akzeptiere ich einfach dieses tiefere Wissen. Ich bin über falsche Entscheidungen nicht besorgt, weil alles nur das Spiel des Lebens ist, das einfach spielt, und ich kann das Spiel genießen.

Ein junger Mann fährt mit seinem neuen Sportwagen eine ruhige Landstraße entlang. Es gibt keinen Verkehr und so riskiert er es, auf 90 Kilometer pro Stunde, dann auf 100 und dann auf 110 zu beschleunigen. Mitten in einer Kurve sieht er plötzlich zwei alte Bauern stehen, die sich dort unterhalten. Der Mann reißt das Steuer herum, das Auto schießt eine Böschung hinauf, fliegt in die Luft und kracht mitten in ein angrenzendes Feld.
Während die Bauern das beobachten, wendet sich einer der beiden zum anderen und sagt: „Das war Glück, Fred. Ich denke, wir sind gerade noch rechtzeitig aus diesem Feld gekommen.“

Irgendwann kommen wir zu einem Moment bewussten Verstehens. Anstatt im falschen Selbst eingesperrt zu sein, kommen wir eines Tages zu einem Verstehen, in dem wir erkennen, dass wir das Selbst sind. In diesem Moment löst sich die Anhaftung an diese individuelle Blase auf, mit der wir meinen, durch das Universum zu reisen, und wir erkennen, dass wir absolut Teil von allem sind. Dann kommt eine enorme Entspannung, und das war's. Von nun an wirst du dir darüber bewusst sein, dass du von diesem Navigationssystem geführt wirst.

Es ist nicht selten, dass Menschen plötzlich – ohne ersichtlichen Grund – in eine große Offenheit geworfen sind, in der es einen enormen Frieden, Stille, Liebe und Wohlbefinden gibt. Das ist unsere wahre Natur; eine Konstante, die immer da ist. Wenn wir still genug sind, wenn wir in der Lage sind, uns aus der Geschäftigkeit des Verstandes zu lösen, dann gibt es die Möglichkeit, das Navigationssystem bewusst zu erkennen. Menschen beschreiben oft schöne und starke Synchronizitäten in ihrem Leben: Etwas passierte und es fühlte sich völlig richtig an. Das ist das Navigationssystem.

Das Leben wird sehr entspannt, denn wann immer es notwendig ist, dass etwas passieren muss, wirst du bewusst von deinem Navigationssystem geführt. Ich spreche davon, dem Leben zu vertrauen, auf das zu vertrauen, was ist, sich dem Fluss des Lebens hinzugeben – und nicht anzukämpfen gegen das, was ist.

Der Weg der Schönheit
Unsere Sinne wieder entdecken

Während ich durch den Garten ging, der sich hinter unserem Haus befindet, traf ich Elena, ein Community-Mitglied, die für den Garten und den Zoo verantwortlich ist. Sie lebt seit ungefähr vier Jahren in der Gemeinschaft. Durch viele Jahre der Meditation und der Selbstwahrnehmung versteht sie eine Menge über sich selbst und hatte viele Einblicke in ihre wahre Natur. Zudem ist sie von einer Art Unschuld umgeben, was es ihr leicht macht, sich mit dem Inneren zu verbinden, mit dem, was wahr ist. Allerdings hat sie immer noch eine starke Tendenz, sich in ihre Geschichten und ihren Verstand zu verwickeln und darüber endlos zu plaudern. Sie scheint darin festzustecken und nicht zu wissen, wie sie dem entkommen kann. Wie erwartet, erzählte sie mir sofort ihre Geschichten; wie sie feststeckte und wie dieses und jenes in ihrem Verstand und ihrem Körper vor sich ging.

Wir standen in der Mitte des wunderschönen Gartens, mit Bäumen um uns herum, mit frischen Himbeeren an den Büschen und vielen Schmetterlingen und Insekten, die emsig von Blume zu Blume schwirrten. Elena konnte sich dieser Schönheit nicht öffnen, weil sie so viele Geschichten im Kopf hatte. Da war dieses Paradies um uns herum, und die Person, die es pflegte und versorgte, übersah es einfach, sie, die eigentlich am meisten davon profitieren könnte, einfach hier zu sein und die Schönheit in sich aufzunehmen.

Ich unterbrach sie, um sofort dieses Aufgehen in ihren Geschichten ansprechen zu können.

Elena, wir sprechen häufig über Frieden, Liebe und Leere, aber gerade jetzt würde ich gerne über Schönheit sprechen. Für den nächsten Schritt in deinem Leben, in diesem neuen Frühjahr, das gerade anbricht, schlage ich vor, dass du übst, während du gärtnerst – es ist der perfekte Ort, um all diese alten Geschichten verschwinden zu lassen. Die Einladung ist, einfach nur hier zu sein.

In Ordnung. So habe ich über den Garten noch nicht nachgedacht.

Traditionell gibt es zwei Wege des Erwachens. Es gibt den Weg der Erkenntnis durch den Intellekt und den Weg des Herzens, welcher tiefe Hingabe ist. Allerdings gibt es auch den Weg der Schönheit, und dafür bist du genau am richtigen Ort. Du kannst einfach eintauchen in die Schönheit, weil alles, mit dem du im Garten arbeitest, von der Existenz kommt; es ist alles Gott. Du berührst den ganzen Tag Gott. Der Garten ist ein sehr schönes Laboratorium.

Ja, mir ist aufgefallen, dass mich der Garten seit einiger Zeit in seinen Bann gezogen hat, besonders seit wir die neuen Pflanzen gekauft haben.

Sei dir bewusst, dass deine alten Geschichten gleichwohl in deinem Verstand kreisen, auch wenn du sie nicht aussprichst. Wenn du in den Garten kommst, schau dich um und finde einen Platz, der dich wirklich anzieht, irgendwo eine kleine Ecke, zu der du dich hingezogen fühlst. Dann, am Anfang und am Ende deiner Arbeit, sitze einfach für fünf oder zehn Minuten dort. Suche dir jeden Tag einen anderen Platz. Du wirst feststellen, dass nach ein oder zwei Wochen dieser bewussten Beachtung der Schönheit sich etwas in deinem Leben verändern wird, weil all diese fünfminütigen Sitzungen in dir zusammenkommen. Lass dich einfach in die Schönheit hineinfallen.

Danke, ich werde das versuchen.

Dieser Frieden kann sich auch in der Beziehung zu einem schönen Kunstwerk offenbaren. Kunst kann vom Verstand des Künstlers geschaffen werden oder sie kann aus dem Selbst kommen, aus der Präsenz, tief aus dem Inneren heraus. Diese Form der Kunst ist ein Ausdruck des Weges der Schönheit.

Vor ein paar Tagen ging ich mit Freunden auf eine Kunstmesse nach Holland. Es gibt sie schon seit 25 Jahren und sie hat das Konzept, dass alles einem sehr hohen Standard entsprechen muss. Es gibt moderne Kunst, Möbel, klassische Stücke, Antiquitäten, Europäisches, Asiatisches und Arbeiten aus der ganzen Welt. Als wir hineingingen, wurde mir die Qualität sofort bewusst; ein Stand hatte drei Picassos.

Wir sind sechs Stunden herumgegangen und ich habe mich wie im Satsang gefühlt. Es gab so viel Schönheit an diesem Ort. Es war egal, ob uns die Kunstwerke gefielen oder nicht, aber die Wirkung, die das bloße Umherlaufen den ganzen Tag auf dieser Messe hatte, war ein Gefühl des Friedens. Es war, als ob man ins Paradies befördert worden wäre und überall, wo man hinschaut, ist Schönheit. Alle schienen sehr offen zu sein – sicherlich eine Auswirkung dieser unglaublichen Schönheit. Der ganze Tag war phantastisch, „Wow!"

Ein Mann auf der Messe erzählte mir, dass die Mitglieder der britischen Regierung während des zweiten Weltkrieges die Förderung der Künste stoppen wollten, weil man sie für den Kriegseinsatz nicht als wesentlich ansah. Es wird berichtet, dass Winston Churchill diesen Leuten sagte: „Wofür kämpfen wir diesen Krieg?" Das bringt einen wirklich dazu, über die Schönheit und die Wichtigkeit der kreativen Künste nachzudenken. Sie sind geradezu der höchste Ausdruck unserer menschlichen Existenz.

Es gibt einen Grund, warum bestimmte Kunstwerke fast jeden ansprechen. Ihre Schönheit berührt etwas im Inneren und es hat damit zu tun, dass der Künstler während des Schaffensprozesses als Kanal fungiert hat. Ich ging durch die Grand Gallery im Louvre, wo es sehr viele Bilder übereinander gibt. Während ich dort durchging, war ich mir der Schönheit und der Brillanz der Bilder bewusst, aber dann stand ich vor einem ganz bestimmten Bild, weil ich von diesem stärker berührt wurde als von den anderen.

Ich schaute auf das Schild und sah, dass es ein berühmtes Bild von Leonardo da Vinci war. Als ich dort stand, erkannte ich, dass diese Schönheit eine Art Übertragung des Künstlers ist. Der Künstler war wahrscheinlich ein sehr freies Individuum gewesen, deshalb scheint durch seine Arbeit ein gewisser Frieden hindurch. Die Mona Lisa ist dafür berühmt – in ihrem Lächeln ist Frieden. Dieser Frieden ist der Frieden von Leonardo da Vinci, und er wird auf uns übertragen.

Als ich dort stand, kommunizierte ich mit dem Künstler auf die gleiche Art und Weise, wie wir im Satsang zusammen sitzen. Es geht nicht um die Worte. Es geht nicht um deinen Charakter, deine Persönlichkeit – nichts dergleichen. Es ist so etwas wie das innere Gespür für Stille und Frieden.

Es ist der Frieden des Künstlers, mein Frieden, aber auch unser Frieden. Und was ist Frieden? Es ist eine tiefe Zufriedenheit; ein Gefühl, dass es hier in Ordnung ist, und es gibt kein Bedürfnis, irgendetwas zu verändern. Keine Wünsche – das ist Frieden. Einfach hier zu sein, jetzt. Die ganze gute, klassische Kunst hat deshalb Bedeutung erlangt, weil sie uns auf ihre eigene Art und Weise zu dieser inneren Harmonie bringt.

Michelangelo war einundzwanzig, als er die berühmte Pieta im Vatikan aus einem einzigen Stück Marmor fertigte. Obwohl er ein sehr gut ausgebildeter Bildhauer war, fragt man sich, wie es möglich ist, dass jemand eine so unglaubliche Schönheit erschaffen kann, vor allem in so jungen Jahren? Sind Geschicklichkeit, Wissen und Tiefe der Wahrnehmung genug? Ich glaube, dass die Kraft des Bewusstseins jemanden, der besonders empfänglich und qualifiziert ist – so, wie es Michelangelo war – als Hand verwendet, um die Skulptur zu schaffen. Das ist nicht persönlich. Wir sagen gewöhnlich: „Oh, das hat Michelangelo gemacht", aber es kommt aus dem stillen Ort der Schönheit im Inneren, welcher sicherlich in jedem Menschen ein einzigartiges Aroma hat, aber niemals „persönlich" genannt werden kann.

*„Oh Herr Doktor, Herr Doktor!", sagte die Frau, als sie in
den Raum eilte, „Ich muss Ihnen einfach alles erzählen, was
mit mir nicht in Ordnung ist!"*
*Der Mann betrachtete sie von Kopf bis Fuß. „Madame, ich
habe Ihnen drei Dinge zu sagen: Erstens müssen Sie etwa 10
Kilo abnehmen. Zweitens würde Ihre Schönheit verbessert
werden, wenn Sie nur etwa ein Zehntel so viel Make-up
und Lippenstift verwenden würden. Und drittens bin ich
Künstler, den Arzt finden Sie nebenan."*

Was ich verdeutliche, ist folgendes: Wenn der Künstler aus seinem
ureigenen Selbst ein Bild malt oder eine Skulptur herstellt, dann
kommuniziert er dies durch die Kunst, und diese hat die Kraft,
dich auch dorthin zu führen. Wenn die Kunst aus einer Idee heraus
angefertigt wird, wenn sie weitgehend aus dem Verstand gemacht
wird, mag man sie vielleicht, man findet sie vielleicht interessant,
aber ich bezweifle, dass sie diese Kraft hat.

Wenn du von Kunst, Architektur, klassischer Musik, von der
Schönheit der Natur angezogen bist, von allem, was du schön nennen
würdest, dann ist das ein Auslöser für etwas, was in dir passiert. Man
kann das Leben als ein Spiel oder einen Ausdruck der inneren Leere
verstehen. Wenn man wirklich ruhig geworden ist und sich nichts
bewegt, dann gibt es keinen Impuls, irgendwohin zu gehen, es gibt
nichts zu tun, und plötzlich will sich etwas ausdrücken – das ist
Kreativität. Diese Bewegung von Kreativität schafft die Form, die
wiederum unser Schönheitsempfinden berührt.

Ich fuhr einmal mit einem Freund ins Zentrum von Kiew, in
der Ukraine, wo ich jedes Jahr Retreats abhalte. Er schlug vor, eine
Ausstellung moderner Kunst in einer Galerie zu besuchen.

Der Künstler war Anish Kapoor, ein indisch-englischer Bildhauer.
Ich war vor etwa dreißig Jahren in einer kleinen Kunstgalerie in
London auf seine Arbeiten gestoßen. Wie auch immer, als wir durch
das Gebäude gingen, durch die kleinen Ausstellungsräume, erkannte
ich die unglaubliche Qualität der Arbeiten. Sie waren jenseits von
„Mögen" und „Nicht-Mögen" und berührten etwas tief in mir.

Weiter oben gab es einige Gemälde und Skulpturen von anderen sehr bekannten internationalen Künstlern und auf dem Dach des Gebäudes gab es ein einmaliges Café. Das Essen, die Präsentation und der Geschmack waren nicht von dieser Welt. Ich bestellte einen Fischsalat, der mit einem kleinen Musselinbeutel, an dem eine kleine Schnur befestigt war, serviert wurde. Der kleine Beutel war so einfach und so schön. Darin befand sich ein Zitronen-Viertel und als ich den Zweck des Beutelchens erkannte, verliebte ich mich in das Restaurant. Man weiß ja, wie das mit den Zitronen ist: man quetscht sie aus und die Spritzer verteilen sich übers ganze Essen. Nicht in diesem Restaurant, dank des kleinen Musselinbeutels!

Ich benutze das Wort Schönheit nicht als Gegenteil zu hässlich, sondern eher, um auf die letztendliche Stimmigkeit von Harmonie und Ausgewogenheit der Schöpfung selbst hinzuweisen. Wir erleben diese im Inneren, wenn wir zutiefst von etwas Äußerem berührt werden – von einer Blume, einem Kunstwerk, einem besonderen Gebäude, einem schönen Sonnenuntergang oder von unschuldigen Kindern. Wir werden uns bewusst, dass wir tatsächlich ein Teil der Schöpfung sind. Harmonie und Ausgewogenheit sind Schöpfung selbst. Wir fühlen eine tiefe Verbundenheit, und dann erleben wir Schönheit. Jedes Urteil über Schönheit oder Hässlichkeit ist einfach irrelevant. Es hat mehr zu tun mit einer universellen Ausgewogenheit, einer universellen Harmonie.

Die Schönheit bist du, es ist deine Schönheit. Du fühlst dich inspiriert, und du kommst innerlich zu dem, was wahr ist. Wenn du so lebst, wirst du fast unweigerlich schöne Dinge anziehen. Es passiert einfach. Aber es geht nicht wirklich um Schönheit. Es geht um diesen Ort in dir, und wenn du deinem Leben diese Priorität gibst, dann wirst du zu deiner Essenz geführt. Wir haben die Möglichkeit, von diesem Ort aus zu leben – nicht nur aus dem eher seichten Teil des Verstandes, sondern aus dem „tiefen Inneren".

Interessanterweise ist das nicht wirklich spirituell. Vielleicht brauchen wir einfach ein Wort und so verwenden wir „spirituell", aber es hat die Tendenz, uns vom gewöhnlichen Leben zu trennen. Es geht eigentlich um das Leben selbst. Du kannst dein Leben schlafend verbringen, als eine Art anspruchsvoller Roboter, oder du kannst die Befreiung aus deinem eigenen Käfig, aus deinem eigenen Gefängnis einfordern. Du hast dir dein Gefängnis selbst errichtet und das noch nicht einmal bemerkt. Wenn du es bemerkst, wirst du höchstwahrscheinlich dennoch einfach in diesem Gefängnis weitermachen, weil es zu gefährlich erscheint, nach draußen zu gehen.

Es ist nicht gefährlich. Ein wohlwollendes Universum will dir einfach nur Gutes tun. Es ist alles gut, auch wenn es nicht gut ist. Ich musste zum Beispiel kürzlich um fünf Uhr morgens aus einem Zug aussteigen. Ich sehe den Sonnenaufgang eigentlich nur, wenn ich über Nacht unterwegs bin, denn gewöhnlich bin ich so früh nicht auf. Ich hatte heftige Rückenschmerzen und in der Nacht nicht viel geschlafen. Ich konnte kaum gehen und der Schmerz war so intensiv. Es fühlte sich an, als ob sich heiße Messer durch meine Wirbelsäule zogen. Dann plötzlich sah ich diese Schornsteine in der Skyline, die jede Menge Rauch aussandten. Der Rauch schloss sich dunklen Wolken an und wirbelte über die stille Welt darunter hinweg. Es war ein schöner Sonnenaufgang, obwohl es kein schöner Anblick war und ich schreckliche Schmerzen hatte.

Wenn du in einem harmonischen und friedlichen inneren Zustand bist, dann erscheinen dir zweifelsohne viele Dinge schön. Wenn du nicht in diesem Zustand bist, dann fühlen sich eine Menge Dinge falsch, chaotisch oder in irgendeiner Weise unharmonisch an. Wie wir die Welt erleben, hängt tatsächlich von unserem inneren Zustand ab.

Schau dir dein eigenes Leben an. Wenn du ruhig bist und du deine eigene innere Schönheit, deinen eigenen inneren Frieden entdeckst, sieh, was daraus entsteht. Es kann gut sein, dass du dich zu Tanz, Musik, Malerei oder irgendeiner anderen Form des kreativen Ausdrucks hingezogen fühlst. Wenn der neurotische Verstand anhält, dann will das Bewusstsein sich ausdrücken. Auch gewöhnliche Dinge wie das Fegen des Küchenbodens oder das Umgraben des Gartens können ein Ventil für Kreativität sein.

In Wirklichkeit ist alles ein Ausdruck des Bewusstseins. Ich erinnere mich an einen Satsang mit meinem spirituellen Lehrer Papaji in einem wunderschönen Park in Indien. Wir waren alle in einer Runde versammelt, und als er zu uns kam, konnte ich nicht anders als ihn ansehen, und wie immer war ich von seinem Anblick berührt. Aber dann bemerkte ich plötzlich einen Haufen Kuhmist, der zwischen mir und Papaji lag. Für einen kurzen Augenblick ging meine Aufmerksamkeit von Papaji hin zu diesem Kuhfladen. Papaji war offensichtlich schön, aber wie stand es um den Kuhfladen – war er auch schön? In diesem Moment wurde mir bewusst, dass ich keinen Unterschied feststellen konnte.

Jahre später, als ein Baby, das in der Community geboren worden war, sprechen lernte, erinnerte ich mich wieder daran. Die ersten Worte, die aus seinem kleinen Mund kamen, waren nicht „Mama" oder „Papa", „Katze" oder „Hund", sondern „Kaka" (Scheiße) und „Buddha".

Wenn du aufgeschlossen bist und wenn da genug Leere in dir ist, dann erscheint dir alles als schön. Schönheit endet nie und ist dasselbe wie Wahrheit. Sie kommt vom gleichen Ort im Inneren.

Bewusste Elternschaft
Kinder mit Achtsamkeit erziehen

Um den Fluss zu überqueren, der direkt vor unserem Haus vorbei fließt, nimmt man eine kleine Fähre, die vom frühen Morgen bis zum Abend Menschen, Fahrräder und Autos von einem Ufer zum anderen bringt. Es ist ein schönes Gefühl, auf dem Fluss zu sein, und oft nehme ich eine kleine Auszeit, um auf die andere Seite überzusetzen. Dort ist ein Naturschutzgebiet für lange Spaziergänge und ein tolles Café, von wo aus man den Fluss überblicken kann.

Vor kurzem saß ich nachmittags mit einem Freund in diesem Café. Dort war ein Pärchen mit einem kleinen Jungen. Er sah sehr behütet aus und ich denke, er war ungefähr fünf Jahre alt. Wir beide bemerkten ihn, denn er war sehr glücklich, aktiv und wissbegierig.

Dann gab es einen Moment, in dem der Junge vom Tisch wegrannte und anfing, das Café zu erkunden. Die Mutter stand sofort auf und brachte ihn zurück an ihren Tisch. Sie machte es nicht auf eine schlimme Weise, und als sie mit ihm zurück am Tisch war, setzte sie ihn auf ihr Knie, hopste mit ihm auf und ab und alles war recht schön.

Ich hatte ein starkes Gefühl, was der kleine Junge gern seiner Mutter gesagt haben würde und was in dieser Angelegenheit wohl viele andere Kinder gerne sagen würden:

„Lass mich einfach für eine Weile allein. Ich möchte gern das Café erkunden. Vielleicht möchte ich zu den netten Leuten da drüben gehen und mit ihnen reden. Liebe mich, aber gib mir Raum. Ich gehöre dir nicht. Sei berührt, dass ich für einige Zeit in deinen Händen bin. Ich bin nicht dein Besitz. Ich verstehe, dass etwas Disziplin sein muss. Ich verstehe, dass es einige Grenzen geben muss. Ich verstehe, dass du aufpassen musst, dass ich nicht über die Straße renne und solche Dinge. Aber ..."

Sehr oft sieht man Eltern in der Öffentlichkeit „Nein" zu ihren Kindern sagen, entweder mit einem verbalen „Nein" oder mit einer körperlichen Geste. Niemand beschwert sich über diese alltäglichen Dinge, aber wenn man genauer hinschaut, sieht man, wie kleine Roboter erzeugt werden, genau wie ihre Eltern, und wie ihnen weder die Freiheit noch der Freiraum gegeben wird, den sie brauchen, um sie selbst zu sein. Ein sehr verbreitetes Phänomen, das hinter diesem „Nein" der Eltern liegt, ist das Gefühl der Unsicherheit, das auszudrücken, was wirklich in einem bestimmten Moment geschieht. Stattdessen halten sie immer Ausschau nach dem, was erwartet wird.

Während ein Aspekt der bewussten Erziehung ist, bewusst genug zu sein, dem Kind Freiraum von den eigenen Strukturen zu geben, zweifeln die Eltern gewöhnlich an ihrem Erziehungsstil. Seit er acht ist, lebt in unserer Gemeinschaft ein jetzt 15-jähriger Jugendlicher. Seine Mutter, Ute, war eine der ersten, die Interesse zeigte, eine Gemeinschaft zu gründen, und spielte eine wichtige Rolle dabei, diese am Anfang in die Tat umzusetzen. Da ihr jugendlicher Sohn immer unabhängiger wird, sorgt sie sich, dass sie ihn nicht gut erzogen hätte und sie manches hätte besser machen können. Nachdem sie ihn eines Morgens zur Schule gebracht hatte, kam sie zu mir, um mit mir zu reden.

Wenn ich an ihn denke, fühle ich immer so viel Schuld, und ich weiß nicht, wie ich damit umgehen soll. Jedes Mal kommt: „Ich habe nicht genug für ihn getan, als er klein war."

Fühlt er etwas davon oder bist das nur du?

Nur ich bin es, ihm geht es gut. Wenn ich ihn darüber befrage, sagt er immer: „Tut mir leid, Mama, aber ich weiß nicht, was du meinst."

Aber das hilft mir nicht. Ich denke noch immer, dass ich es nicht genug getan habe. Ich habe ihm nicht die Familie gegeben, die er haben wollte, ich war nicht geduldig genug mit ihm, ich habe nicht genug Zeit mit ihm verbracht, weil ich arbeiten musste. Manchmal kommt heraus, dass ich mit meinen eigenen Interessen zu viel Zeit verbrachte. Es ist alles ein Teil der Schuld.

Aber er fühlt nichts davon. Die meisten Söhne würden das ziemlich schnell sagen, wenn sie wirklich von ihrer Mutter die Schnauze voll hätten. Wenn er nichts darüber sagt, auch nicht, wenn du ihn danach fragst, dann warst du wahrscheinlich nicht so schlecht, wie du dachtest.

Es ist ein Problem, weil ich dem, was er in diesem Moment sagt, nicht vertraue. Ich denke, ihm ist vielleicht nicht bewusst, wie es zu der Zeit wirklich war. Ich weiß nicht, wie ich die Schuld fallen lassen kann. Ich weiß nicht, wie ich aus diesen Gedanken herauskomme. Ich arbeite daran, und es hält für einen Augenblick an, aber dann kommt es wieder.

Im Verstand jeder Mutter läuft auf eine gewisse Art eine ähnliche Geschichte ab. So wie wir es gerade anschauen, kann ich sehen, dass es nicht wirklich wahr ist. Aber das hilft dir nicht sehr viel, weil du das nicht siehst.

Wir können in jedem Moment nur tun, was wir tun können. Jetzt hast du mehr Weisheit als zu der Zeit, als du 20 warst; wenn du ihn also jetzt aufziehen würdest, mit all den Lebenserfahrungen, die du in den letzten Jahren hattest, würdest du vielleicht eine viel bessere Mutter sein. Aber das Leben funktioniert nicht so. Es ist, wie es ist. Es gibt keine perfekten Eltern. Es gab sie nie und es wird sie nie geben.

Grundsätzlich entscheidet die Existenz, wen du bekommst. Es ist eine Lotterie. Dein Sohn landete bei dir, und wenn er sich nicht beschwert, kannst du wohl annehmen, dass du eine ziemlich gute Arbeit als Mutter getan hast. Du hast keinen Grund, dich schuldig zu fühlen. Du hättest nichts besser machen können, und wenn du es hättest besser machen können, dann hättest du es getan.

Vielleicht bist du nicht die Beste aller Mütter, das weiß ich nicht. Ich kann das nicht beurteilen, aber im Wirken der Existenz geschieht es einfach auf die Art, auf die es geschieht, nicht wahr? Jeder tut, was er kann. Ich glaube auch nicht, dass du eine „Mutter" bist, die keine gute Arbeit getan hat. Die Tatsache, dass wir miteinander sprechen, zeigt wahrscheinlich, dass du bereit bist, diese Möglichkeit in Betracht zu ziehen. Wir werden durch Bewusstsein belebt, und auf eine gewisse Art tun wir gar nichts. Es tut uns. Wenn du zweifelst, dann liebe dein Kind einfach. Wenn du ihm zusätzlich noch eine größere Freiheit gewährst, wird das Kind sogar noch glücklicher.

Es dauert Generationen, um kulturelle Konditionierungen zu verändern. Vor einigen Jahren lebte ich in Sydney in der Nähe von Bondi, dem weltberühmten Surf- und Sonnenbadestrand. Es ist schlichtweg wunderschön, aber als ich herumspazierte, war ich geschockt von den älteren Gebäuden. Das ganze Gebiet wurde ursprünglich von britischen Einwanderern besiedelt und trotz des überwältigenden Ozeans und der Strände haben sie genau die gleichen kleinen hässlichen Kästen mit kleinen Fenstern gebaut, wie man sie in den Vororten Londons sehen kann.

Wir erschaffen die Welt in unserer Vorstellungskraft, in jener Vorstellungskraft, die von unserem konditionierten Verstand kommt. Es fängt an, wenn wir sehr kleine Kinder sind und wird natürlich von unseren Eltern unterstützt und von der Gesellschaft und Kultur, in der wir leben.

Du weißt, wie deine Eltern dich aufgezogen haben. Du weißt, wo sie herkommen, denn du hast deine Großeltern getroffen und du kannst die Verhaltensmuster sehen, die von Generation zu Generation bestehen bleiben, so wie die britische Architektur in Australien fortbestand, obwohl sie dort völlig unpassend ist. Diese geerbten Muster zu verändern, kann nur geschehen, wenn man als

Elternteil beschließt, bewusster darin zu sein, wie man mit seinem Kind interagiert. Das ist eine Herausforderung, weil es viel einfacher ist, das konditionierte Verhalten an seine Kinder weiterzugeben, das man selbst von seinen Eltern bekommen hat.

Ich denke, man kann sagen, dass die meisten Menschen glauben, die Kinder sollten sich ihren Eltern hingeben, aber mein eigenes Gefühl ist, dass die Eltern sich ihren Kindern hingeben sollten. Sich den Kindern hinzugeben, heißt nicht, hinter ihnen her zu rennen und sie tun zu lassen, was sie wollen oder so frech sein zu lassen, wie sie wollen. So meine ich es nicht. Natürlich muss es einige fürsorgliche Grenzen geben, aber es geht darum, zu verstehen, dass das Kind keine Erweiterung der elterlichen Egostruktur ist, nicht „mein Kind". Das bringt eine radikale Änderung.

Ute hat einen weiteren Sohn, Amrit, der im ersten Jahr unserer Gemeinschaft geboren wurde. Als er so um die zwei Jahre alt war, schlief er manchmal in meinem Zimmer. Er schlief in einem Schlafsack-Anzug und am Morgen nahm ich ihn aus seinem Bett heraus und machte den Reißverschluss auf. Heraus kam ein kleiner Supermann! Am Anfang war er total glücklich, in meinem Zimmer zu spielen. Er ging und fand den Lichtschalter und schaltete ihn an, aus, wieder an, und so weiter. Ich fragte mich, was er tat, aber ich war in der Lage meine „Lass-den-Lichtschalter-in-Ruhe"-Reaktion zu kontrollieren. Wir hatten eine sehr schöne halbe Stunde jeden Morgen und ich gewöhnte mich daran, mich auf diese Zeit des Spielens mit ihm zu freuen.

Dann, eines Tages, wollte er nicht mehr in meinem Zimmer spielen. Ich machte seinen Reißverschluss auf und er war aus der Tür! Wo ging er hin? Ich hatte dieses Gefühl „Spiel mit mir!", aber er wollte nicht mit mir spielen. Er wollte mit einem seiner Freunde im Haus spielen. Er wollte hinunter gehen und einige Abenteuer erleben. Es ist sehr subtil. Gib dich einfach deinem Kind hin. Ist es von Bedeutung, mit was er spielt? Er wird nichts Schlimmes tun.

In der Kantine eines katholischen Kindergartens standen einige Kinder zum Mittagessen an. Am Kopf des Tisches stand eine große Schale mit Äpfeln. Ein Erzieher hatte eine Notiz geschrieben und klebte sie an die Apfelschale: „Nimm nur EINEN! Gott sieht es!"

Weiter entlang an der Essensausgabe, am anderen Ende des Tisches, hatte eines der Kinder eine große Schale mit Schokoladenkeksen aufgestellt. Es brachte eine kleine Notiz an: „Nimm, so viel du willst! Gott sieht gerade auf die Äpfel!"

Amrit ist von einer ganzen Menge von Leuten, die in unserer Gemeinschaft leben, aufgezogen worden. Die Anzahl der Bewohner ist nicht ganz stabil und über die Jahre sind einige gekommen und einige gegangen. Menschen, denen er nahe stand, sind gegangen und neue sind gekommen. Wie auch immer, viele haben sich seit seiner Geburt um ihn gekümmert. Er ist auch sehr gut darin, Gäste als Freunde zu wählen. Der gemeinsame Klebstoff bei all diesen Beziehungen scheint Liebe zu sein.

Da gab es einen schönen Moment in seinem Kindergarten, als er gefragt wurde, wer sein Papa sei, und er antwortete: „Welcher denn?" Das wird natürlich ein bisschen komplizierter, wenn er älter wird, aber es hat einige große Vorteile, in einer liebevollen Gemeinschaft aufzuwachsen. Wenn er von unterschiedlichen Leuten erzogen wird, scheint es einen Ausgleich zu geben: Jemand ist ein kleines bisschen streng und jemand anderes ist eher locker. Er bekommt nicht einfach nur die volle Ladung einer bestimmten Ego-Struktur einer einzigen Person.

Ich sehe ihn als ein erstaunliches Modell von Möglichkeiten, weil er ein sehr ausgeglichenes Kind ist. Er hat eine grundlegend stille Natur, einen Sinn für inneren Frieden, und mit diesem ist er fähig, sich so zu entwickeln, wie die Dinge sich in seinem Leben entfalten. Es ist eine Freude zu sehen, wie er von der „Gruppenerziehung" profitiert.

Einmal kam eine Mutter zu einem meiner Treffen. Sie erzählte mir, dass sie, als sie ihre Tochter hatte, den bewussten Entschluss fasste, nicht einfach die Vorstellungen der Generation ihrer Mutter an sie weitergeben zu wollen. Sie wollte ein bewusster Elternteil sein. Sie erzählte mir, dass sie, obwohl sie diesen Entschluss gefasst hatte, und obwohl sie wachsam war, von Zeit zu Zeit in der Lage war, zu sehen, dass sie tatsächlich auf ziemlich genau die Art reagierte, wie ihre Mutter für gewöhnlich auf sie reagierte. Also, was kann man machen?

Wenn du glaubst, „dieses Kind ist mein Kind", gibt es nur sehr wenig, was du tun kannst. Aber wenn du einen Sinn dafür hast, dass du nicht getrennt bist, wenn du einen Sinn für die Wahrheit hast, wer du bist und wer dein Kind ist, dann gibt es eine andere Möglichkeit. Du kannst einen Schritt zurücktreten, dein Kind nicht besitzen und dein Kind nicht zu einer Erweiterung deines Egos machen. Achte darauf, dein Kind nicht festzuhalten, um die Liebe zu bekommen, die in deinem eigenen Leben fehlt.

Natürlich gibt es einen anderen Aspekt der Erziehung, weil Kinder Fürsorge brauchen. Du weißt, Bettgehzeiten müssen beschlossen werden und es gibt gewisse Routinen und Verhaltensweisen, die gelehrt werden müssen. Wichtige Entscheidungen über Schulausbildung und Gesundheit müssen getroffen werden, aber ich würde sagen, der wichtigste Teil des Ganzen ist, eine liebevolle Umgebung zu schaffen. Das ist der fruchtbarste Boden, auf dem Kinder aufwachsen können.

Die bewussteste Einstellung, die du für deine Kinder treffen kannst, ist, sie nicht als deine Kinder anzusehen, sondern als freie Wesen, die für eine begrenzte Zeit zu dir gekommen sind. Du kannst Demut empfinden, indem du dieser Situation großes Vertrauen entgegenbringst.

Einer der Aspekte, der an Kindern so wundervoll ist, ist diese Unschuld, dieses „im Sein sein", das sie so völlig im gegenwärtigen Moment versunken sein lässt. Es ist so stark, dass sie zum Beispiel, bevor sie zum Spielen hinausgehen, sich nicht vorstellen können, dass es draußen regnet oder schneit. Das ist der Punkt, an dem sie einen Erwachsenen brauchen, der die Zukunft abschätzen kann und sagt: „Wenn du heute hinaus möchtest, brauchst du einen Regenschirm, weil es regnet." Kinder sind unschuldig spontan. Mit dieser Qualität des Herzens brauchst du keinen Regenschirm; du gehst einfach nach draußen und tanzt im Regen.

Grundsätzlich lieben Kinder es, in Pfützen zu springen – und Eltern denken für gewöhnlich nur an die nassen Schuhe und Socken und an „du könntest dich erkälten" und so weiter. Das Kind ist einfach da und kümmert sich nicht darum, was geschehen könnte oder was nicht geschehen könnte. Kinder leben ohne jeden Grund. Du kannst auch ohne jeden Grund leben.

Mein Rat an jeden, der bewusster erziehen möchte, ist, zurückzutreten und den Kindern so viel Raum wie nur möglich zu geben. Lass sie selbst das Leben entdecken. Kinder haben ihre eigene Intelligenz und das wird zur richtigen Zeit und am richtigen Platz ganz natürlich ihr einzigartiges Verständnis des Lebens hervorbringen.

Kapitel 5

Wie wir uns selbst sabotieren

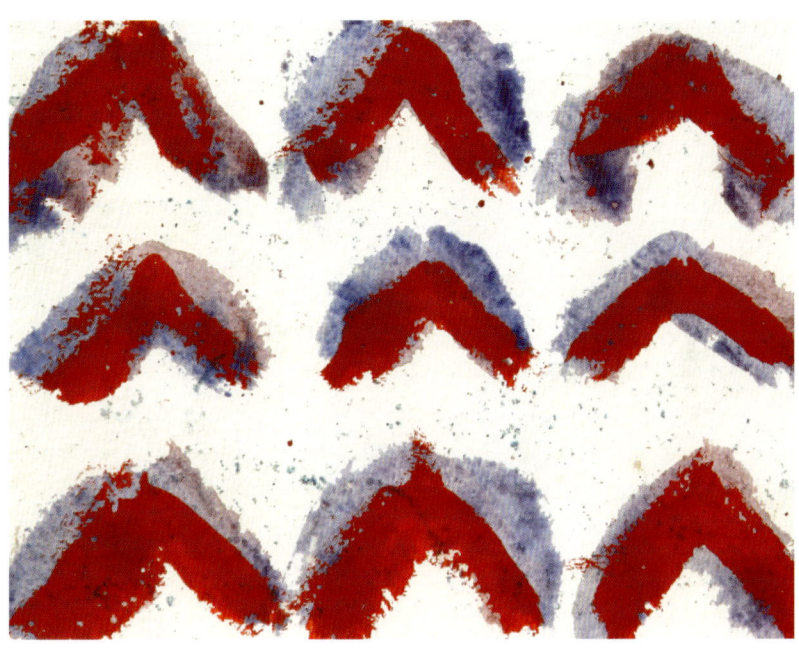

Wir haben alle gute Gründe, Angst zu haben.
Die Angst macht uns bewegungsunfähig.
Worum geht es bei dieser Angst?
Wenn man das einmal genauer untersucht,
findet man heraus, dass es sich bei der Angst
immer um die gleiche handelt.
Wir wollen alle zur Wahrheit, und wovor fürchten wir
uns am meisten? Vor der Wahrheit.
Was ist Wahrheit? Sie ist auch Liebe, Schönheit, Friede.
Einerseits wollen wir genau das,
andererseits haben wir Angst davor.

Kapitel 5
Wie wir uns selbst sabotieren

Das Leben fließt durch uns hindurch, und wir verlieren immer mehr die Verbindung zu unserer alten Identität. Wir öffnen uns für das Leben und gleichzeitig werden wir verletzlicher. Unbekannte Geheimnisse des Lebens eröffnen sich, was Angst in uns auslösen kann. Wir haben das Verlangen, uns selbst tief zu begegnen, aber gleichzeitig haben wir davor am meisten Angst. Wir haben sehr erfolgreiche, subtile Strategien, unser Glücklichsein und die Begegnung mit unserem Selbst zu sabotieren. Die häufigste Strategie ist, in unsere alten Verhaltens- und Gedankenmuster zurückzufallen. Wir wählen altbekannte Lebensformen und Beziehungen, anstatt die unbekannten Geheimnisse des Lebens.

Der Verstand als Gefängnis
Angst und Anhaftung

Im Hauptraum unseres Hauses steht ein Flügel. Die Gäste unserer Pension werden dort empfangen und Besucher und Voluntäre kommen dorthin, um zu entspannen. Der Flügel hat eine erstklassige Position im Zentrum dieses Raumes, zwischen zwei Fenstern mit Blick auf den Fluss, aber trotzdem wird nicht so oft auf ihm gespielt. Hin und wieder übt jemand aus dem Haus darauf oder spielt etwas vor, aber viel schöner ist es, wenn jemand ganz unerwartet ins Haus kommt, und wir plötzlich Klaviermelodien während des Mittagessens oder der Teepause hören.

An einem Sonntag besuchte uns die japanische Freundin eines Bewohners. Sie kam, um ihren Freund zu sehen und auch, um etwas Richtung und Führung zu erhalten, nachdem sie durch eine schwierige Zeit in ihrem Leben gegangen war. Ihr Besuch fiel mit einer Ausstellungseröffnung unserer Kunstgalerie zusammen. Sie kam sehr schüchtern an, wurde aber sofort vom Flügel angezogen.

Sie kannte niemanden außer ihren Freund, aber sie setzte sich trotzdem und begann auf sehr professionelle Art, eine unglaublich liebliche Musik zu spielen. Allen Gästen gefiel es sehr und als sie fertig war, applaudierten sie ihr. Es stellte sich heraus, dass sie seit einigen Jahren nicht mehr gespielt hatte. Mit Anfang zwanzig wurde ihr Leben sehr arbeitsreich, und dann hatte sie einen Zusammenbruch. Das Klavier war immer ihre Leidenschaft gewesen, aber sie hatte es irgendwie aus ihrem Leben ausgeschlossen.

Während ihres ganzen Aufenthalts war sie viel zu schüchtern, um noch einmal zu spielen. Sie hatte keinen Job, hatte einige Familienmitglieder verloren und lebte in Holland, mehrere tausend

Kilometer von zu Hause entfernt. Sie empfand große Angst und Unsicherheit gegenüber der Zukunft.

Einige Zeit nach dem improvisierten Konzert, das sie bei der Ausstellungseröffnung gegeben hatte, sprach ich mit ihr über ihre Situation und was gerade für sie passierte.

Ich muss so viel erkennen. Die Geschichte, die gerade in meinem Leben passiert, ist so ein großes Drama. Vielleicht ist es in Wirklichkeit nicht so groß, aber für mich ist es groß. Alles ist zusammengebrochen und ich weiß nicht, was ich tun soll. Ich habe große Angst davor, loszulassen und ich klammere mich an meinen Vorstellungen und Gewohnheiten fest und an die alte Art, zu handeln und mein Leben zu leben.

Das ist sehr schön, weil man sehen kann, dass der Verstand genau das versucht, wenn er mit etwas Unbekanntem konfrontiert ist. Es scheint mir, als rüttelt dich die Existenz ordentlich wach. Du musst herausfinden, warum das passiert. Du hast wahrscheinlich viele Vorstellungen über dich selbst, und die werden jetzt herausgefordert.

Die Einladung ist, da wirklich hinzuschauen und die Basis dieser Vorstellungen zu erforschen: dieses „Ich", das sie hat. Für die meiste Zeit deines Lebens hast du wahrscheinlich einfach angenommen, dass du ein „Ich" bist, weil jeder ein „Ich" zu sein scheint. Es schien alles ganz normal. Aber jetzt kommt etwas auf, was dies stört, und du spürst eine Menge Angst.

Ja, ich habe nichts mehr. Ich habe mich selbst komplett verloren.

Nun, du hast einige Anhaftungen verloren, aber du hast ganz sicher nicht dich selbst verloren. Du hingst an den Menschen, die dein Leben verlassen haben, und vielleicht hingst du an deinem Haus und an deinem Job. Du hingst an vielen Dingen, die dir eine Identität gaben. Durch sie konntest du dich sicher fühlen. Dein

Leben lief so dahin und du warst irgendwie in Ordnung – und gemächlich am Schlafen.

.

Ja. Ich suchte nach etwas, aber ich war glücklich. Dann kam das Leben und rüttelte mich auf!

Plötzlich trennte sich dein Mann von dir, du hast das Haus verloren, dann starb deine Schwester, dann dein Vater, dann warst du in Japan und dann hast du deinen Job verloren. Jetzt lebst du in einem sehr unbequemen Zimmer in einem fremden Land und ohne Job. Also hat dir dieser ganze Umbruch eine gute Gelegenheit gegeben, zu prüfen, wer du bist. Was ist wichtig in deinem Leben? Was willst du? Das ist ein sehr unsicherer Moment.

Es ist gerade so eine schwierige Zeit für mich. Ich habe nichts, woran ich mich halten kann, nichts Vertrautes.

Du fühlst dich wahrscheinlich völlig schutzlos und unsicher, wie wenn du keinen Boden spürst. Und in gewisser Weise ist das alles schrecklich. Du fühlst dich gänzlich wie ein Opfer eines Dramas, das du nicht haben wolltest.

Ja!

Das menschliche Leben ist voller solcher Dramen. Aber anstatt es als eine Tragödie anzusehen, versuche, es als ein Geschenk aufzufassen. Es bietet eine schöne Gelegenheit, herauszufinden, was wirklich wichtig für dich ist und zu sehen, wer du wirklich bist, ohne all das Drum und Dran.

Ja, das kann ich sehen. Danke.

Eigentlich sind wir glücklich damit, einfach nur in der Sonne zu schlafen. Also schnappt uns die Existenz, schleppt uns mit und schüttelt uns durch. Du bist an einem solchen hoffnungslosen

Moment angekommen. Das hat etwas Schönes an sich, obwohl es sehr unangenehm ist. Die Existenz hat viel weggenommen, aber genau wie die Flut wird das wieder zurückkommen. Du musst überhaupt nichts tun, und du kannst auch nicht wirklich etwas tun. Das einzige, was du tun kannst, ist, so still wie möglich zu bleiben, so dass du echten Kontakt mit deinem Sein herstellen kannst. Dann erhältst du Führung und kannst dich vorwärts bewegen.

Das ist ziemlich beängstigend, weil ich an diesen Teil von mir nicht gewöhnt bin, und ich weiß nicht, wohin ich gehen soll, oder noch wichtiger, welchem Teil von mir ich folgen soll.

Wir haben eigentlich eine freie Stelle für eine Klavierspielerin. In der Küche ist auch eine Stelle frei. Wir haben schon lange nach einer japanischen Sushi-Chef-Köchin gesucht. Da hast Du es – schon zwei Jobangebote!

Ich werde darüber nachdenken.

Denk nicht darüber nach! Wenn du das tust, wirst du verrückt. Gib dem etwas Raum, gib dem eine Chance. Das Leben ist ein Geheimnis, das gelebt werden will. Wenn alles sehr komfortabel und vorhersehbar ist, ist es nicht so interessant. Je mehr du das Geheimnis einlädst, desto eher findest du die wahre Heimat.

Ich liebe es, in ganz Europa herumzureisen, Satsang zu geben und viele verschiedene Orte zu besuchen. Ich habe viele Satsangs gegeben und traf wahrscheinlich Tausende von Menschen. Oft kommen sie mit viel Enthusiasmus und Offenheit und es entsteht eine Verbindung. Für viele scheint das alles zu sein, was sie wollen und nach ein oder zwei Abenden kommen sie nicht mehr.

Andere Leute bleiben länger und werden stärker eingebunden. Aber auch hier: wenn diese Menschen einem tiefen Verstehen sehr nahe zu kommen scheinen, man könnte auch sagen, wenn sie dem Erwachen nahe kommen, verschwinden auch sie plötzlich wieder. Es scheint, als würde eine tiefe Angst entstehen, eine Angst vor dem scheinbaren Tod des illusionären Selbst, zusammen mit der Angst vor der nahenden Leere.

Was hat es mit dieser Angst auf sich? Sobald du anfängst, zu untersuchen, wer du bist, fallen die Schichten ab – ein bisschen wie bei einer Zwiebel. Wenn du ins Zentrum kommst, was findest du? Nichts. Das ist beängstigend, weil du schon immer „Jemand" warst, und jetzt sieht es aus, als seiest du „Nichts". Was ist besser? Vielleicht ist es besser, ein „Jemand" mit falschen Ideen zu sein als absolut „Nichts". Aber dies ist gar nicht so gruselig, wie es klingt, denn „Nichts" verweist nicht auf ein ödes Brachland. Es bedeutet, den Kopf nicht voller Vorstellungen zu haben, keinerlei Konzepte zu haben, keine Anhaftung an alte Strukturen, die sich über viele Jahre aufgebaut haben. „Nichts" zu sein bedeutet, frisch, spontan, unschuldig und gegenwärtig zu sein.

Wir haben alle Angst vor der Leere, vor dem „Nicht-Existieren". Für das Ego oder das falsche Selbst erscheint das wie der Tod. Deshalb praktizieren wir den ganzen Tag lang „Blabla", um uns zu überzeugen, dass wir lebendig sind, eine Erinnerung daran, dass wir nicht tot sind. All das, um uns zu überzeugen, dass diese Leere, die wir wirklich sind, dieses Nichts, das wir wirklich sind, nicht wahr ist.

Die grundlegende Angst ist immer die gleiche. Wir sind alle daran interessiert, zur Wahrheit zu kommen, und doch, was fürchten wir am meisten? Wahrheit. Und was ist Wahrheit? Sie ist auch Liebe und Schönheit und Frieden. Auf der einen Seite wollen wir diese Dinge, aber auf der anderen Seite haben wir Angst vor ihnen.

Aufgrund von Angst findet das Leben der meisten Menschen in vollkommener Gefangenschaft statt. Wenn man dem Moment des Erwachens sehr nahe kommt, merkt man im Grunde, dass alles, was man zu sein glaubt, einfach nicht wahr ist. Man beginnt, diese Illusion zu sehen, man beginnt, sie zu verstehen und man beginnt auch zu verstehen, dass es eine Art Tod ist, wenn die Illusion wegfällt. Natürlicherweise entsteht eine Menge Angst dadurch.

159

Man kann davon ausgehen, dass sich eine Menge ändern würde, wenn man diese Illusion wirklich gehen lässt, und diese Möglichkeit kann beängstigend sein. Entweder befürchtet man, dass man alles verliert, was man zu sein glaubte, oder man verliert alles im Außen. Man ist nicht mehr in der Lage, seine Wohnung oder seinen Job zu halten, und vielleicht verliert man seine Familie.

Diese tiefe Angst ist ein natürlicher Teil des konditionierten Verstandes, wenn sie also aufkommt, ist das ein Zeichen, dass die Person einem wahren Verstehen nahe kommt. Es ist ein natürlicher Bestandteil der ganzen Reise. Menschen sabotieren sich oft, wenn sie wegen dieser Angst vor der Wahrheit weglaufen. Der Verstand hat immer Angst vor dem Unbekannten, und es ist nicht möglich zu wissen, was passieren wird, wenn man das Vertraute aufgibt. Wenn man mit der Angst identifiziert bleibt, bleibt man im Gefängnis des Bekannten, des Vertrauten, und man kann die Wahrheit nie finden.

Während der Französischen Revolution stürmten die Revolutionäre die Bastille und ließen alle frei. Die Gefangenen stürzten heraus und riefen: „Freiheit! Es lebe die Revolution!" Aber erstaunlicherweise kehrten am Abend die meisten der Gefangenen in ihre Zellen zurück. Es war ihr Zuhause geworden, ihre eigene Welt, in der sie sich wohl fühlten.

Ich hatte viele Momente, in denen die Angst vor dem Unbekannten stark war, und es fühlte sich an, wie an den Rand einer Klippe zu treten. Es besteht immer eine Wahl: Man kann ein paar Schritte zurück ins Bekannte gehen, oder man kann einen tiefen Atemzug nehmen und springen. Man weiß nie, was passieren wird, aber meine Erfahrung ist, dass das Leben sich immer für etwas Neues und Wunderbares öffnet. Angst ist immer mit einer Vorstellung verbunden, dass das Leben schrecklich sein könnte und die Hölle auf uns wartet, wenn wir den falschen Schritt tun.

Du musst die Angst verstehen und die Art, wie sie dich bindet. Der konditionierte Verstand glaubt, dass er selbst ein „Jemand" ist. Dieser Jemand hat Angst – Angst vor diesem, Angst vor jenem. Wir akzeptieren diese Angst, als ob sie eine Tatsache sei, und dann können wir uns nicht mehr bewegen, weil sie real wird. Wir können nicht sehen, dass dies alles in unserem eigenen Verstand passiert. Wir erschaffen eine Vorstellung und dann fürchten wir uns vor ihr. Wenn du wirklich hinsiehst, ist es so lächerlich. Du kannst dir noch nicht einmal vorstellen, dass du das jemals tun würdest.

Ich will noch etwas anderes sagen: wenn du tatsächlich loslässt und springst, dann erscheinen genau die Menschen, die du brauchst, um dich zu unterstützen. Aber es gibt keinen Handel. Du kannst nicht oben auf der Klippe stehen und sagen: „Okay Existenz, ich werde springen, aber zuerst will ich sicher sein, dass ich an einen netten Ort springe." Leider funktioniert es so nicht. Die Hilfe, die du haben willst, ist nicht unbedingt die, die erscheinen wird. Du brauchst Vertrauen und Akzeptanz gegenüber dem, was das Leben dir tatsächlich bringt.

Ein vom Wege abgekommener Mann lief halb verdurstet durch die Wüste, als er weit in der Ferne etwas sah. In der Hoffnung, Wasser zu finden, eilte er darauf zu, aber er fand nur einen kleinen Verkaufsstand, an dem ein schmächtiger alter Mann Krawatten verkaufte.
Der Mann fragte verzweifelt: „Haben Sie Wasser?"
Der alte Mann antwortete: „Ich habe kein Wasser. Aber möchten Sie nicht eine Krawatte kaufen? Sie kostet nur zehn Euro."
Der Mann schrie: „Zum Teufel! Ich brauche keine überteuerte Krawatte, du Idiot! Ich brauche Wasser, verdammt noch mal!"
„Schon gut, schon gut", sagte der alte Mann, „es gibt keinen Grund, wütend zu werden. Wenn Sie über diesen Hügel etwa zwei Kilometer lang nach Osten gehen, werden Sie ein schönes, erstklassiges Restaurant finden. Dort bekommen sie das eisgekühlte Wasser, das Sie brauchen. Viel Glück."
Mit letzter Kraft schaffte es der Mann zu dem genannten Restaurant. Erleichtert und schon mit der Vorahnung des wunderbaren Geschmacks köstlichsten Wassers auf den Lippen näherte er sich dem Eingang, als er auf der Glastür das Schild entdeckte: „Eintritt nur mit Krawatte."

Der Verstand hat Angst, dem Fluss des Lebens zu vertrauen. Er fürchtet alles Neue oder Unbekannte. Wenn du wirklich auf eine tiefgründige Weise zum „Nichts" kommst, dann ist das das Ende des konditionierten Verstandes. Im Nichts löst sich die Bindung an das „Ich" auf. Mit der Zeit lösen sich auch die Strukturen auf, die abhängig von diesem „Ich" waren. Wenn wir die Illusion des Verstandes erkennen, sträubt sich der Verstand natürlich und hat Angst.

Eine erwachsene Frau aus unserer Gemeinschaft hat seit Jahren den Führerschein, hatte aber eine starke Angst vor dem Fahren entwickelt. Ich schlug vor, sie solle sich der Angst stellen und wieder mit dem Fahren beginnen. Sie schaffte das ziemlich gut, zunächst mit einem Begleiter und dann allein auf ruhigen Straßen, aber sie hatte immer noch Angst davor, auf Autobahnen zu fahren. Eines Tages musste ich zum Arzt gefahren werden und sie war die einzige, die zur Verfügung stand. Ich bot mein Auto an und wir fuhren los. Der Weg führte über mehrere Autobahnen, und sie schaffte es sehr gut. Jetzt ist ihre alte Angst verschwunden.

Ein Schritt in Richtung Angst ist der einzige Weg, ihre illusionäre Natur zu sehen. Während du auf sie zugehst, wirst du feststellen, dass sich etwas befreit. Und wenn du sehr oft auf deine Ängste zugehst, wirst du feststellen, dass sie dich nicht mehr in der gleichen Weise halten können wie früher. Das gibt dir auch die Möglichkeit, zu sehen, dass der Mechanismus der Angst die Angst vor dem Unbekannten, vor dem Unerkennbaren ist. Es ist die Angst, einfach hier und jetzt zu sein, in diesem friedlichen Nichts.

Strukturen des Verstandes
Identifikation und Urteile

Jedes Jahr Ende Juli veranstalten wir ein Kunstfestival in der Gemeinschaft (Summerartsfestival). Wir bieten Workshops aus den Bereichen Tanz, Theater, Musik, Malen und Bildhauerei an, die Abende sind frei für Satsangs und Konzerte und lassen Raum, nach innen zu gehen. Es ist immer eine bunte Mischung von unterschiedlichsten Menschen und es fühlt sich meistens so an, als ob ein fahrender Zirkus in die Stadt gekommen sei. Unser sechsjähriger Junge Amrit liebt diese Zeit, weil er dann neben seinen normalen Spielkameraden aus der Gemeinschaft noch eine ganze Reihe weiterer verrückter Personen hat, die hier herumschwirren.

Es ist sehr schön, dass er nicht so viele Urteile über Menschen hat, und deshalb kann er sich auf mehr oder weniger jedes Kind oder jeden Erwachsenen einlassen, der ins Haus kommt. Er sagt nicht: „Hmm, ich mag keine kleinen Mädchen", oder „Ich mag diesen Typ nicht, der ist zu alt."

Wenn er anfängt, mit ihnen zu spielen, bemerkt er vielleicht, dass bestimmte Dinge mit dieser Person nicht möglich sind; aber das macht ihm nichts aus. Er hat einfach den größten Spaß, den er mit dieser Person in diesem Augenblick haben kann, weil er nicht die ganzen Bewertungen der Erwachsenen hat. Er ist leer. Er ist still. Er ist nicht in einer Geschichte. Er ist spontan, unschuldig und lebt im Augenblick.

Während des Festivals hatte ich darüber gesprochen, das getrennte falsche Selbst im Inneren zu erkennen und die Muster und Urteile zu sehen, die mit ihm einhergehen. Stefan, einer der Teilnehmer, hatte fast das ganze Festival hindurch – immer wenn Zeit dafür war – mit Amrit gespielt und ich glaube, er war tief berührt von der Spontaneität und Freude, die er in diesem Zusammensein entdeckt hatte.

Kürzlich habe ich dieses Wesen, dieses Individuum, dieses „Ich" betrachtet. An einem Punkt musste ich einfach lachen, weil ich sah: „Hey, da gibt es dieses vermeintliche Wesen, das all diese Fragen stellt, die aus etwas Halluzinatorischem hervorgehen. Wie können diese Fragen von irgendeinem Wert sein?" Das Spielen mit Amrit hat mir das gezeigt.

Ja, der Verstand macht dauernd alle möglichen komischen Dinge, aber eine Sache, die er am liebsten mag, ist es, Fragen zu stellen. Wenn er jedoch eine Antwort bekommt, generiert er direkt eine weitere Frage.

Ein Teil dieses Prozesses, den du bereits erwähnt hast, ist, dass die Fragen verschwinden, wenn du ein genaueres Verständnis davon bekommst, wer du bist. Am Anfang haben wir viele, viele Fragen, aber nach und nach verschwinden sie, auch wenn sie nicht wirklich beantwortet wurden. Sie sind einfach nicht mehr wichtig.

Ja. Mein Fokus reduziert sich auf den Körper-Verstand, so dass alles, was aus dem Körper-Verstand hochsteigt, gesehen wird. Es kommt hoch und dann kann es gehen.

Die Gedanken werden noch kommen, aber wenn du nicht mit ihnen identifiziert bist, werden sie einfach verschwinden. Wie Wolken am Himmel. Sie werden auftauchen und verschwinden und darin gibt es kein Problem. Das Problem ist unsere Identifikation.

Ja! Genau!

Sobald diese Identifikation einmal durchschaut ist, kann unsere Geschichte nicht mehr auf uns zugreifen.

Sobald Emotionen, Gedanken und hektische Situationen hochkommen, möchte ich diesen glauben, aber jetzt kann ich sagen: „Ich weiß, dass es nicht wahr ist." Ich lege sie zur Seite, aber sie versuchen es immer noch! Manchmal sind sie sehr hartnäckig.

Ja, es wird Zeiten geben, in denen du in den Stürmen verloren gehst, wo du nichts machen kannst, weil du einfach „mitgerissen" wirst. Die Stürme werden immer weniger werden. Manchmal braucht es Geduld.

Als Westler hätten wir alles gerne einfach und wir hätten gerne alles jetzt. Wir haben die Eigenschaften Geduld und Ausdauer verloren. Wenn du ein Handwerksmeister sein möchtest, musst du dich auf einen Lernprozess einlassen, wie man wirklich mit Werkzeugen und Material umgeht. Das braucht viele Jahre Übung und Erfahrung. Was du erzählst, scheint für dich absolut schön zu sein. Perfekt.

Wenn ich einfach meine Augen schließe und wirklich still werde und versuche, die ganzen Konzepte beiseite zu lassen, wird der Verstand sehr raffiniert. Er möchte immer etwas erschaffen, womit er sich beschäftigen kann. Manchmal kann ich nicht einmal sagen, was es ist. Er macht einfach eine Art Bild und sagt: „So sollten die Dinge sein."

Was du beschreibst ist vollkommen ehrlich. Es ist so raffiniert und so subtil, dass wir es sogar selbst nicht immer erkennen können. Wir brauchen eine sehr scharfe Selbstwahrnehmung.

Ja, das stimmt. Aber da gibt es auch einen anderen Teil, der sagt: „Ach! Später. Jetzt mache ich zuerst dies und dann das …" Dieser Teil möchte herumzappeln und die Stille nicht spüren, so, als ob er das In-die-Stille-Gehen hinauszögern möchte.

Es kommt auf den Verstand an, aber es stimmt, der Verstand sabotiert ständig. Was wir noch über ihn sagen können, ist, dass Angst entstehen kann. Der Verstand möchte weiterbestehen, aber im Satsang entfernen wir die Identifikation, und das führt in die Stille. Der Verstand wird möglicherweise ausflippen, weil er seinen eigenen Tod fürchtet, seine eigene Zerstörung.

Es ist nicht der Tod des Organismus, es ist der Tod einer falschen Vorstellung. Solange wir denken, dass unsere Vorstellungen real sind, solange wir uns mit unserem Verstand identifizieren, können wir eine sehr große Furcht erleben, sobald wir dem Gefühl immer näher kommen, dass dies alles aufhören könnte. Deshalb ist es sehr hilfreich, mit Menschen zusammen zu sein, die verstehen, was gerade passiert. In der Energie des Satsangs ist es selbstverständlich leichter, still zu sein.

●───────●

Ich glaube, dass jeder, der dies hier liest, versteht, dass wir nicht das Ego sind, nicht das falsche Selbst. Wir wissen es, aber es ist fast unmöglich, danach zu leben, weil wir an allen möglichen Strukturen des Verstandes anhaften. Geschichten, die ihren Anfang nahmen, als wir sehr klein und wehrlos waren, haben sich angesammelt. Wir waren unschuldig und haben über viele Jahre alles aufgenommen, was passiert ist. Das Resultat davon ist, dass wir uns total in unser falsches Selbst verliebt haben. Wir haben uns in diese Geschichte verliebt, die wir absolut glauben und die immer wieder an uns herangetragen wird. Indem wir die Strukturen unseres Verstandes analysieren, lernen wir, wer wir nicht sind.

Unser Verstand wiederholt ständig bekannte Muster, und wir sind dahingekommen, sie als „Ich" zu bezeichnen. Deshalb ist es am Ende so schwer, diese extrem einfache Wahrheit zu leben. Diese Wahrheit ist so einfach, dass man fast nicht darüber sprechen muss. Du kennst sie genauso gut wie ich, aber wie kann man sie leben?

Der derart strukturierte Verstand ist von Person zu Person nicht allzu verschieden. Allgemein gesagt ist der männliche Verstand öfters mit den inneren Wertungen beschäftigt, der weibliche Verstand mit den Gefühlen. Das sind die Sabotagemechanismen, die wir gelernt haben, um das offensichtliche Nichts nicht zu sehen. Während wir mit unseren Wertungen und Gefühlen beschäftigt sind, können wir unser Sein nicht spüren. So meiden wir die Angst, einfach ruhig und still zu sein.

Vor einiger Zeit hatten wir eine ziemlich geniale Schauspielerin in der Gemeinschaft, die aus fast allem ein Drama machen konnte. Als ich sie besser kennen lernte, wurde mir klar, dass als Auslöser nicht irgendetwas Bestimmtes passieren musste; es ging darum, dass nichts passierte. Dass nichts passierte, war für sie der Auslöser, eine emotionale „Wolke" zu erschaffen. Sie tat das, um sich selbst nicht zu begegnen. Männer machen das mit ihren Wertungen. Natürlich gibt es auch Frauen, die eine stark bewertende Seite haben und Männer mit einer stark emotionalen Seite.

Es ist notwendig, sich an die Möglichkeit zu erinnern, einfach präsent zu sein, was auch immer passiert. Bleibe dabei, auch wenn es unbequem ist und der Verstand bewertet und reagiert. Wir haben eine Vorstellung davon, wie es sein sollte und was uns gefällt; wir bewegen uns alle von diesem Moment weg, hin zu einem hypothetisch besseren Geschäft, das hinter der nächsten Ecke wartet. Bleibe einfach präsent, egal, ob der Verstand das, was passiert für gut oder schlecht befindet. Wenn du für eine kurze Zeit präsent bleibst, gibt es die Möglichkeit, zur Stille zu finden.

Wenn du wirklich zufrieden bist, mit einem entspannten Wissen, dann bist du nicht so dramatisch oder emotional. Sich mit den Gefühlen und Wertungen zu identifizieren ist eine starke Sabotage, weil es die Energie genau dorthin schickt, wo du keine Energie hinschicken möchtest. Du möchtest deine Energie in die Stille und in das Nichts investieren. Wenn du weiter an Gefühlen und Wertungen festhalten möchtest, gut, aber dann wird dein Leben voll von Leiden sein.

Wenn du tiefer gehst, fängst du an zu erkennen, dass alle deine Handlungen durch Muster oder Strukturen in deinem Verstand motiviert sind. Du scheinst frei zu sein, du kannst überallhin dorthin in Urlaub fahren, wo du möchtest; in diesem eingeschränkten Sinn kann man sagen, du bist frei. Aber was ist damit in einem tieferen Sinn? Wenn du anfängst, genau hinzuschauen, wirst du bemerken, dass du ein Gefangener deiner eigenen Programmierungen bist. Es ist nicht immer einfach, diese Programmierungen zu sehen, weil es sich so natürlich anfühlt.

Wenn du beginnst, tiefer in dich selbst hineinzuschauen, kannst du anfangen, die Motive für einige deiner Handlungen zu erkennen. Hier ein Beispiel dafür, wie die Energie fehlgeleitet werden kann. Während alle anderen getanzt haben, saß einer unserer Bewohner immer mit geschlossenen Augen ruhig im Schneidersitz. Er sah sehr spirituell aus. Als er sein Verhalten ehrlich analysierte, wurde ihm klar, dass er Angst davor hatte, zu tanzen und dass er ein starkes Urteil hatte über andere Menschen, die tanzen. Er dachte, sie sähen lächerlich aus wenn sie tanzen, und dieses Urteil hatte er auch über sich selbst. Er wollte nicht lächerlich aussehen, wenn er tanzte, und daher hat er die Situation vermieden, indem er anscheinend meditierte.

Ich sage nicht, dass es falsch war, zu sitzen und dass es richtig wäre, zu tanzen. Es ist so oder so nicht wichtig. Was ich sage, ist: wenn du diese Strukturen beobachtest, dann kannst du nach und nach ein Gefühl dafür bekommen, dass du nicht frei bist, sondern dass du ein Gefangener deiner eigenen Programmierungen bist. Erwachen bedeutet, aus den Programmierungen zu erwachen.

Es ist sehr einfach, das Ausmaß der Persönlichkeitsstrukturen anderer Leute zu erkennen. Es ist jedoch eine völlig andere Geschichte, deine eigenen Strukturen anzuschauen, weil du dir bereits Vorstellungen über dich selbst gemacht hast. Es gibt Strukturen auch dort, wo du dir überhaupt nicht vorstellen kannst, dass da welche sein könnten. Viele davon sind so subtil, dass du sie nicht einmal als Struktur bezeichnen würdest. Vielleicht bist du bereit, zuzugeben: „In Ordnung, vielleicht kann ich einige der schwierigen und fiesen Strukturen in angenehmere und freundlichere umwandeln. Dann werden die Dinge in Ordnung sein." Es tut nicht weh, einige Dinge im Leben zu bewegen, die nicht so gut funktionieren, aber es macht keinen großen Unterschied. Du kannst genauso gut an angenehmen wie an unangenehmen Strukturen anhaften.

Mein eigenes Empfinden ist, wenn du dich tiefer damit beschäftigst und anfängst, wirklich einen Eindruck vom Ausmaß der Strukturen zu bekommen, dann kannst du dich entscheiden, komplett loszulassen. Wann immer du ein Urteil fällst – „Ich mag dies, aber jenes mag ich nicht" – ermutigst du dein falsches Selbst, damit fortzufahren, diese abgetrennte falsche Geschichte ablaufen zu lassen: „mein Leben".

Du bist eingeladen, dich vollkommen hinzugeben und einfach „ja" zu sagen. Nimm wahr, wie sich das im Inneren anfühlt. „Oh, heute regnet es. Ich nehme meinen Schirm mit." Akzeptiere alles, was ist, in jedem Augenblick deines Lebens. Nochmal, das ist extrem einfach, aber fast unmöglich umzusetzen. Du kannst dir vornehmen: „In Ordnung, ich werde nur ‚ja' sagen." Dann, zehn Minuten später, wenn jemand dich fragt: „Kannst du bitte kommen und die Toilette putzen?" – „Nein! Ich putze keine Toiletten!" Und so fängt es wieder von vorne an.

Während der letzten Tage hatte ich quälende Rückenschmerzen. Außer diesen Schmerzen, die einmal im Jahr für etwa fünf Tage kommen, habe ich nie wirklich gesundheitliche Probleme. Mir wird klar, dass außer der Intensität der Schmerzen nichts passiert. Vielleicht bin ich morgen früh tot, aber tatsächlich bin ich in diesem Moment hier. Dadurch wird mir klar, wie zerbrechlich das Leben ist und dass ich nichts mehr hinausschieben möchte. Warum die Freiheit für später aufheben?

Ein General bemerkte, dass einer seiner Soldaten sich seltsam verhielt. Der Soldat hob jedes Stück Papier auf, das er fand, runzelte die Stirn und sagte: „Das ist es nicht." Dann legte er es wieder hin.
Das ging eine Weile so weiter, bis der General den Soldaten einem psychologischen Test unterziehen ließ. Der Psychologe kam zu dem Ergebnis, dass der Soldat gestört sei und schrieb dessen Entlassungspapier aus der Armee.
Der Soldat nahm das Papier, lächelte und sagte: „Das ist es."

Warum möchtest du dein schmutziges, altes, vergammeltes Zeug mit dir mitschleppen? Du kannst aussteigen. Was ist wichtig in deinem Leben? Wenn du dies hier liest, muss Freiheit wichtig für dich sein. Also warum auf später verschieben, was du jetzt tun kannst? Tatsächlich musst du gar nichts tun. Du musst dir nur sehr klar darüber sein, was du wirklich bist und was du nicht bist.

Dein Verhalten resultiert aus vielen tief angelegten Strukturen, von denen du glaubst, dass sie absolut notwendig zum Überleben sind. Das ist nicht wahr! Es ist genau das Festhalten an diesen Strukturen, das dich von dem fernhält, was du am meisten willst: das Selbst.

Finde heraus, was sich nicht ändert. Finde heraus, was beständig ist, was immer schon da war. Es spielt keine Rolle, was wir im Außen tun. Es spielt keine Rolle, welche Gedanken wir haben. Es spielt keine Rolle, was wir fühlen oder welche Strukturen wir haben. Das, was immer da ist, ist das Bewusstsein für unsere Gefühle, für unsere Gedanken, für unser Handeln. Dieses Bewusstsein ist konstant.

Die ultimative Illusion
Liebe und Beziehung

Während ich hier sitze und schreibe, nimmt Marianne, eine Frau aus unserer Gemeinschaft, eine Auszeit von hier, um herauszufinden, was ihre Prioritäten im Leben sind. Sie ist eine wundervolle Frau, die seit drei Jahren bei uns wohnt. Alle lieben sie sehr, aber sie verstrickt sich in eine Liebesgeschichte nach der anderen.

Als ich mich auf den Weg der Selbstfindung begab, hatte ich eine wunderbare japanische Frau. Ihr Traum war es, mit mir zusammen ein kleines Haus zu haben, unsere ganzen Schatzkisten auszupacken und glücklich bis ans Lebensende zusammen zu sein. Mir gefiel das auch, aber nach ein paar Jahren „vergnügt bis an das Lebensende" sagte ich zu ihr: „Es tut mir leid, aber ich muss zurück zu meinem spirituellen Lehrer." Sie antwortete: „Nun, das finde ich etwas schwierig! Also, ich bleibe hier und du gehst zu deinem spirituellen Lehrer." Und dann trennten wir uns, ganz herzlich und in Liebe. Das war kein einfacher Moment für mich. Es gab keinen Grund, sie zu verlassen, und zwanzig Jahre später sind wir immer noch Freunde. Aber sie hatte andere Prioritäten in ihrem Leben. Ich respektierte ihre Prioritäten, sie respektierte die meinen, und der Fluss des Lebens trennte uns.

So gesehen ist die Wahrheit vollkommen kompromisslos. Natürlich kann man bezüglich seiner Prioritäten Kompromisse eingehen. Das ist immer möglich und geht ganz einfach. Ein starker Kompromiss wäre, sich für eine Liebesbeziehung zu entscheiden. Anstelle der Wahrheit entscheidest du dich, zu heiraten oder eine Liebesbeziehung zu haben.

An genau diesem Punkt wollte ich Marianne helfen, denn es sah so aus, als würde sie exakt diesen Kompromiss eingehen. Obwohl sie bereit war, sich ihre Situation anzuschauen, entschied sie sich letztendlich doch für die Liebesbeziehung und nicht für das Erwachen. Ihr Verlangen war so groß, mit einem Mann zusammen zu sein und sich eine Familie zu erschaffen. Jetzt ist sie für einen Monat weggegangen, um sich dieses Thema wirklich anzuschauen. Bevor sie ging, hatte ich noch ein Gespräch mit ihr über ihre Situation und über das Entscheidende, das sie nicht sehen konnte.

Ich hatte immer schon diesen tiefen Wunsch nach wahrem Glück und tiefer Liebe, und ich projizierte das auf die Suche nach einem Mann. Man hatte mir beigebracht: „Liebe findest du mit einem Mann." Aber ich sehe, dass das nicht stimmt, denn das Glück und die Liebe, die ich fühle, sind immer davon abhängig, ob die Beziehung funktioniert oder nicht.

Ich denke, die Ursache dafür ist das kleine Mädchen in dir, diese unbewusste Struktur in deinem Verstand, die erschaffen wurde, als du noch klein warst und in einer Familie lebtest, die vielleicht nicht so glücklich war. Dieses kleine Mädchen glaubte damals, dass sie glücklich sein könnte, wenn sie in einer „glücklichen Familie" leben würde. Kannst du das sehen?

Ja, aber es ist so schwer, zu glauben, dass ich mein Verlangen nach einer Beziehung aufgeben muss, wenn ich wirklich erwachen will.

Und jedes andere starke Verlangen auch – bis die Sehnsucht, zu erwachen deine letzte Sehnsucht ist. Ansonsten wirst du unweigerlich diesem anderen Verlangen nachgehen. Um zu erwachen, musst du einen Punkt erreichen, an dem es keine Hoffnung mehr gibt, dass die „Welt" dich glücklich machen kann. Du versuchst es mit Schokolade. Du versuchst es mit Eis. Du versuchst es mit einem Auto und einem Haus. Du versuchst es mit einer Freundin, mit einem Freund. Du versuchst es mit diesen vielen unterschiedlichen Dingen, aber du musst mit all dem Verlangen abschließen, mit diesem „Wollen" und „Haben". Was ist jetzt gerade bei dir los?

Ich weiß nicht genau. Da ist einfach so viel Schmerz. Ich sehe, dass ich mein ganzes Leben lang vor der Tatsache davon gelaufen bin, dass ich für mein eigenes Glücklichsein selbst verantwortlich bin. Ich versuche, so viele Entschuldigungen zu finden — auf verschiedene Arten, in verschiedenen Situationen und Beziehungen.

Kannst du die Möglichkeit erkennen, dass du, wenn du aufhörst, wegzurennen, mit „dir selbst" zurückbleiben wirst? Mit deinem wahren „Ich selbst"?

Ja, stimmt!

Also, obwohl es etwas furchterregend wirkt, ist es tatsächlich wunderschön. Ich brauche kein Eis mehr. Ich brauche keine roten Sportwagen mehr. Ich brauche keine Männer mehr. „Ich bin das Selbst. Ich bin genug so, wie ich bin. Ich bin ganz und vollkommen. Ich brauche nichts." Das einzige, was dich zufrieden machen kann, bist „Du selbst", dieses authentische, wirkliche „Ich selbst". Das bedeutet nicht, dass du nichts bekommst, aber ab einem bestimmten Augenblick wirst du sagen: „Nein, danke. Ich brauche das nicht." Warum solltest du etwas brauchen? Du bist ganz und vollkommen. Was fehlt denn, jetzt, in diesem Augenblick?

Nichts. Nicht wirklich. Was du sagst, trifft den Punkt so genau: es gibt keine Hoffnung.

Es gibt keine Hoffnung. Und wenn es noch Hoffnung gibt, dann wirst du einfach losgehen und dieser Hoffnung hinterher jagen. [Stille]

Ich bin geschockt!

Das ist gut.

Liebe ist ein Energiephänomen, das sich in der Brustmitte um einen Punkt herum sammelt, den wir mit dem Herzen in Verbindung bringen. Wenn sich das Energiezentrum öffnet, werden wir feststellen, dass wir für alles und jeden Liebe empfinden. Das ist bedingungslose Liebe, weil sie nicht aus dem Verstand kommt. Das ist die Liebe, die sich einfach manifestiert, einfach vor sich hin sprudelt und überfließt.

Die menschliche Tragödie besteht darin, dass das fast niemand weiß. Jeder empfindet einen Mangel an Liebe. Wir sind immer auf der Suche nach ihr, aber wir suchen immer am falschen Ort. Der irrtümliche Glaube, dass uns etwas fehlt, ist der Grund, warum die meisten von uns leiden. Wir leiden aufgrund völlig falscher Vorstellungen. Eine davon ist das grundlegende Missverständnis, dass jeder von uns eine Person ist, die versucht, mit einer anderen Person in Beziehung zu treten.

Der andere irrtümliche Glaube ist die Vorstellung, dass uns etwas fehlt. Jeder versucht, das fehlende Stück zu finden. Wer hält uns fern von unserer wahren Natur? Nur wir selbst. Wir tun uns das selbst an. Das ist sehr tragisch, aber es gibt eine sehr einfache Lösung. Unglaublich einfach. Die Lösung ist: tue nichts – denn dann gibt es nur authentische Liebe. Sie ist immer da, wie eine Quelle, die aus dem Berg sprudelt. Jegliches Handeln wird dich davon entfernen.

Beziehung zu etwas oder zu jemandem ist der Hauptgrund, der dich von der Wahrheit fern hält. Wir können das auch die ultimative Illusion nennen. Du stehst in Beziehung zu der Welt, in der du von allen Objekten, die dort draußen sind, getrennt bist. Du hast eine Beziehung mit jemandem und ziemlich schnell bist du nicht nur in deine eigene Lebensgeschichte verwickelt (wie in einem illusionären Drehbuch), sondern auch in die des anderen und natürlich ziemlich bald auch noch in „unsere" Beziehungsgeschichte.

Allein schon nur mit „meiner Geschichte" zu leben, lässt uns vollkommen verloren sein, denn wir sind davon überzeugt, dass wir eine Person sind, die von allem anderen getrennt ist. Wir versuchen verzweifelt, uns mit allem zu verbinden, weil wir die Einheit suchen, wir wollen eins sein. Wenn wir mit jemandem eine Beziehung eingehen, dann müssen wir nicht nur seine Geschichte, sondern auch noch unsere gemeinsame Beziehungsgeschichte bewältigen. Und plötzlich gibt es nicht nur eine, sondern drei Geschichten. Ich wäre bereit, meinen Kopf zu riskieren für die Behauptung, dass es nicht eine Beziehung auf der ganzen Welt gibt, die wirklich funktioniert. Das kann sie auch gar nicht, das liegt in ihrer Natur. Diese Illusion hält uns fern von unserer wahren Natur.

Wie kannst du still werden, wenn du diese ganzen Geschichten am Laufen hältst? Du glaubst, dass die andere Person dir Liebe gibt und wenn sie jemand anderen umarmt oder anlächelt, bist du eifersüchtig, denn du glaubst, dass für dich weniger Liebe da sein wird. Der Eifersucht liegt ein vollkommenes Missverständnis über Liebe zu Grunde. Romantische Liebe ist besitzergreifend. Wir werden eifersüchtig, weil „mein" Partner jemand anderen liebt.

Wenn du herausfindest, wer du bist, dann hast du zu allem eine Verbindung – aber du hast keine Beziehung; denn jetzt weißt du, dass du eins mit allem bist. Du weißt, dass du nicht getrennt bist, und deshalb stellt sich erst gar nicht die Frage einer Beziehung. Dieses ganze Beziehungsspiel ist ein Spiel von zwei Personen, die versuchen, eins zu werden. Das kann nicht funktionieren. Du kannst es mit jeder schönen Frau oder jedem schönen Mann versuchen – sogar mit dem perfekten Seelenpartner: es wird nicht funktionieren.

Die romantische Liebe aus Hollywood-Filmen und Pop-Songs ist überall zu finden, sie durchdringt die ganze Gesellschaft – die wundervolle Romanze von: „Ich liebe dich". Ich spreche nicht von dieser Liebe, sondern eher von der Liebe als energetischem Phänomen. Es ist die Liebe, die einfach im Herz-Chakra entsteht und sich über alles ergießt. Diese Liebe ist wie eine sprudelnde Bergquelle. Sie sprudelt, ganz gleich ob jemand von ihr trinkt oder nicht. Das ist bedingungslose Liebe.

Sich zu verlieben ist die ultimative Illusion, denn um sich zu verlieben, muss es jemanden geben, der sich in jemand anderen verliebt – ich und du. Und, wie wir ja wissen, wenn es „ich und du" gibt, dann bin ich mit „meinem Leben" identifiziert. Dadurch entstehen viele Dramen, Geschichten, Vorstellungen, Wünsche und Sehnsüchte. Sie sind alle Teil dieser Person.

Deine Lebensenergie ist darin gefangen, diese ganzen Geschichten zu sortieren; und wenn du Glück hast, bekommst du auch noch etwas Liebe. Wenn du kein Glück hast, wirst du unglücklich sein und leiden. Irgendwo in der Ferne – am Ende des Regenbogens – ist die Liebe, aber du kannst sie nie wirklich finden. Wie sehr du dich auch bemühst, sie scheint immer noch ein bisschen weiter weg zu sein. Die Liebe ist so schön verpackt, dass es einem leicht fällt, an sie zu glauben.

Als wir noch sehr klein waren, waren wir vollkommen abhängig von den Personen, die sich um uns gekümmert haben. Wir waren in ihren Händen, unser Überleben hing von ihnen ab. Diese Situation ließ uns Überlebensstrategien entwickeln, um die Liebe und Fürsorge zu bekommen, die wir brauchten. Diese Strategien sind in uns geblieben und fest in unserer Psyche verankert.

In vielen von uns hat sich eine Wunde entwickelt, die sich allmählich als mangelndes Selbstbewusstsein zeigt. Sie rührt von der Tatsache her, dass wir als Kind nicht in dem bestätigt wurden, was wir wirklich waren. Stattdessen wurde uns das Gefühl vermittelt, dass unser Überleben von einem bestimmten Verhalten abhing, das wir den Menschen gegenüber zeigten, die sich um uns kümmerten – normalerweise unsere Eltern. Diese Wunde zeigt sich auf unterschiedliche Weisen, aber grundlegend als Bedürftigkeit. Wir haben das Gefühl, nicht vollkommen zu sein; etwas fehlt. Und das, was wir unbedingt brauchen, nennen wir Liebe. Ich möchte geliebt werden, ich muss geliebt werden, ich suche nach einem Partner.

Also schauen wir uns außerhalb von uns um, bis wir jemandem begegnen, mit dem die Chemie stimmt. Dann gewinnen wir diese Person für uns und wir haben das Gefühl, dass er oder sie uns Liebe bringt. Vorübergehend geht es uns sehr gut, denn wir fühlen uns vollkommen. Wir haben jemanden gefunden, der uns mit der Nahrung versorgt, um unsere Wunden zu heilen.

Unglücklicherweise kann es passieren, dass sich diese Person entscheidet, zu gehen. Deshalb haben wir immer die Befürchtung, dass die Liebe vergehen könnte, die so schön unsere Wunde heilt und uns nährt. Wir entwickeln Strategien, um diese Liebe zu halten. Manche dieser Strategien kommen aus der Vergangenheit, andere sind recht neu, aber alle sind dazu gedacht, die Person und die Liebe zu halten, die wir glauben, zu brauchen.

Wir werden vereinnahmend und eifersüchtig und leben in der Angst, verlassen und abgewiesen zu werden. Diese Themen haben wir alle irgendwann einmal erlebt. Wir alle wissen, wie kraftvoll sie sind und wie sehr sie uns beeinflussen. Sie erwachsen alle aus der Angst, dass die Liebe sich entfernen könnte, die wir glauben, zu brauchen, um unsere Wunden zu heilen. Und natürlich, wenn das passiert, dann ist die Wunde wieder da. Sie war für einige Zeit geheilt, aber plötzlich ist sie wieder da – und es kann sich so anfühlen, als sei der Schmerz sogar noch größer.

Die Wahrheit ist, dass wir bereits vollkommen sind. Wenn wir wissen, wer wir sind, werden unsere Wunden vollständig heilen. Dann ist jede Art von Beziehung ein freudvolles Spiel – und nicht, weil wir glauben, versorgt werden zu müssen. Die gesamte Qualität des sich aufeinander Beziehens ändert sich.

Ein Gentleman wurde von einem Freund gefragt, wie es komme, dass er nie verheiratet war. Der Gentleman antwortete: „Nun, ich glaube, ich bin nie der richtigen Frau begegnet. Ich glaube, ich habe nach der perfekten Frau gesucht."

„Jetzt hör aber auf", sagte der Freund, „mit Sicherheit bist du mindestens einer Frau begegnet, die du heiraten wolltest."

„Ja, es gab eine. Ich denke, sie war die perfekte Frau, die einzige perfekte Frau, der ich jemals begegnet bin. Sie war in allem genau richtig. Ich meine es ernst, sie war wirklich die perfekte Frau für mich", antwortete der Gentleman.

„Und warum hast du sie nicht geheiratet?", fragte sein Freund.

Der Gentleman erwiderte: „Sie war auf der Suche nach dem perfekten Mann."

Die Erwartung und Hoffnung an den anderen, dir genügend Liebe zu geben, damit deine Wunde geheilt wird, ist wie ein Geschäftsvertrag, in dem man die wahre Liebe aufs Spiel setzt. Solange du im Glauben lebst, dass der andere dich lieben wird, kann nichts Wahrhaftiges geschehen. Es ist nichts falsch daran, einen angenehmen Partner zu haben, aber er wird dich nicht in den endgültigen Zustand des Friedens bringen.

Was tatsächlich passiert ist folgendes: Du begegnest jemandem und aus irgendwelchen Gründen schaust du diese Person an und denkst: „Oh, wow!" Und in diesem „Wow!" halten deine Gedanken an, weil dich die Begegnung wirklich berührt. In diesem Moment wirst du nicht anfangen, darüber nachzudenken, was letzte Woche passiert ist oder dass du die Telefonrechnung noch bezahlen musst. Du bist einfach da! Du bist wirklich dieses „sei einfach hier". Ohne es zu bemerken, sitzt du da wie ein Buddha, ganz leer und präsent, und dieses ganze schöne Zeugs fängt plötzlich an. Tatsächlich erlebst du deine eigene Liebe, denn deine Gedanken haben angehalten und du wirst einfach zu deiner eigenen Präsenz.

Dann machst du den Fehler, zu denken, dass diese Liebe etwas mit der anderen Person zu tun hat. Sie sitzt auf der anderen Seite des Tisches und wenn sie dasselbe „Wow!" fühlt, kann es dazu führen, dass ihr den Rest eures Lebens gemeinsam verbringt. Das ist in Ordnung, aber in Wirklichkeit ist das wegen dieses „Wow!" geschehen. Es geschah, weil dein Verstand angehalten hat.

Diese Liebesbeziehungen enden fast immer in viel Schmerz und wenn wir genug von diesem Schmerz erlebt haben, wenn die Dinge völlig hoffnungslos geworden sind, dann sind wir vielleicht bereit, nach innen zu schauen. Sobald du beginnst, nach innen zu schauen, kannst du herausfinden, dass du nicht „jemand" bist, dass dies eine falsche Vorstellung ist und der eigentliche Grund für alle Schmerzen. Das ist ein sehr entscheidender Moment. Du bist nicht länger daran interessiert, dich auf ein Außen zu beziehen, weil du an der Beziehung nach innen interessiert bist.

Unser ganzer Fokus bewegt sich in eine andere Richtung. Anstatt nach jemandem im Außen zu suchen, der dir die Liebe – die fehlt

– bringen soll, kannst du nach innen schauen und herausfinden, dass du Liebe bist und dass nichts fehlt; dass du in der Tat ganz und vollkommen bist und dass du nichts „bekommen" musst. Dann kannst du dich entspannen.

Alles verändert sich. Es gibt nur Liebe, jede Menge Liebe, und sie ist für alle da, nicht nur für diejenigen, die dieselben Vorstellungen haben oder für besondere Freunde, die ein Papier unterschrieben haben. Diese Liebe ist bedingungslos und hat keine Grenzen. Sie hängt nicht davon ab, was der andere tut. Sie ist kein Geschäft, sie ist nicht besitzergreifend. Sie ist ein überwältigender Fluss.

Gehe eine Beziehung zu dir selbst ein. Aus dieser Beziehung heraus werden alle anderen Beziehungen erwachsen und plötzlich funktioniert es zum ersten Mal. Besitzansprüche und Eifersucht sind einfach nicht mehr da, weil die Angst, verstoßen zu werden, nicht mehr da ist. Du kannst akzeptieren, dass die Person da ist, du kannst akzeptieren, dass die Person geht. Es ist nicht mehr so eine große Sache, weil du dich selbst als vollständig erlebst. Das ist der Unterschied und das ist es, was es funktionieren lässt.

Authentische Liebe ist selten, weil du zunächst aus der Illusion aufwachen musst, dass du jemand mit einer Geschichte bist, durch die Welt der „Ichs" schaust und dich beziehst. Wenn du aus dieser Illusion erwachst, dann bist du bereit für authentische Liebe. Du musst nichts tun. Du bist authentische Liebe. Die Frage des Verliebens existiert nicht mehr, Liebe ist einfach da, sie geschieht einfach.

Dies habe ich versucht, Marianne im Laufe der Jahre zu erklären und sie ermutigt, sich ihre eigenen Erfahrungen tief anzuschauen.

———

Ich kann sehen, dass es sich alles auf den Wunsch nach Liebe und Freiheit und Frieden zurückführen lässt.

Aber die Liebe und der Frieden kommen nicht von jemand anderen. Es ist deine Natur! Liebe, Zufriedenheit und Frieden sind deine wahre Natur.

Ja, das habe ich verstanden. Ich hab's gehört, okay?

Ja, aber du hast es nicht nur gehört, Marianne, du hast es sogar erlebt. Erinnerst du dich an diesen Sonntagmorgen?

Ja, sicher.

Was geschah zuerst?

Was geschah?

Komm schon! Du bist aufgestanden und bist zur Meditation gekommen. Es war wie jeder Sonntagmorgen, aber etwas ist geschehen, stimmt's?

Ja. Es war wie eine große Öffnung. Es war, als ob ich tief, ganz tief in mich hinein fallen würde.

Was hast du dort gefunden?

Ganz viel Freude! Und Zufriedenheit!

Zufriedenheit?!

Ja!

So, du hast keine Bottiche mit brennendem Öl und Drachen und Teufel gefunden?

Nein. ich war erstaunt, dass dort solch eine Schönheit war und so viel Frieden.

Sag das noch einmal! Siehst du, dies warst du, Marianne! Es kam nicht von deinem Freund zu dir, dem perfekten Mann für dich. Es kam von niemandem, noch nicht einmal von Premananda. Es kam von dir! Vergiss das nicht! Das bist du!

Es ist interessant, zu sehen, wie stark die gesellschaftliche Konditionierung in Bezug auf die glückliche Familie ist. Sogar nachdem Marianne mehrere Male einen starken Geschmack von der Freude, die in ihr sprudelt, bekommen hatte, ist sie immer noch entschlossen in ihrem Versuch, Glück durch das Streben nach einem perfekten Mann zu finden.

Sie kommt aus einer Familie, in der sie und ihre Schwester regelmäßig vom Vater missbraucht wurden und ihre Mutter nicht eingriff. Mariannes eigene Beziehungen haben alle nicht funktioniert und sie muss sich nun um zwei Kinder kümmern. Und dennoch hat sie immer noch die Fantasie, dass die glückliche Familie die Antwort auf all ihre Fragen ist.

Leben im Lala-Land
Auswirkungen von Traumata

Wenn ich mit mir alleine bin, ist da nichts als Präsenz und es gibt nichts, was mich von dieser Präsenz wegbringen kann. Wenn ich mit den Menschen aus unserer Gemeinschaft zusammen arbeite, scheinen sie auch oft präsent zu sein, aber wenn ich ihre Erfahrung ein bisschen gründlicher untersuche, stelle ich fest, dass sie irgendwo anders sind; ihr Autopilot ist eingeschaltet, sie sind nicht anwesend und haben kein Bewusstsein davon, dass sie nicht präsent sind.

Neulich kam ich nach einem Ausflug nach Hause und an der Eingangstür begrüßte mich eine Pflanze mit braunen Blättern. Es ist die gleiche Eingangstür, die von allen unseren Pensionsgästen und anderen Besuchern des Open Sky Houses genutzt wird. Ich ging zu Carol, deren Verantwortungsbereich es ist, sich um das Wohl des Hauses zu kümmern, und ihre Antwort war, dass es ihr bisher nicht aufgefallen sei. Ich konnte nicht anders, ich war geschockt. War es doch eindeutig, dass sie einfach nicht präsent war!

Einen Tag nach meinem erregten Gespräch mit ihr schrieb mir Carol eine Email und erklärte mir, wie es ihr gehe. Ich las die Email im Satsang vor und meine Antwort galt nicht nur ihr, sondern jedem, der zuhörte.

Ich stelle fest, dass ich hier durch das Haus laufe und mich im Lala-Land befinde. Ich erinnere mich, dass du es einmal so genannt hast, aber ich weiß nicht, was mit mir los ist, wenn ich dort bin. Ich kann meine Umgebung wahrnehmen und ich spüre, dass ich ein paar Gedanken habe, aber es fühlt sich so an, als sei mein ganzes Wesen vollkommen

abwesend. Etwas in mir möchte nicht präsent sein, und das Ganze ist
unterlegt von einem Gefühl körperlichen Unwohlseins, von Kummer
und von Schmerz. Ich fühle mich blockiert und frustriert, aber ich weiß
nicht, wie ich da heraus kommen kann.

Ich habe angefangen, zu meditieren, um bewusster zu werden.
Ich weiß, was Geduld bedeutet, denn einige Sachen haben sich sehr
verändert, seit ich meditiere. Aber dieser schläfrige Zustand von Lala-
Land ist immer noch sehr stark in meinem Leben und ich kann nicht
wirklich sehen, was ihn auslöst.

Manchmal nehme ich wahr, wenn er mich überkommt, aber dann
werde ich nur wütend, weil ich erwarte, dass er weggeht, wenn ich ihn
sehe. Aber das tut er nicht. Deshalb fühlt es sich so an, als würde ich
„permanent leiden" – was natürlich frustrierend ist. Darüber hinaus
hasse ich es, dass ich nicht da bin für mein Leben, das gerade geschieht.
Stattdessen stecke ich in einer Traumwelt fest und versuche, mich zu
schützen, ich weiß nicht, vor was. Kannst du etwas darüber sagen,
was im Lala-Land passiert, über diese Grundhaltung, die ich oft im
Leben einnehme? Und kannst du mir auch sagen, wie ich wieder heraus
kommen kann?

Was ich mit Lala-Land meine, ist ein dauerhafter Zustand, in dem
du nicht präsent bist, deine Aufmerksamkeit und dein Fokus sind
irgendwo anders. Es ist ein Ort, an dem du nicht fühlen musst, was
auch immer du nicht fühlen willst. Du verlässt einfach den Körper.
Wenn ich mich heute Abend hier umschaue, dann sieht es so aus, als
wärt ihr alle hier. Manche von euch haben die Augen geschlossen,
aber ich nehme an, dass ihr zuhört. Die meisten von euch haben die
Augen geöffnet und es scheint, als wärt ihr aufmerksam dabei. Wäre
dies ein öffentlicher Satsang in einer Stadt, in der ich noch nie war,
dann würde ich in keiner Weise an Lala-Land denken. Ich würde
euch alle für sehr bewusst und präsent halten, in dem Glauben, dass
ihr genau hört, was ich sage – aber hier ist das nicht der Fall; und
eigentlich auch bei keinem sonstigen Satsang.

Ich frage mich, wie viele von euch gerade wirklich hier sind.
Wahrscheinlich ist die Hälfte von euch irgendwo anders. Ich habe

Jahre gebraucht, um das herauszufinden. Und natürlich ist es für mich als Lehrer nicht etwas, was ich herausfinden möchte, denn ich wünsche mir, dass ihr alle vorne auf eurer Stuhlkante sitzt und jedes Wort aufnehmt, das gesagt wird! Aber allmählich, über die Jahre als Lehrer, habe ich herausgefunden, dass das Lala-Land ein ziemlich weitverbreiteter Zustand ist. Manche Menschen haben ihn mehr und manche weniger.

Wenn du diesen Zustand gar nicht hättest, dann würdest du ganz spontan, von Augenblick zu Augenblick leben – du würdest da sein für dein Leben. Wenn du ganz ehrlich bist, ist dir sicherlich schon aufgefallen, dass du oft nicht präsent bist. Tatsächlich ist es sehr, sehr schwer, einfach nur hier zu sein. Es ist wahrscheinlich eine der größten Herausforderungen für einen Menschen.

Wir denken: „Natürlich höre ich zu! Natürlich habe ich gehört, was er gesagt hat! Natürlich, ich war doch im gleichen Raum!" Wir glauben, dass wir immer da sind für unser Leben. Aber ist das wirklich wahr? Würde ich euch richtig schocken wollen, dann würde ich sagen, dass wir fast nie präsent sind.

Ich denke, dass es zwei Hauptgründe gibt, warum wir nicht präsent sind. Der erste ist der subtilere und für viele ist es vielleicht schwer, ihn zu verstehen. Grundlsetzlich sind wir vollkommen davon überzeugt, dass wir ein getrennter „Jemand" sind, ein Schauspieler auf der Bühne des Lebens. Wir glauben an diese falsche Vorstellung der Trennung, an dieses falsche, illusionäre Selbst. Wenn wir aus diesem Wesen heraus agieren, sind wir nicht sehr präsent. Wir glauben vielleicht, dass wir präsent sind, aber wir sind es nicht wirklich. Die meiste Zeit verbringen wir in einer Art normalem „Nicht-hier-sein", weil wir völlig in unserer Illusion gefangen sind.

Ein Beispiel: Du wachst morgens auf und der denkende Verstand erwacht. Du fängst an, ihm zuzuhören. Der bevorstehende Tag entfaltet sich in deinem Kopf: die Sorgen, die Zweifel, das Positive, das Negative, die Fragen und ihre möglichen Antworten, Lösungen und Pläne. Es ist endlos – und lässt keinen Raum, um einfach präsent zu sein. Der ganze Tag kann damit verbracht werden, den Bewegungen des Verstandes zu folgen – bei minimaler Präsenz.

Bevor du es bemerkst, bist du bereits aufgestanden, gewaschen, hast gefrühstückt und fährst mit 120 Stundenkilometern auf der Autobahn entlang. Das Leben verläuft vollautomatisch und es fehlt an Spontanität und an Präsenz.

Erst, seitdem ich in der Community lebe und einige der Bewohner über mehrere Jahre beobachten konnte, habe ich den zweiten Grund des Lala-Land-Besuches entdeckt. Hier ein Beispiel:

Kürzlich gab ich Sarah, einer unserer neueren Bewohnerinnen, eine Aufgabe. Es brauchte Engagement, Zeit, Ausdauer und Energie, um sie zu Ende zu führen. Während der Durchführung hatte sie immer wieder Wutanfälle und absurde Selbsturteile, und sie stürmte aus dem Büro, auch wenn eigentlich nichts vorgefallen war. Die Schuld lag für sie immer im Verhalten der Anderen oder an der schwierigen Aufgabe an sich. Es erschien unmöglich, mit ihr darüber zu sprechen und sie darin zu begleiten, zu erkennen, warum sie so stark reagierte. Sie konnte einfach nicht hören, dass in ihrem Inneren wahrscheinlich etwas vor sich ging. Etwas, worüber sie sich selbst nicht bewusst war, etwas aus der Vergangenheit, das sie nicht sehen wollte.

Als ich sie fragte, warum ihre Aufgabe keinen Fortschritt mache, bekam sie einen Wutanfall und fing an, sich absolut zu verteidigen und feuerte jedes Mal, wenn man ihr etwas zeigen wollte, Erklärungen zurück. Wir saßen mit der gesamten Community zusammen, als ich versuchte, ihr zu erklären, was vor sich ging.

Für dich ist es sehr schwer, einfach nur hier zu sein. Ich kenne deine Geschichte nicht genau, aber ich glaube, als du etwa drei Jahre alt warst, sind deine Eltern bei einem Unfall plötzlich ums Leben gekommen.

Vier Jahre alt.

Für ein kleines vierjähriges Mädchen muss das ein sehr großes Trauma gewesen sein. Ich habe das Gefühl, dass es in dir immer noch irgendwie vibriert, und es hält dich davon ab, fokussiert sein zu können, präsent sein zu können und tiefer in die Dinge hineingehen zu können. Es war sehr stark.

Ja, das war es. Natürlich!

Es muss ein großer Schock für dein sehr kleines Energiefeld gewesen sein und auch sehr schmerzhaft. Warst du die Jüngste in dieser sehr großen Familie?

Ja, da waren noch viele andere Brüder und Schwestern um mich herum.

Du hast ein unglaubliches Trauma erlitten! Mein Gefühl ist, dass du da hinein schauen musst, um dir zu ermöglichen, damit zurecht zu kommen und dein Leben auf eine reifere Art zu leben.

Ich habe nicht das Gefühl, dass es ein großes Thema für mich ist. Meistens habe ich das Gefühl, dass ich glücklich bin.

Vielleicht bist du glücklich, aber du bist nicht hier. Du bist glücklich, aber du bist weg und leider bist du dir nicht wirklich deiner selbst bewusst. Obwohl du diesen Ort hier sehr liebst, hörst du doch nie auf das, was wir versuchen dir zu zeigen.

Ich kann nicht.

Wir versuchen, dir hilfreiche Informationen zu geben, die sehr wichtig für dich sein könnten. Für die Leute hier ist es unmöglich, mit dir im Büro zusammen zu arbeiten, weil du nicht hörst, was sie sagen. Letztendlich geben sie einfach auf. Du hast diese unglaublich arrogante Haltung, dass du weißt, aber sie nicht.

Wenn ich vollkommen darin verstrickt bin und es nicht sehen kann, wie kann ich dann daraus ausbrechen?

Der erste Schritt wäre, deine Arroganz aufzugeben, dass du alles weißt und viel demütiger zu sein. Du würdest mit der Zeit Rückmeldungen bekommen, die du nutzen könntest, um zu verstehen, was mit dir los ist. Dann könnten sich vielleicht Dinge verändern. Seit Monaten ist die Erfahrung der meisten hier, dass sie nichts in deinen Briefkasten bekommen, wenn sie versuchen, mit dir in Kontakt zu gehen. Und schließlich wollen sie dir keine Briefe mehr schicken, weil du im Lala-Land bist. Du bist nicht wirklich hier.

Das ist keine Kritik an dir als Person. Es geht nur darum, wie du funktionierst oder nicht funktionierst. Bevor ich in der Community lebte, wusste ich eigentlich kaum etwas über Traumata. Jetzt sehe ich, dass es viele Menschen gibt, die einen schweren Schock erlitten haben, als sie klein waren. Es war so schmerzhaft, dass die einzige Möglichkeit, wie ein kleines Wesen damit umgehen konnte, die war, den Körper zu verlassen. Das Ergebnis ist, dass man als Erwachsener nur sehr schwer präsent sein kann.

In deinem Fall ist die Botschaft, die ausgesendet wird, so etwas wie: „Lass mich in Ruhe, lass mich in Ruhe, lass mich in Ruhe!" Das ist die Reaktion auf den Schmerz, den du erlitten hast, als du vier Jahre alt warst. Aber die Botschaft bleibt, obwohl du jetzt viel älter bist.

Ja, ich kann dieses Gefühl erkennen! „Lass mich in Ruhe, es ist zu schmerzhaft. Ich will das nicht – geh weg!"

Das war wahrscheinlich die einzige Strategie, die dir zur Verfügung stand, als du vier Jahre alt warst. Aber jetzt ist es keine gute Strategie mehr. Wenn sie weiter angewandt wird, dann könnte es sein, dass du dein Leben ziemlich einsam verbringst – was du wahrscheinlich nicht möchtest.

Aber warum war es so schmerzhaft, wenn Menschen mir nahe waren? Ich gab ihnen die Botschaft, „Lass mich in Ruhe, es ist zu schmerzhaft." Warum?

„Lass mich in Ruhe!" war nicht wirklich an die Menschen gerichtet, die um dich herum waren – es war an dich selbst gerichtet. Der Schmerz war für dein kleines System zu viel, und um dem Schmerz zu entgehen, hast du deinen Körper verlassen.

Jetzt bist du 35 Jahre alt und verlässt immer noch deinen Körper, um dem Schmerz zu entgehen. Das passiert in Situationen, in denen du dich nicht mehr wirklich verstecken kannst.

Ja, ich fange an zu erkennen, was geschieht. Aber wie komme ich da raus?

Deine Reaktion damals ist vollkommen verständlich und es richtet sich nichts gegen dich persönlich. Aber bevor du es nicht sehen und akzeptieren kannst, gibt es keine Chance auf Heilung. Der erste Schritt ist, dir über dich selbst bewusst zu werden. Du kannst nicht von etwas frei werden, von dem du noch nicht einmal weißt, dass es existiert.

* ⸺ *

Wir sehen uns selbst als den Körper und als den Verstand. Aber das ist kein wirkliches Verständnis über die menschliche Lebensform. Man könnte das Gebilde „Körper-Geist" als ein Transportmittel ansehen, etwa so wie ein Auto, in das „du" einsteigst und fährst. Es ist, als wären wir „in" unserem Körper. Es gibt eine sehr enge Beziehung zwischen dem Körper und „mir", aber ich bin nicht der Körper.

Wenn wir klein sind, ist es sehr unwahrscheinlich, dass wir uns dessen bewusst sind. Wenn wir erwachsen sind, ist der gleiche emotionale oder körperliche Übergriff nicht wirklich ein Problem. Bis zu einem gewissen Grad kommen wir damit zurecht. Aber wenn wir sehr klein sind, können wir den Schmerz eines Übergriffs oder eines tragischen Vorfalls nicht ertragen. Wir können das, was passiert, nicht verkraften. So kommt es automatisch zu einer Übersteuerung, die uns mitreißt – wir verlassen den Körper.

Da wir diesen Mechanismus noch als Erwachsener mit uns herumtragen, kann etwas Dramatisches oder Schmerzhaftes ein Auslöser dafür sein, uns wieder an das Trauma zu erinnern und unseren Körper zu verlassen. Bereits weniger dramatische Dinge, wie zu viele Emails in deinem Posteingang, können bewirken, dass du ins Lala-Land fliehst, zu dem Ort, an dem du das nicht fühlen musst, was auch immer du nicht fühlen willst. Es ist möglich, den ganzen Tag im Lala-Land zu verbringen, ohne dass jemand um dich herum wirklich merkt, dass du nicht präsent bist. Erst, wenn man engeren Kontakt zu dir hat und von dir keine entsprechende Antwort erhält, fragt man sich, was los ist.

Beinahe jeder hat irgendein Trauma. Manchen Leuten hier in der Community war es möglich, das bis zum Augenblick des traumatischen Geschehens zurückzuverfolgen. Vielleicht nicht immer in vollem Bewusstsein und mit ganzer Aufmerksamkeit, aber es gab eine Art energetisches Wiedererkennen einer Situation, die stattfand, als sie selbst noch sehr klein waren.

Wenn du so eine Arbeit machen möchtest, solltest du von jemandem begleitet werden, der darin ausgebildet ist. Der natürliche Mechanismus unserer Psyche ist es, das Trauma zu verdrängen. Du möchtest dort nicht hin, also legst du eine undurchlässige Betonschicht auf deine Psyche. Du kannst dich einfach nicht mehr daran erinnern.

Es ist nicht etwas, was wir wirklich akzeptieren wollen. Wir haben eine starke Konditionierung, die lautet: „Mir geht's gut! Ich bin in Ordnung!" Wir wollen nicht wirklich so tief schauen. Wenn es immer wiederkehrende Situationen gibt, die du sehr unangenehm findest, dann wäre das meiner Ansicht nach der richtige Augenblick, um das Lala-Land zumindest im Auge zu behalten. Etwas fühlt sich unangenehm an und „Wuschhhhh!" – bist du weg!

Der siebzigjährige Georg geht zu seiner alljährlichen Untersuchung. Alle seine Testergebnisse sind normal. Dr. Schmidt sagt: „Georg, körperlich sieht alles wunderbar aus. Wie geht es dir denn geistig und emotional? Bist du mit dir selbst im Reinen? Hast du eine gute Verbindung zu Gott?"
Georg antwortet: „Gott und ich sind uns ganz nah. Er weiß, dass ich schlecht sehe, und so hat er es für mich gelöst: Wenn ich mitten in der Nacht aufstehen muss, um zur Toilette zu gehen, dann, Peng!, geht das Licht an, wenn ich pinkeln muss, und, Peng!, geht das Licht wieder aus, wenn ich fertig bin."
„Wow", antwortet Dr. Schmidt, „das ist ja unglaublich!"
Etwas später ruft Dr. Schmidt Georgs Frau an. „Anneliese", sagt er, „Georg geht es einfach gut! Körperlich ist alles super. Aber ich musste dich anrufen, weil ich seine Beziehung zu Gott wirklich bewundere. Stimmt es, dass er nachts aufsteht und, Peng!, geht das Licht im Badezimmer an, und, Peng!, geht es wieder aus?"
Anneliese entrüstet sich: „Dieser alte Trottel! Pinkelt er also wieder in den Kühlschrank!"

Wenn du erwachen willst, dann sind diese Traumata kein Grund der Hinderung. Du kannst trotzdem erwachen. Du kannst jetzt gleich erwachen, das dauert nur einen Augenblick. Aber wenn du dieses Erwachen leben möchtest, wenn du in Freiheit leben möchtest, dann wirst du sie dir anschauen müssen. Es ist möglich, dass nach einem Erwachen ein altes Trauma ausgelöst wird und sich alles wieder verschließt. Wenn du also in Freiheit leben möchtest, dann musst du dir diese Sache im Inneren anschauen.

Ich erinnere mich, dass ich nach zehn Jahren sogenannter spiritueller Arbeit, überwiegend Meditation, erkannte, dass ich in mir die Struktur hatte, Angst vor dem Leben zu haben. Ich konnte das nicht wirklich nachvollziehen, denn in meiner Erinnerung habe ich meine Eltern eigentlich gemocht und alles schien ganz gut. Dann erkannte ich, welches Gewicht es hatte, 1944 geboren worden zu sein, am Ende des zweiten Weltkrieges.

Als ich geboren wurde, lebte ich mit meiner Mutter. Mein Vater war Arzt. Er war nicht zu Hause, weil er im Krieg zu tun hatte. Ich bin mir ziemlich sicher, dass meine Mutter in dieser Situation oft große Angst hatte, als ich noch sehr klein war. Sie hatte ihren ersten Ehemann drei oder vier Jahre zuvor verloren, als sie noch sehr jung war. In ihrer Schwangerschaft und auch in den ersten ein, zwei Jahren meines Lebens hatte sie bestimmt manchmal große Angst. Angst war auch ein Teil des kollektiven Bewusstseins und wurde durch das Radio und die Zeitungen verbreitet.

Allmählich bekam ich ein Gefühl dafür, dass die Angst, die ich in bestimmten Situationen spürte, alte Erinnerungen über Geschehnisse auslöste, als ich sehr klein war. In manchen Situationen kann ich mich unsicher fühlen, aber der Unterschied von jetzt zu – sagen wir mal – vor dreißig Jahren ist, dass ich mir darüber jetzt bewusst bin. Obwohl es mich manchmal noch erwischt, kann ich es doch recht schnell erkennen.

Der erste Schritt besteht darin, es selbst zu untersuchen und herauszufinden. Wenn du das Trauma erst einmal entblößt hast, kann ein natürlicher Heilungsprozess stattfinden. Bewusstsein bringt Heilung, aber um wirklich da heraus zu kommen, musst du erwachen. Sobald du erwacht bist, gibt es keine Anhaftung mehr an das getrennte Ich. Wenn es keine Anhaftung mehr an ein getrenntes Ich gibt, dann gibt es auch nichts in der Psyche, von dem aus du sagen könntest: „Ich bin traumatisiert", und es gibt niemanden mehr, der unbewusst ins Lala-Land rutschen könnte. Es mag vielleicht ein Trauma geben, aber es ist nichts, an das ich mehr angehaftet bin. Ich bin einfach gegenwärtig.

Kapitel 6

Sich erinnern und präsent bleiben

Das, was wahrhaftig ist,
entdeckt man am ehesten,
wenn man still ist.
Einfach durch Stillsein
sinken wir nach innen.
Überwältigender Friede,
Einssein und inneres Genährtsein.
Und dann ist es da:
Der leere Raum, das Selbst, Gott, Bewusstheit.
Wir sind nicht getrennt davon. Sei einfach still.
Und schon bist du dort.

Kapitel 6
Sich erinnern und präsent bleiben

Auch wenn der Verstand recht still und das Herz offen ist, stellen wir trotzdem fest, dass es nicht so leicht ist, präsent zu sein. Der Schlüssel zur Präsenz ist einfach still zu sein und herauszufinden, was hinter dem Verstand liegt, was deine wahre Natur ist. Dazu braucht es einen starken Fokus und die Entscheidung, innezuhalten und die alten Gedanken nicht mehr anzurühren. Aber in erster Linie sollten wir Selbsterforschung praktizieren und beständig dieses „Ich" hinterfragen, auf das wir uns im Alltag immer beziehen. Die Selbsterforschung ist eine kraftvolle Hilfe, denn sie hinterfragt den Ursprung der falschen Identifikation, des Ichs.

Kritzeleien wegwischen
Wer bin ich? Der Wert der Selbsterforschung

Wir haben einen kleinen Jungen in der Community, der hier vor sechs Jahren geboren wurde und nun scherzhaft „Chef" genannt wird. Er ist voller Leben und Unschuld, wirklich ein Segen für alle. Vor kurzem war er in meinem Zimmer und zeigte mir ein neues Spielzeug. Es war eine flache Tafel mit zwei Knöpfen, die man drehen konnte, um darauf Linien und Formen zu zeichnen. Das Beste war, dass er mich aufforderte, meine gerade erstellte Zeichnung wieder auszuradieren. Es gab einen Schieber, den man über die magische Zeichentafel zog, und der löschte alles aus, was man gerade eben erst erschaffen hatte. In diesem Augenblick erkannte ich schlagartig, dass Selbsterforschung diesem Prozess des Ausradierens ganz wunderbar ähnelt. Während diese Zaubertafel die kleinen unordentlichen Kritzeleien, die wir machen, ausradiert und eine leere Seite hinterlässt, radiert Ramana Maharshis Selbsterforschung all unsere wirren kleinen Geschichten aus und führt den Verstand zurück an seine Quelle.

Ramana Maharshi (1879 bis 1950) ist zu einem der berühmtesten indischen Heiligen des 20. Jahrhunderts geworden. Er verbrachte fast sein ganzes Leben am Arunachala, einem heiligen Berg südlich von Chennai, an den er sich nach seinem spontanen Erwachen 1896 im Alter von sechzehn Jahren zurückgezogen hatte. Er erlangte Berühmtheit dank seiner einfachen, hingebungsvollen Lebensform und seiner Wiedereinführung der alten Menschheitsfrage: „Wer bin ich?"

Selbsterforschung heißt, den Verstand stets im Selbst fixiert zu halten.

Ramana Maharshi

Was meint Ramana damit? Er meint, dass du dein Bewusstsein ständig auf deine innere Erfahrung gerichtet hältst. Wenn du das tust, wirst du dir allmählich deiner Gedanken, deiner Reaktionen, deiner Verhaltensmuster und Denkstrukturen bewusst. Insbesondere wirst du sehen, von wo deine Gedanken aufsteigen, und du wirst beginnen, die Ego-Strukturen zu verstehen; du beginnst, deinen „Film" wahrzunehmen. Ramana sagt, wenn du fähig bist, hinter den Verstand zur Quelle des Verstandes zu gehen, dann kannst du dein Leben von dieser Quelle – und nicht vom Verstand – aus leben. Das wird dein Leben verwandeln.

Wenn in der Community ein Bewohner besonders tief in einer alten Geschichte steckt und keinen Weg finden kann, klar zu erkennen, was geschieht, dann erinnere ich immer daran, mit der Selbsterforschung fortzufahren.

Nach dem Spiel mit dem magischen Zeichenbrett aß ich mit einer Bewohnerin zu Mittag. Wir saßen in unserem Innenhof an einem ruhigen Platz neben dem kleinen Teich, an dem uns nur das einfache Geräusch plätschernden Wassers und hie und da ein Windhauch stören konnte. Diese Bewohnerin hatte bereits ein Verständnis für die Grundlagen der Selbsterforschung. Kürzlich war sie durch diese Erforschung, durch diese einfache Erinnerung, an einen sehr schönen Ort gelangt. Sie war zur Leere gekommen – zu ihrer wahren Natur. Allerdings hatte sie eine sehr intensive Zeit, das löste ein altes Drama aus und zog sie zurück in den Sumpf, dem sie gerade mithilfe der Selbsterforschung entkommen war.

• ———— •

Ich hatte die Erfahrung, in reines Bewusstsein einzutauchen, einfach nur zu sein. Aber jetzt sehe ich, wie ich wieder völlig dort feststecke, wo ich vorher schon feststeckte. Was ist das? Was ist Bewusstsein?

Grundlegend ist dieses Bewusstsein immer präsent, es ändert sich nie. Der Körper kommt, der Körper geht. Wenn du dich mit dem Körper identifizierst, dann bist „du" es, der kommt und geht. Wenn du dich nicht mit dem Körper identifizierst und auf einer eher absoluten Ebene verstehst, dann kommt niemand und niemand geht. Zum Beispiel sehe ich mich nicht als „Ich", und ich habe kein Interesse daran, wohin ich gehe oder ob ich gehe. Bewusstsein ist. Dieses „Zeugs", Bewusstsein, das ist die Quelle des Lebens. Alles um uns herum kommt aus der Quelle. Wir sind nicht getrennt von ihr.

Aber immer noch kannst du Gefühle erleben!

Ja, ich werde wütend, aber ich leide nicht. Ich erlebe genau die gleichen Dinge, die jeder erlebt. Trauer oder Frustration zum Beispiel; aber da ist niemand, der traurig ist und niemand, der frustriert ist.

Es scheint, dass man etwas ist, was die Emotion erlebt. Also ist man hier und erlebt die Emotion, aber wer ist man? Ich kann diese Frage „Wer bin ich?" immer noch nicht beantworten. Trotzdem bin ich hier und erlebe etwas.

Ja. Das ist eine sehr gute Beobachtung. Jetzt kannst du tiefer gehen und dich fragen, wer das denn erlebt.

Ich denke, das ist ein großer Schritt. Da ist ein langer Weg zu gehen.

Nein, da ist kein langer Weg zu gehen. Es ist ein sehr kurzer Weg, fast keine Entfernung. Es ist nur ein Trick des Verstandes, der es wie einen langen Weg erscheinen lässt.

Der Verstand ist auch ein Teil des Lebens, Teil desjenigen, der erlebt.

Nun, das denkst du. Du glaubst, du bist eine getrennte Person, „Ich", aber ist das wirklich wahr?

Dieses „Ich" kann meine eigenen Gedanken erleben oder sehen.

Naja, sind es „deine" Gedanken? Oder sind es einfach Gedanken?

Es sind einfach Gedanken, aber es gibt jemanden, der sie denkt. Es ist, als beobachte ich sie, ohne mich mit ihnen zu verwickeln.

Okay. Also du sitzt hier, hörst den Klang des Wassers vom Teich und beobachtest dich. Dann könntest du fragen: „Wer hört?" Das kannst du mit allem machen, was geschieht: „Wer fährt Fahrrad? Wer sitzt vor dem Computer? Wer trifft einen Freund?"

Ich glaube, wenn ich mir weiter diese Fragen stellen würde, gäbe es überhaupt keine Worte mehr.

Das wäre wunderbar, oder? Dann würdest du zu dem Schluss kommen, dass niemand zu Mittag isst. Niemand Fahrrad fährt. Niemand einen Freund trifft. Weil du entdecken würdest, dass es kein „Ich" gibt. Dieser Niemand ist Bewusstsein.

Wenn das „Ich" verschwindet, dann verschwinden auch alle Konzepte.

Zweifellos verschwinden alle Konzepte. Ich schlage vor, dass du dich dafür entscheidest, dieses „Ich" den ganzen Tag lang zu untersuchen – bei der Arbeit oder wenn du mit Menschen redest, fragst du dich: „Wer spricht jetzt?" Wenn du wütend wirst, frage: „Wer ist wütend?" Unaufhörlich, von früh bis spät überprüfst du dies für dich selbst. Du tust es für dich und schaust einfach, was passiert.

———

Die meiste Zeit sind wir uns dessen, was tatsächlich geschieht, nicht bewusst, sondern beschäftigen uns mit Filmen und Geschichten, die in unserem Kopf ablaufen. Das wahrzunehmen, schafft eine Öffnung, und man beginnt zu sehen, dass sich all diese Storys auf die fundamentale Geschichte des „Ich" reduzieren. Denn dieses „Ich", mein Leben, meine Geschichte, ich selbst, ist der Knackpunkt dafür, wie alles funktioniert.

Wenn du in deinem Leben Frieden und Glück finden willst, wenn du erwachen willst, erleuchtet werden willst in diesem Leben, dann wirst du zwangsläufig mit der Frage des „Ich" konfrontiert werden. Wir glauben an dieses falsche „Ich". Wir glauben, dass wir diese Überzeugungen und Begierden sind, dieses ganze Paket, das wir „mein Leben" nennen. Es ist diese falsche Identifikation – die Vorstellung eines separaten „Jemand", eines getrennten „Ich" – die ein Leben im erwachten Zustand verhindert, und die ich in diesem Buch als „das große Missverständnis" bezeichne.

Die Wahrheit ist, dass wir bereits erleuchtet sind. Wir waren immer erleuchtet, und das wird nicht beeinflusst von irgendeiner Vorstellung davon, wer wir sind. Es gibt nichts zu bekommen, aber bei den meisten von uns liegt dicker Staub auf diesem Diamanten und er leuchtet nicht. Meistens schauen wir auch in die falsche Richtung. Wir richten unsere Aufmerksamkeit lieber auf die scheinbare Welt da draußen, als auf unsere tatsächliche Erfahrung.

Ein Buddhist ruft im Kloster an und fragt den Mönch: „Kannst du vorbei kommen und mein neues Haus segnen?"
Der Mönch antwortet: „Tut mir leid, ich habe zu tun."
„Was machst du? Kann ich dir helfen?"
„Ich tue nichts", antwortet der Mönch. „Nichts tun ist für einen Mönch die wichtigste Beschäftigung. Dabei kannst du mir nicht helfen."
Am nächsten Tag ruft der Buddhist wieder an: „Kannst du vorbei kommen und mein neues Haus segnen?"
Der Mönch antwortet: „Tut mir leid, ich habe zu tun."
„Was machst du?"
„Ich tue nichts", antwortet der Mönch.
„Aber das hast du doch gestern schon getan!", sagte der Buddhist.
„Stimmt", erwidert der Mönch, „aber ich bin damit noch nicht fertig!"

Alles, was wir tun, denken und fühlen kann als „von der Quelle kommend" verstanden werden. Wir können verstehen, dass aus der Quelle der Verstand kommt und aus dem Verstand die Welt. Schaue nach innen, weg von der Welt, von den Menschen, von den Objekten. Betrachte die Quelle von allem. Diese Quelle ist unsere wahre Natur.

Es ist weitgehend der Wirkung von Ramana Maharshi zu verdanken, dass Mitte des 20. Jahrhunderts die alte Praxis der Selbsterforschung auch im Westen eingeführt wurde. Er hat sie so beschrieben:

> *Du musst dir selbst die Frage „Wer bin ich?" stellen. Diese Untersuchung wird dich am Ende zu der Entdeckung von etwas in dir führen, was hinter dem Verstand liegt. Löse dieses große Problem und du wirst alle anderen Probleme lösen.*

Das ist eine sehr klare Aussage, aber die meisten von uns sind immer mit ihrem Verstand beschäftigt. Gerade jetzt erinnerst du dich vielleicht, dass du zu Hause den Herd angelassen hast, und du fragst dich, ob inzwischen das ganze Haus in Flammen steht. Wie kannst du hier ruhig sitzen, wenn du darüber nachdenkst, ob das Haus abbrennt?

Es gibt immer etwas, worüber man sich sorgen kann, etwas, was uns fern hält von der Gegenwart. Wir gehen sehr leicht in den ständig beschäftigten, denkenden Verstand. Es ist zu einer solchen Gewohnheit geworden, dass es kein Gleichgewicht mehr mit dem natürlicheren Teil unseres Verstandes gibt.

Es gibt zwei Voraussetzungen für die Selbsterforschung. Die erste ist, dass du in der Lage bist, dich selbst mit einiger Bewusstheit zu betrachten; das heißt, zu beobachten, was innerlich passiert – dir deiner Körperempfindungen und Emotionen gewahr zu werden und zu sehen, wie die Gedanken aufsteigen.

Die zweite Voraussetzung ist ein ruhiger Verstand. Beides kann durch eine Praxis wie Meditation oder Yoga erleichtert werden. Wenn dein Verstand sehr beschäftigt und voller Gedanken ist, dann ist es schwierig, Selbsterforschung zu praktizieren. Von einem ruhigen Verstand aus wird sich die Frage „Wer bin ich?" auf natürliche Weise stellen. Es ist eine fundamentale Frage, und du kannst ihr nicht entkommen.

Ein Schüler stellte dem jungen Ramana Maharshi eine Frage zur Selbsterforschung: *„Zu welchem Zweck stelle ich mir die Frage: ‚Wer bin ich?' Wie kann ich mich erinnern?"* Er gab eine sehr einfache Antwort:

> *Wenn Gedanken entstehen, sollte man sie nicht verfolgen, sondern nachfragen: „Zu wem kommen die Gedanken?" Es spielt keine Rolle, wie viele Gedanken entstehen. Mit dem Entstehen eines jeden Gedankens sollte man mit Sorgfalt nachfragen: „Zu wem ist dieser Gedanke gekommen?" Die Antwort, die auftauchen wird, heißt: „Zu mir." Wenn man daraufhin fragt „Wer bin ich?", wird der Verstand wieder zu seiner Quelle zurückkehren, und der Gedanke, der aufkam, beruhigt sich wieder. Wird es auf diese Weise wiederholt praktiziert, wird der Verstand die Fertigkeit entwickeln, in der Quelle zu bleiben.*

Ich schlage vor, dass du am Anfang die Selbsterforschung zu einer Übung machst. Du nimmst dir jeden Tag ein bisschen Zeit und setzt dich mit geschlossenen Augen an einen ruhigen Ort. Das entfernt sofort einen Großteil der Welt aus deiner Aufmerksamkeit und du wirst allein sein mit deinen Gedanken und Gefühlen, Körperempfindungen und gelegentlichen Geräuschen. Werde dir deiner Gedanken bewusst und frage dann: „Zu wem kommen die Gedanken?" Die Antwort wird sein: „Zu mir". Dann untersuchst du die Natur des „Ich", indem du fragst: „Wer ist dieses Ich?" Wenn die Gedanken über das „Ich" nachlassen, wirst du schließlich in diesen ruhigen Raum im Inneren gelangen.

„Wer fühlt Schmerzen im Bein?" „Ich." „Wer bin ich?" So geht das. Am Anfang ist es ein bisschen so, als würdest du wirklich etwas tun, es erfordert einige Mühe, aber nach kurzer Zeit wird es sehr einfach werden. Es ist wichtig, beide Fragen zu stellen, aber du wirst deinen eigenen Weg finden, sie zu stellen. Das Schöne daran ist, dass es deinen Fokus von außen nach innen wendet. Statt uns mit den Objekten und Erfahrungen der Welt zu identifizieren, werden wir mit unserer wahren Natur vertraut.

Selbsterforschung deutet darauf hin, dass dein Leben eine Gelegenheit ist, ständig zur Quelle zurückzukehren. Wenn du die Selbsterforschung mehr in dein Leben bringst, hat dies die Wirkung, dass das „Ich" mit dem du so identifiziert bist, ausradiert wird. Das klingt vielleicht ein bisschen beängstigend, aber kümmere dich nicht darum. Du hast etwas geschaffen, von dem du glaubst, es sei wahr, und so kannst du zu Recht Angst haben, wenn es ausradiert wird. Aber die Realität ist, es hat nie existiert. Alle Worte, die ich dazu sagen könnte, machen keinen Sinn, weil es für den Verstand keine Möglichkeit gibt, das zu verstehen. Das Verstehen muss aus deinem eigenen Sein kommen, von etwas tieferem, als dem Verstand.

Es ist sehr schwer, wirklich zu sehen, dass das, womit du so sehr identifiziert bist, falsch ist. Ramana Maharshi hat uns diese alte Weisheit so schön zurückgebracht. Alles, was du tun musst, ist, mit deinem Leben weiter zu machen, und während du durch deinen typischen Tag gehst, laufen diese beiden Fragen in dir ab.

Sie werden dich ständig zurückbringen. Wohin zurück? Zur Stille. Stille. Stille. Dein Körper wird immer noch am Leben sein. Du wirst immer noch in der Lage sein zu funktionieren, aber du wirst nicht in deiner alten Identifizierung gefangen sein. Du wirst nicht länger glauben, dass du ein „Jemand" bist.

Wenn du merkst, dass du völlig in den Wolken des Denkens und der Identifikation verloren bist, versuche dich daran zu erinnern, die Selbsterforschung zu praktizieren. Wenn du sie praktizierst, verschmilzt du mit dem Selbst. Dein ganzes Bewusstsein ist in dieser Stille einfach da. Es ist so, als würde die Welt verschwinden. Wir kennen die Welt nur durch unsere Sinne, aber wenn wir tief ins Selbst eintauchen, sind wir mit unseren Sinnen nicht so beschäftigt. Es ist, als würde die Welt verblassen oder zu einem Schatten werden.

Die Wolken lösen sich einfach auf und du bist zurück in diesem offenen Himmel.

Selbsterforschung erinnert uns daran, „zu Hause" zu bleiben, bei unserem wahren Selbst. Sie bringt den Verstand ständig zu seinem Ursprung zurück. Es ist eine 180-Grad-Wende von der Aufmerksamkeit auf die äußere Welt hin zu dem, was im Inneren passiert. Du wirst ein Beobachter, ein Zeuge dessen, was innen vor sich geht. Wenn du dich zum Beispiel auf das Beobachten deiner Gedanken konzentrierst, wirst du erkennen, dass ein Gedanke dem nächsten folgt, und dass du sie als „meine" Gedanken identifizierst. Aber es sind nur Gedanken.

Bei der Selbsterforschung sind wir nicht am Inhalt des Denkens interessiert. Wir sind an der Quelle des Denkens interessiert. Indem wir kontinuierlich zur Quelle der Gedanken zurückgehen, geschieht eine Art Magie. Wir stellen fest, dass die Gedanken weniger werden, und es fällt leichter, einfach still zu sein. Wir haben immer noch einen Verstand, und wenn wir den Verstand brauchen, um Auto zu fahren oder Mittagessen zu kochen, dann ist er immer bereit.

Jemand, der wirklich frei ist, hat einen Verstand, der einfach still oder leer ist, wenn er nicht gebraucht wird. Er ist aufnahmefähig und reaktionsfähig, und wenn es erforderlich ist, aktiviert er sich und antwortet spontan auf alles, was benötigt wird. Er ist frisch und unschuldig.

Das königliche Mahl
Selbsterforschung öffnet uns für die Freiheit

Der große Raum war völlig still. Nur eine leichte Brise, die durch die Fenster wehte und die Geräusche draußen vom Hof trübten die Stille. Ich saß in einer Ecke des Raumes und beobachtete die Retreat-Teilnehmer, wie sie, paarweise sich gegenübersitzend, einen weichen und stetigen Blickkontakt hielten. Die „Satori-Übung" war die Einleitung zu einem Tag mit dem Schwerpunkt „Selbsterforschung".

Während dieser Übung lasse ich sanfte Hintergrundmusik laufen und nach einigen Minuten bitte ich alle, zu entscheiden, wer Partner A und wer Partner B ist. A fragt dann B: „Wer bist du?", während der Blickkontakt aufrechterhalten wird. B teilt mit, was immer er oder sie auf diese direkte und eindringliche Frage hin sagen möchte. Partner A geht nicht auf die Antwort ein, sondern fragt nach einiger Zeit wieder: „Wer bist du?" Dies dauert einige Minuten an.

Die „Satori-Übung" reduziert die Antworten auf natürliche und wunderschöne Weise zu Stille und Präsenz. Nach und nach finden es die Teilnehmer zunehmend schwieriger, irgendetwas auf diese Frage zu antworten. Nach Ablauf der Zeit bitte ich alle, ihre Augen zu schließen und zu untersuchen, ob das, was sie auf die Frage „Wer bin ich?" antworteten, wirklich wahr ist. Die daraus resultierende Stille ist tief und im Herzen spürbar. Dies wird mit verschiedenen Partnern zwei bis drei Stunden lang wiederholt, und der ganze Raum wird ruhiger und ruhiger, bis er von absoluter Stille ergriffen ist.

Es ist der erste Morgen des Sommer-Retreats, mit einer interessanten Mischung aus Community-Bewohnern und Gästen, die für zwei Wochen in Stille und Selbstreflexion zusammen kommen. Für mich ist die „Satori-Übung" eine sehr schöne Möglichkeit, ein Retreat zu beginnen, weil sie so unglaublich wirkungsvoll ist, uns zu Frieden, Stille und Klarheit zu bringen. Trotzdem müssen wir nichts dafür tun. Frieden wartet einfach unter all den Überzeugungen und Vorstellungen, die wir über uns selbst haben. Nach der Übung lud ich alle ein, nach Möglichkeit etwas von ihren Erfahrungen während der Übung mitzuteilen.

Es war eine interessante Empfindung oder ein Gefühl, als ob ich mich selbst von überall sah! Ich betrachtete meine Gedanken, meine Körperempfindungen, meine Gefühle. Es gab keinen bestimmten Punkt im Raum, von dem aus ich schaute, aber es war, wie von allen Seiten des Raumes her in mich selbst zu schauen. Ohne Urteil. Nur als Zeuge.

Ich fühle mich ruhig und verletzlich. Während der Übung konnte ich eine Bewegung von dem Verstand und den Emotionen hin zu diesem ruhigen und offenen Raum wahrnehmen.

Jedes Mal, wenn ich in der Übung eine neue Person traf, war ich mir bewusst, wie Gedanken aus meiner Erinnerung ein Bild von dem zeichneten, was schon bekannt war. Jedes Mal, wenn die Frage „Wer bist du?" kam, war es wie eine Entladung. Einige Gedanken setzten an, sie kamen in den Raum und mit der Frage „Wer bist du?" waren sie weg. Das war sehr hilfreich, um den Raum zu leeren.

Jetzt ist es nicht anders als während der Übung – anwesend und empfänglich sein für das, was kommt, ohne sich zu beteiligen. Es passiert, nicht viel, es ist eher wie beobachten.

Etwas schmilzt. Langsam, langsam. Es fühlt sich wärmer an, ruhiger. Es fühlt sich unmöglich an, etwas zu tun, zu verstehen oder gar eine Veränderung „herbeizuführen". Ich kann nur darauf warten – oder auch nicht.

Während der Übung kam ein Bild, dass alles aus dieser Stille kommt, aber wenn ich ihm folge, bringt es mich weg von der Stille. Selbst der Versuch, es zu verstehen, bringt mich weg vom Verstehen.

Da ist eine Menge Energie und so viel Süße im Herzen. Ich konnte sehen, dass es völlig genug ist, nur zu sein, wer ich bin, jetzt, in diesem Moment. Ich habe immer versucht, anders zu sein – aber es funktioniert nicht. Es ist genug, zu sein, was ich bin, jetzt, einfach zu akzeptieren, dass es so ist, jetzt. Das ist alles.

Nach dem Mittagessen, im Schatten des Walnussbaumes im Hof, teilte ein Mann mir seine Erfahrungen mit. Er war von der morgendlichen Übung besonders berührt gewesen:

Als ich wartete, bis ich an der Reihe war, nach vorn zu kommen und zu sprechen, habe ich alles vorbereitet – was ich sagen würde, wie ich mich verhalten würde. Ich mache das ziemlich oft. Bevor ich an der Reihe bin, werde ich immer nervöser. Das geschieht eigentlich in allen

Bereichen meines Lebens. Ich fürchte, dass mein Leben vorbeizieht und dann plötzlich: „Ding! Okay! Das war's! Bis zum nächsten Mal!" Ich bin so damit beschäftigt, mich darauf vorzubereiten, wie ich leben werde, dass ich nicht wirklich lebe!

Während der Übung erlebte ich einen schönen, leeren Raum. Es war eigentlich sehr angenehm, einfach zu beobachten, was ich nicht bin. Ich bin nicht diese schöne Musik. Ich bin nicht dieses schöne Gefühl. Bewusstsein steckt hinter all dem; all diese Dinge sind Bewusstsein. Deshalb wird alles sehr schön.

Dann ging ich zurück zu meinem Platz und es war nicht mehr so schön. Mehr und mehr wünsche ich mir, diesen Raum zu betreten, diese Schönheit zu erfahren, und doch ist es vorbei. Ich verpasse das alles, weil – ja, warum? Weshalb?

Du hast die ganze Sache geplant. Es ist großartig, dass du am Ende doch noch zu diesem Feuer im Inneren kommst. Das Feuer will sich auf die wirkliche Sache konzentrieren. Du solltest es zur ersten Priorität in deinem Leben machen. Wenn es die zweite Priorität ist, vergiss es. Wenn du diese Schönheit wirklich willst, diese Leere, dann musst du bereit sein, alles aufzugeben, was dir die Welt zu geben scheint. Wenn das nicht möglich ist, dann vergiss es, denn der Rest davon ist nur ein Spiel. Wenn du wirklich frei sein willst, wenn du wirklich mit der Leere verschmelzen willst, wenn du diese Schönheit umarmen willst, dann brauchst du hundert Prozent Aufmerksamkeit. Es funktioniert nur, wenn es hundert Prozent sind.

Während der „Satori-Übung" fing eine junge Frau, die schon oft zum Satsang gekommen war, plötzlich ohne besonderen Grund unkontrolliert an zu lachen. Als das Lachen langsam nachließ, war ganz klar, dass sich etwas in ihr verändert hatte. Ihr Gesicht war ganz anders, und sie war für den Rest des Retreats absolut still.

Das Lachen war ein Signal dafür, dass sie gerade die Absurdität dessen gesehen hatte, was wir „mein Leben" nennen. Sie war dem schon seit etwa einem Jahr sehr nahe, und es war nur noch eine Frage der Zeit gewesen. Sie war sehr interessiert und sehr darauf ausgerichtet; es war ihre größte Priorität. Und dann passierte es plötzlich während der „Satori-Übung", einfach so. Man kann sagen, dass sie es in diesem Moment einfach wusste und in diesem Wissen brachen alle Anhaftungen an Strukturen und Geschichten einfach zusammen.

Zwei Raupen sitzen auf einem Blatt und unterhalten sich als sie einen Schmetterling vorbeiflattern sehen. Die eine Raupe sagt zur anderen: „Du wirst mich nie auf eines dieser Dinger kriegen!"

Unsere Natur ist wirklich wie ein Schmetterling, aber wir scheinen uns für Raupen zu halten, weil es überall um uns herum so viele Raupen gibt. Wir sind daran gewöhnt, eine Raupe zu sein, aber etwas fühlt sich nicht stimmig an, denn tief im Inneren wissen wir, dass wir ein Schmetterling sind.

Ein Schmetterling zu werden kann in einer kleinen Raupe eine Menge Angst wecken. Wenn du diese Leidenschaft in dir hast, dann bewegst du dich auf den Abgrund zu. Du denkst nicht so viel darüber nach, was passieren wird. Du weißt, dass du es willst, und du machst es einfach. Dann plötzlich: „Oh, Moment! Der See könnte voller Krokodile sein!" Man weiß ja nie. Diese Felsen da unten sehen ziemlich gefährlich aus.

Wenn du der Metamorphose nah bist, dann spürst „du", dieses falsche Du, die Möglichkeit, dass es sterben könnte. Es fürchtet sich. Es könnte verschwinden, wie ein Eisblock, der ins Wasser geworfen wurde. Du stellst plötzlich fest, dass dies tatsächlich geschehen könnte, und einerseits willst du unbedingt den Sprung wagen, aber andererseits fragst du dich, ob du es wirklich willst, denn es gibt kein Zurück. Ich habe erlebt, wie Leute in Panik gerieten, weil es genauso erscheint, als ob der Tod naht.

In den vergangenen Jahren habe ich viele Menschen getroffen, die einen Einblick in die Schönheit des „Schmetterlings" hatten.

Vielleicht fünf Minuten, eine Minute, ein paar Tage, einen halben Tag, und es steht außer Frage, dass sie wieder dorthin zurück wollen. Du kannst dir überlegen, ein Fährticket zu kaufen, aber wenn du am Fluss ankommst und merkst, dass er sehr breit ist und es keine Rückfahrt gibt, dann können Zweifel und Angst entstehen. Die Metamorphose muss aus einer tiefen Sehnsucht, von einem Feuer im Inneren kommen.

Um diese Empfindung von „zu Hause sein", von „Schmetterling sein", zu erden, ist eines der kraftvollsten Mittel, zu dem ich ermutigen kann, einfach allein und in Stille zu bleiben. Wir sind es sehr gewöhnt, ständig mit vielen Menschen in verschiedenen Situationen in Beziehung zu gehen. Einfach nur allein zu sein ist eine erstaunliche Unterstützung, und interessanterweise ist es sehr herausfordernd.

Ich biete ein Wochenend-Retreat an, „Die Insel" genannt. Es unterstützt die Übung, allein in Stille zu bleiben. Jeder Teilnehmer hat seine eigene Insel – eine Matratze, einen Stuhl, ein Kissen und eine Augenbinde. Man bleibt das gesamte Wochenende mit verbundenen Augen auf seiner Insel. Es gibt Helfer, um sicherzustellen, dass jeder in Ordnung ist. Sie begleiten einen zur Toilette und bringen Essen und Getränke. Es ist eine sehr kraftvolle Übung für den Blick nach innen, weil außen nichts geschieht. Es gibt keinen Bezug zu der Welt oder zu irgend jemandem. Das Zimmer ist in Stille.

Zwei Tage ist nicht so lang, aber von diesen 20 Personen hatten ein oder zwei mehrere Male während des Wochenendes sehr starke Reaktionen, einschließlich Erbrechen und emotionaler Schmerzen.

Ein LKW-Fahrer war dabei, der vor einigen Jahren aufgrund eines Bremsversagens mitten in eine belebte Kreuzung fuhr. Dabei tötete er jemanden. Der Unfall war vor Jahren geschehen, aber im ruhigen Raum der „Insel" konnte er mit dem Schmerz, der aufkam, nicht umgehen und musste gehen. Still sein kann uns in Kontakt mit lange verschütteten Traumata bringen. Nichts Äußeres geschieht, um ein emotionales Drama auszulösen. Man sitzt einfach allein auf seiner Insel und im Inneren passiert etwas so stark, dass der Körper zu reagieren beginnt.

Als eine Variation zur „Insel" habe ich einen „Retreat-Keller" eingerichtet, eine höhlenartige, halb unterirdische Zelle. Dort haben wir einen sehr erdigen und gebärmutterartigen Erfahrungsraum geschaffen. Das Essen wird durch eine Klappe in der Tür gereicht und man kann dort in völliger Isolation für eine Woche oder länger bleiben.

Menschen, die zur Insel oder zu einem Aufenthalt im Retreat-Keller kommen, teilen oft mit, dass der Verstand am Anfang sehr – noch mehr als üblich – beschäftigt ist, aber wenn sie länger allein bleiben, gibt er schließlich auf und es folgen lange Perioden der Stille. Nach dem Abnehmen der Augenbinde wird alles intensiver erlebt, und viele Menschen berichten, dass sie niemanden sehen und sprechen wollen. Sie fühlen sich sehr, sehr gut allein.

Wenn du wirklich alleine bleibst, erkennst du, dass du nicht nach jemandem greifen musst, in der Hoffnung, dass er dir etwas gibt. Was du erfährst, ganz für dich, ist ein unbeschreibliches Wohlbefinden, Genährtsein und Liebe.

Es war einmal ein König, der sein ganzes Reich abgeben wollte. Nur zu diesem Zweck organisierte er ein wunderbares Fest. Es gab viel leckeres Essen, viel Schweizer Schokolade, Wein und Bier. Es gab Leute, die mit wunderbarer Musik, mit Tanz und magischen Shows für Unterhaltung sorgten. Das ganze Königreich war eingeladen.

Am Festtag wartete der König in seinem Thronsaal darauf, dass jemand eintrat, der Interesse daran hatte, sein ganzes Reich zu übernehmen.

Alle kamen zu der Feier und genossen das Essen, die Getränke, das Singen und das Tanzen – und vergaßen darüber König und Königreich. Er rief seinen Premierminister und fragte, was los sei. Er würde darauf warten, sein ganzes Reich zu verschenken und hätte so den ganzen Abend allein verbracht. Der Premierminister erklärte, dass alle einfach zufrieden waren mit Speisen, Getränken und Unterhaltung.

Es gibt immer eine weitere Party, es gibt immer eine weitere Person zu treffen, es gibt immer noch eine weitere Geschichte zu hören. Es gibt immer irgendetwas. Die Welt ist opulent ausgestattet.

210

Sie ist so angelegt. Wir wollen immer dort hinausgehen, immer in irgendeiner Geschichte sein.

Was man bei der „Satori-Übung", im „Retreat-Keller" oder zu Hause mit sich selbst erleben kann, fühlt sich traumhaft gut an, obwohl scheinbar nichts geschieht. Man fühlt sich einfach gut, ganz ohne Grund. Das ganze Königreich ist im Angebot. Verfange dich nicht in Feiern und Vergnügungen. Das Königreich ist nicht weit entfernt. Es ist sehr nah, denn dieses Reich bist eigentlich du. Du bist nicht getrennt davon. Du bist das Königreich.

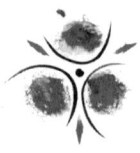

Sei Still

Die Geschichten aufgeben und Frieden finden

Nach einem Satsang-Treffen Anfang des Jahres in Leipzig gingen wir zum Essen in ein chinesisches Restaurant. Eine Frau aus unserer Gruppe war Professorin der Indologie. Sie war ungefähr 50 Jahre alt und vor 20 Jahren war sie sehr an Erleuchtung interessiert gewesen. So hatte sie beschlossen, Professorin für Indologie zu werden, um wirklich tief in die Suche nach Erleuchtung eintauchen zu können. Sie studierte Sanskrit, damit sie die alten Texte lesen konnte und sie reiste mehrere Male nach Indien. Jetzt erzählte sie mir sehr traurig, dass sie in diesen 20 Jahren niemals der Stille oder dem Frieden begegnet sei.

Ich sagte, das sei kein Problem, und dass ich ihr diese sehr einfach zeigen könne, wenn sie sich morgen früh etwas Zeit nehmen würde.

Sie sagte: „Nun, du weißt, ich bin sehr beschäftigt. Ich bin eine Professorin und ich habe viele Termine."

Ich sagte: „Komm schon! Dies ist die Sehnsucht deines Lebens. Ich mache mit dir keine Scherze; komm morgen früh und ich kann sie dir ziemlich sicher zeigen."

Sie sagte ihre Termine ab und kam, um mich zu treffen. Ich bot ihr eine geführte Selbsterforschung an. Wir saßen zusammen in einem fast leeren Raum und für 20 Minuten führte ich sie von ihrem Verstand weg, weg von ihrem Professorinnendrama – hin zur Stille.

Ich bat sie, zu beobachten, was in ihr vorginge und dies zu akzeptieren, was auch immer es sei. Nach kürzester Zeit war sie tief berührt. Sie saß einfach da, absolut still, Tränen rannten über ihre Wangen.

Plötzlich klingelte ihr Handy. Sofort sagt sie: „Oh, es tut mir wirklich leid, dass mein Telefon klingelt!" Mir war das total egal, was macht das schon aus? Lass das Telefon klingeln! Klingelndes Telefon, nicht klingelndes Telefon, das macht für die Stille keinen Unterschied. Sobald sie gesprochen hatte, setze ihr Verstand wieder ein und sie verlor den Kontakt mit der Stille. Ihr Verstand wurde dadurch aktiviert, dass sie sich in das „es ist nicht okay, wie es ist" hineinziehen ließ.

Wenn du einige Momente der Stille hast, kannst du sagen: „In Ordnung, ich habe ,mein Leben' und ich habe einige Augenblicke der Stille. Diese Augenblicke sind eine Erfahrung meiner wahren Natur." Oder du könntest sagen: „Ich habe meine wahre Natur, aber die meiste Zeit habe ich eine Erfahrung von ,meinem Leben'." Bleibe einfach mit den stillen Augenblicken und sieh, dass der ganze Rest, alles, was du „mein Leben" nennst, eine Erfahrung ist. Du bist das nicht. Wenn dieses Verstehen wirklich klar wird, dann ist es möglich, die meiste Zeit in der Stille zu leben.

Ich bat die Professorin, für eine kurze Weile zu bleiben, damit wir uns über die Stille, die sie erlebt hatte, austauschen konnten.

Es war so wunderschön, aber jetzt habe ich das Gefühl, dass ich es nicht zurück holen kann. Mein Alltag beginnt wieder, und ich fühle, wie sich innerlich Druck aufbaut, wenn ich darüber nachdenke, dass ich damit nicht in Kontakt bin.

Nun, das ist sehr komisch und sehr einfach. Du hast nur auf einem Stuhl gesessen und deine Augen geschlossen. Zwanzig Minuten später hattest du den schönsten Augenblick deines Lebens und du hattest nichts gemacht, oder?

Das stimmt. Ich weiß, dass ich sehr beschäftigt sein werde und dass ich da sofort wieder reingezogen werde, sobald ich wieder bei meiner Arbeit bin oder sogar schon, wenn ich nur nach Hause komme.

Setze dich einfach mit geschlossenen Augen hin und schaue nach innen. Du kannst es zu Hause oder sogar auf der Arbeit machen. Setze dich hin und schließe die Augen und schau ganz entspannt nach innen. Versuche, nichts zu verändern. Wenn dein Verstand voller Gedanken ist, lass ihn voller Gedanken sein. Akzeptiere alles, was vor sich geht und du wirst viel tiefer sinken als dein Verstand.

Wenn es nicht funktioniert und ich wirklich nicht mehr an diesen Ort kommen kann, was dann?

Wenn es nicht funktioniert, dann musst du zu einem weiteren Treffen hierher kommen! Das ist alles, was du tun musst, es ist nicht wirklich ein Tun.

● ——— ●

Die geführte Selbsterforschung, die ich mit der Professorin gemacht habe, ist etwas, was ich häufig mit meinen Schülern mache, um ihnen zu helfen, durch ihren Verstand hindurch zur großen inneren Leere zu kommen. Sie gibt Führung und Ermutigung, zu sagen, was geschieht, und einfach zu akzeptieren, was da ist. In der Regel gibt es sehr starke Gedanken oder Emotionen, aber durch ein stetiges Akzeptieren ohne jegliches Urteilen wird etwas anderes gesehen, etwas, das tiefer ist als der Lärm und die Aktivität des Verstandes und die Emotionen.

Einer meiner Schüler erkundigte sich nach dieser Übung. Er kommt gelegentlich zu Besuch und hatte mitbekommen, wie sie gemacht wurde, aber er war nie in der Lage gewesen, sich mit dem zu verbinden, was dort geschah. Er äußerte klar und deutlich den Wunsch, etwas erleben zu wollen, was tiefer als seine Gedanken und Gefühle war.

● ——— ●

Schließe deine Augen und sitze bequem. Schau einfach nach innen und schau, was vor sich geht. Nimm wahr, was auch immer da ist. Wahrscheinlich sind dort einige Gedanken, vielleicht einige Gefühle, Körperempfindungen oder vielleicht ist es still. Bringe deine Aufmerksamkeit zu dem, was das Stärkste zu sein scheint und bleibe dort. Versuche nicht, etwas zu verändern. Du musst nichts tun, beobachte einfach. Jetzt erzähle mir, was du findest.

Da ist nichts „Stärkeres" hier, aber der Verstand kreiert etwas Stärkeres. Jenseits dieser Kreation des Verstandes ist es wie „Seinheit" oder „Raumheit".

In Ordnung, bleibe bei dem, was auch immer das Stärkste zu sein scheint – bringe einfach deine Aufmerksamkeit dorthin. [Stille] Was geschieht nun?

Es gibt einige Empfindungen im Körper, die offenbar Spannungen erzeugen.

Bleibe bei diesen Empfindungen im Körper. [Stille] Was geschieht jetzt?

Da ist eine Schwere, die Schwere des Augenblicks.

Bleibe bei dem, was du „Schwere des Augenblicks" nennst. [Stille] Und jetzt?

Es ist nichts da, aber der Verstand kreiert etwas. Einen Gedankenfluss.

Bleibe bei den Gedanken. Du musst nichts tun; du musst nichts verändern. Bleibe einfach mit dem, was ist. [Stille] Und nun?

Da ist nichts. Das Nichts.

Bleibe einfach bei diesem Nichts. [Stille] Was geschieht jetzt?

Es ist immer da gewesen. [Stille]

Was geschieht jetzt?

[Er versucht zu sprechen, fängt aber dann an, schwer zu atmen. Etwas Starkes passiert mit ihm. Lange Stille.]

Es fühlt sich so gut an!

Wenn du soweit bist, öffne deine Augen. Na bitte, du bist fünfzehn Minuten von dem entfernt, was sich niemals verändert.

Sogar mit offenen Augen ist es da. Wenn du dich bewegst, könnte es immer noch da sein. Es ist so nah und so einfach. Der schnellste Weg, um zu dem zu kommen, was sich nie ändert, ist einfach still zu sein und zu akzeptieren, was ist. Bedauerlicherweise sind wir dahingehend konditioniert, immer ein noch besseres Geschäft aushandeln zu wollen.

Wir brauchen nichts. Das ist die Wahrheit, über die wir nicht sprechen und die wir nicht wirklich verstehen können. Ich könnte ihn fragen, aber er würde es nicht wirklich erklären können, was gerade vor sich geht, denn es geht nichts vor sich. Das ist das seltsame Paradox. Wir haben so eine starke Vorstellung darüber, dass wir etwas bekommen müssen, um glücklich zu sein. Aber genau diese Vorstellung ist der Grund, warum wir nie glücklich sind. Das müsst ihr verstehen! Der Grund, warum wir nie glücklich sind, ist, dass wir glauben, wir bräuchten etwas, das uns glücklich macht.

Wir versuchen die Welt genau so zu gestalten, wie wir es gerne hätten. Wir versuchen, jeden Moment zu kontrollieren, denn wir haben die Vorstellung, dass wir nur richtig glücklich sein können, wenn die Welt perfekt ist. Leider ist die Welt recht kompliziert und wir können sie nie wirklich verstehen. Aber was wir tun können, ist, sie genau so zu akzeptieren, wie sie ist. Dann gäbe es überhaupt keinen Grund mehr, zu leiden. Tatsächlich gäbe es dann nur Frieden. Eine Art, Frieden zu definieren, ist, ohne Verlangen zu sein. Kein Verlangen bedeutet, nichts zu verändern. Es bedeutet, alles so zu akzeptieren, wie es ist, auch wenn es dir nicht gefällt. Derjenige, dem es gefällt, und derjenige, dem es nicht gefällt – also derjenige, mit dem wir jeweils vollkommen identifiziert sind – ist einfach eine Illusion.

Kannst du es beschreiben? Ist da ein großer Raum im Inneren?

Ja, aber irgendwie ist das nicht wichtig. Ich weiß nicht, was ich sagen soll.

Du kannst nicht wirklich sprechen. Jedes Wort hört sich lächerlich an. Du tauchst innen ganz in die Stille ein.

Danke!

Ja, das habe alles ich getan! [lacht]

Es ist sehr wichtig, zu erkennen, dass ich mit all dem nichts zu tun habe. Du kannst jetzt aus diesem Satsang hinausgehen, dich irgendwo ganz still hinsetzen und genau das gleiche tun. Schau einfach nach innen.

Wir haben so viele Vorstellungen, aber wenn du still sitzt und nach innen schaust, kommst du schnell zu dem, was sich nicht verändert. Du kommst nicht zu diesem Ort, wenn du alles bekämpfst, was du findest. Wenn du ein Buch liest, in dem steht, dass du einen leeren Verstand haben sollst, dann sagst du jedes Mal, wenn da ein Gedanke ist: „Oh! Diesen Gedanken sollte ich nicht haben." Das erzeugt Anspannung; aber wenn du einfach schaust und akzeptierst, was immer du auch findest, dann verschwinden diese Gedanken. Gefühle und Körperempfindungen verschwinden auch. Dann bleibt dir das Nichts und dieses Nichts ist immer da. Es ist sehr einfach. Unglaublich einfach. Es ist einfach das, was ist.

Nun hast du die Karte und weißt, wie man dort hingelangt. Vielleicht ist die Karte jedes Mal etwas unterschiedlich, aber es beginnt immer mit „etwas" und endet mit „nichts". Es ist für jeden da, immer.

Still sein hat die Kraft, uns zu unserer wahren Natur zu bringen, wo du dich wunderbar und wohl genährt fühlst. Es gibt keine Regung, zu einem anderen Ort gehen zu wollen. Das können wir Frieden nennen. Still sein ist der Wegweiser, der zur wahren Natur zeigt, die immer da ist. Aber wir verlieren den Kontakt mit ihr, weil wir mit dem konditionierten Verstand beschäftigt sind und mit all den aufregenden Filmen, die dort ablaufen.

Wenn du deine Augen schließt und still wirst, werden dir allmählich Lücken zwischen den Gedanken auffallen. Wenn du deine Aufmerksamkeit auf diese Lücken lenkst, werden die Gedanken verschwinden und die Lücken werden größer. Am Ende ist die Lücke das Einzige, was da ist. Es mögen noch einige Gedanken da sein, aber sie sind weit weg. Im unmittelbaren Bewusstsein gibt es eine Art nährende Leere. Nichts geschieht, aber du fühlst dich sehr gut.

Es gibt keinen Impuls, irgendwo hingehen zu wollen. Es gibt keinen Wunsch. Es gibt eine tiefe Zufriedenheit. Du fühlst dich zu Hause. Du wirst dir der enormen Liebe bewusst, die sich auszuweiten scheint, um alles zu umschließen. Du fühlst dich mit allem absolut eins. In diesem Moment werden alle Worte unmöglich. Du erfährst eine tiefe Ekstase und es kann sein, dass der Körper auf diese Ekstase mit Tränen oder mit überwältigender Freude reagiert.

Das hat nichts mit Glücklichsein zu tun, das ist eine völlig andere Dimension. Es ist Frieden, authentische Liebe, reines Bewusstsein. Diese Ekstase ist unsere wahre Natur – und da ist keiner, der das weiß. Es ist einfach.

Es gibt nicht wirklich Worte, die das beschreiben können. Es ist jenseits von Worten. Es ist dort, von wo die Worte kommen. Es ist die Quelle der Worte, die Quelle des Verstandes und die Quelle der Welt. Du bist davon nicht getrennt. Du bist Das. Mit deinem Verstand wirst du das nicht verstehen, aber du wirst es immer wissen.

Wenn du still wirst, wird sich deine wahre Natur unausweichlich offenbaren. Wenn du nicht still bist, wenn der Verstand aktiv ist, identifizierst du dich mit den Gedanken und mit den Dramen und kannst mit deiner wahren Natur nicht in Kontakt kommen. Wir beschäftigen uns immer mit irgendeiner Geschichte, um der Leere nicht zu begegnen.

Jakob, ein leidenschaftlicher Golfer, kontaktiert ein spirituelles Medium, um zu fragen, ob es im Himmel einen Golfplatz gäbe. Das Medium antwortet ihm, dass dies eine eigenartige Frage sei, verspricht aber, es in Erfahrung zu bringen. In ein paar Tagen würde sie sich wieder bei ihm melden. Nach einigen Tagen bekommt Jakob tatsächlich einen Anruf. „Was hast du herausgefunden?", fragt er.
„Nun, ich habe eine gute und eine schlechte Nachricht für dich", antwortet das Medium.
„In Ordnung, was ist die gute Nachricht?"
„Dass es einen wunderbaren 36-Loch Golfplatz im Himmel gibt und du 24 Stunden am Tag Zugang dazu hast, inklusive deines eigenen Caddies", antwortet das Medium.
„Und die schlechte Nachricht?"
„Du bist für Sonntag morgen um neun Uhr dreißig eingetragen!"

Diese ganze enorme Anstrengung, etwas zu tun, bringt uns so viel Schmerz und Leid. Wenn du dein Leben nicht „tust", kannst du die Möglichkeit genießen, dass sich das Leben von Augenblick zu Augenblick auf äußerst unerwartete Weise entfaltet. Du kannst in diesem Mysterium leben. Es ist nicht möglich, zu wissen, was im nächsten Augenblick geschieht. Gib dich hin. Sei einfach präsent und akzeptiere, was ist. Lass es sich entfalten und dann reagiere einfach. Genau genommen gibt es nicht wirklich etwas zu tun.

Wenn du absolut still bist, wenn du einfach das Selbst bist, ist Leere da, „Nichts", ein Potenzial, das von Augenblick zu Augenblick reagiert – ohne das Gepäck von „meinem Leben". Wenn du einfach still bist, dann entfaltet sich alles im Augenblick und die einfachste Sache kann dich tief berühren. Du bist offen für die Schönheit und Leichtigkeit des Lebens, aber das Interessante ist, dass du einfach weißt; und es ist ein Wissen, das tiefer ist als der Verstand.

In jedem Retreat machen wir etwas, was ich „Das Ursprüngliche Gesicht" nenne, eine einfache Übung, um präsent zu sein. Es ist ein unglaublich effektiver Weg, mit unserer potenziellen Leere in Berührung zu kommen. Die Retreat-Teilnehmer setzen sich einer nach dem anderen nach vorne, mit dem Gesicht zur Gruppe. Sechs Minuten haben sie stillen Augenkontakt mit den anderen. Jeder Teilnehmer kommt an die Reihe und es dauert drei oder vier Stunden. Durch das bloße Fokussieren auf die Augen und das Aufnehmen der stillen Energie werden sie präsent.

Präsenz bedeutet, dass der Organismus einfach hier ist, dass das Selbst strahlt und dass es keinen konditionierten Verstand gibt. Beim „Ursprünglichen Gesicht" vor einer Gruppe von offenherzigen Menschen zu sitzen und einfach da zu sein, still und präsent, zieht die Aktivität des Verstandes automatisch weg. Nach diesem einfachen Akt des Blickkontakt-Haltens teilte eine Frau etwas sehr schönes über ihre Erfahrungen in diesem Augenblick mit.

Es ist jetzt schwer, zu sprechen, wahrscheinlich auch, mich zu bewegen oder aufzustehen. Ich hatte das Gefühl, die Stille zu kennen und hatte das Gefühl, dass es danach etwas geben würde, etwas Großes und Tiefgründiges. Einfach nur die Leute anzuschauen, ließ keinen Wunsch mehr aufkommen, sich zu bewegen. Da ist eine absolute Zufriedenheit, einfach hier zu sein.

Ja. Das bedeutet nicht, dass der Körper sich nicht bewegen wird, aber im Inneren gibt es einen Punkt der Stille. Was immer du tust, wo auch immer du hingehst, es ist einfach still, und diese Person, die „Ich" genannt wird, existiert nicht mehr. Nur Leere. Es ist ein Augenblick, in dem du die Existenz auf eine ganz neue Weise erlebst – einfach, indem du still bist; und du bist einfach präsent.

Wenn nichts geschieht, geschieht nichts. Wenn etwas geschieht, geschieht etwas. Es gibt keinen Wunsch, keine Absicht, du bist ganz zufrieden mit dem, „was ist". Du bist in der totalen Hingabe, ohne es überhaupt wahrzunehmen. Das ist es, was Hingabe bedeutet: das Annehmen dessen, was ist. Wenn du in der Lage bist, das in deinem Leben willkommen zu heißen oder besser gesagt, dein Leben darauf zu gründen, ist es der wunderbarste Weg, zu leben. Es ist sehr einfach!

Oh, ja! Es ist, als ob man den besten Honig isst. Innen gibt es das sehr tiefe Empfinden, dass ich nach Hause gekommen bin.

Die Existenz schenkt uns dieses unglaubliche Paradies. Du musst nur nach draußen gehen und am Fluss entlang laufen, die Sonne scheint und es weht eine Brise. Es ist wunderschön, sogar mitten im Winter. Alles ist erstaunlich! Der Himmel, die Wolken, der weite Raum, das Fließen des Wassers im weiten Fluss. Aber wir sind gar nicht anwesend, diese Schönheit wahrzunehmen, denn was geschieht, während wir den Fluss entlang laufen? Wir erinnern uns an etwas, was jemand gestern zu uns gesagt hat: „… ich war so verärgert, und er hat mich überhaupt nicht verstanden …"

Erstaunlicherweise ist die Möglichkeit nicht das, was du erwartest. Wahrscheinlich erwartest du großartige Übungen, Theorien, Prinzipien und Philosophien, aber was wirklich ist, kann am besten entdeckt werden, indem man still ist. Je stiller du bist, desto wahrscheinlicher ist es, dass du zu dieser Schönheit im Inneren gelangst. Es ist dieselbe Schönheit für alle. Es ist eine Schönheit, ein Frieden – und es ändert sich niemals. Überwältigender Frieden, Einssein und ein inneres Genährtsein. Das ist unsere Natur, das ist unsere Wahrheit.

Es ist nur möglich, zu deiner wahren Natur zu kommen, wenn du gar nichts tust. Dann strahlt das Selbst und alles, was sich manifestiert, manifestiert sich aus dem Selbst. Sei einfach still und du bist da. Du bist immer da.

Sich bedanken ist wertvoll
Das Leben ist ein Spiegel

Heute schleppten einige der Bewohner eilig Kartons gefüllt mit ihrer Kleidung und Regale voller Bücher durch das Haus. Es findet eine zweiwöchige Messe in der Stadt statt und viele Gäste werden in die Region kommen, deshalb benötigt unser Gästehaus so viele freie Zimmer wie möglich. In dieser Situation ziehen einige Leute von ihren Zimmern mit all ihren Sachen um und wohnen im Schlafsaal. Das zusätzliche Geld hilft den Bewohnern, ihre jährlichen Flugtickets zum Indien-Retreat zu kaufen.

Die Leute fingen gerade an, ein wenig sesshaft zu werden, da alle Schlafplätze erst vor zwei Monaten neu zugeordnet worden waren. Es ist eine intensive Zeit, weil zusätzlich zu all den anderen Projekten und Tätigkeiten, die in der Gemeinschaft laufen, einige Bewohner herumeilen und sich selbst von ihren bequemen Zimmern „entwurzeln".

Lebt man in der Gesellschaft, ist es völlig normal und üblich, entsprechend unserer Konditionierung zu denken und sich danach zu verhalten. Wenn wir uns auf „mich" beziehen, beziehen wir uns auf dieses konditionierte Paket – mein Leben, meine Geschichte. Einer der Gründe unserer Arbeit hier in der Gemeinschaft ist es, das alles zu untersuchen. Wir versuchen, etwas Abstand zu bekommen, um das Ausmaß des Ganzen zu sehen. In der Lage zu sein, sich ehrlich zu beobachten und zu sehen, wie weit unsere spezifischen Gegebenheiten uns konditioniert haben, ist nicht einfach.

Eine natürliche Konsequenz des engen Lebens miteinander ist, dass unsere Komfortzone oft gut durcheinander gerüttelt wird, und ein großer Teil meiner Funktion ist, das Rütteln aufrechtzuerhalten. Sogar so etwas einfaches, wie Räume zu tauschen und Besitztümer zu verschieben, kann uns aufrütteln, weil die meisten von uns die Erwartung haben, dass wir unser eigenes Zimmer brauchen. Aber seltsamerweise, wenn du dich entschließt, in einer Gemeinschaft zu leben, ist es nicht mehr so wichtig. Tatsächlich gefällt es den Leuten, „Raum" zu teilen. Der Fluss des Lebens in der Community legt viel weniger Wert auf „mein", und deshalb wird viel mehr von allem, was wir „persönlich" nennen, geteilt.

Alle unsere Tage sind voll mit Aktivitäten. In dieser Intensität gibt es für die Menschen jede Menge Spiegel, um die Facetten ihres eigenen Selbst zu sehen. Dadurch, dass wir so eng zusammen arbeiten, offenbart sich jeder. All unsere Strukturen und Muster werden den Anderen deutlich, die als Spiegel agieren, um sie auf uns zurück zu spiegeln. Dies ist wirklich eine ziemlich seltene Situation. Es ist etwas, das es nicht so ohne weiteres gibt, und wenn man nicht mit Leuten lebt, die diesen Prozess verstehen und unterstützen, dann ist es viel schwieriger, sich wirklich auf das zu konzentrieren, was in einem selbst vorgeht. Spiegel sind überall, nicht nur in der Gemeinschaft, aber du musst sehr fokussiert sein und eine sehr klare Ausrichtung haben, um den vollen Nutzen aus ihnen zu ziehen.

Wir haben einige Instrumente entwickelt, die uns helfen, unsere Strukturen zu sehen. Ein Instrument nennen wir das „STOPP! -Spiel". Eine Person wird ausgewählt, die das Spiel leitet, und wenn sie „STOPP!" ruft, frieren alle ein. Dann nehmen wir uns ein paar Momente Zeit, um uns bewusst zu werden, was in unserem Verstand gerade abläuft. Dadurch sehen wir, was uns gerade in diesem Moment beschäftigt und wie viel Energie wir dem geben. Durch das Anhalten können wir es sehen, und wenn es einmal auf diese Weise sichtbar geworden ist, verliert es seine Kraft. Diese Übung wurde von George Gurdjieff übernommen, der eine Gemeinschaft gründete, die er „Das Institut für die harmonische Entwicklung der Menschheit" nannte, ein wundervolles Projekt, das unsere Gemeinschaft inspiriert.

Ein anderes Instrument, das wir benutzen, ist das „Buddy-System". Jede Person hat einen „Buddy", einen „Kumpel", das ist jemand, mit dem man den Tag über sehr eng zusammen arbeitet und den man wirklich kennenlernt. Wenn wir unseren Buddy bei einem seiner Lieblings-Gedankenstrukturen entdecken, machen wir es ihm höflich klar. Es ist sehr wichtig, dass der Buddy dann „Danke" sagt, weil ohne ein aufrichtiges Gefühl von Dankbarkeit immer die Möglichkeit gegeben ist, dass es bloß als eine weitere Beurteilung entgegen genommen wird.

> *Eine Familie beim Abendessen am Muttertag. Die Mutter ist ungewöhnlich still. Schließlich fragt der Ehemann sie, was los sei. „Nichts", antwortet die Frau.*
> *Er nimmt ihr das nicht wirklich ab und fragt sie nochmal: „Im Ernst, was ist los?"*
> *„Willst du es wirklich wissen? Gut, ich werde es dir sagen. Ich habe fünfzehn Jahre lang gekocht, geputzt und die Kinder gefüttert. Und am Muttertag schaffst du es noch nicht einmal ‚Danke' zu sagen."*
> *„Warum sollte ich?", fragt er. „In fünfzehn Jahren habe ich nicht einmal ein Vatertags-Geschenk bekommen."*
> *„Ja", antwortet sie, „aber ich bin immerhin ihre echte Mutter."*

Wir alle haben sehr starke, tiefgehende Verteidigungsmechanismen, Verleugnung genannt, aber jeder, der in das Buddy-System einsteigt, ist bereit, über die Verleugnung hinaus zu gehen, um zu sehen, was wahr ist. Wir sagen „Danke", weil wir realisieren, dass wir durch die Hilfe, die wir bekommen, allmählich unsere Strukturen erkennen und von ihnen frei werden können. Sobald wir ihnen Beachtung schenken, haben sie weniger Kontrolle über uns. Dieses Verständnis ist in unserem „Danke" mit eingeschlossen.

Eines unserer Gründungsmitglieder nahm mich kürzlich zur Seite, um die Schwierigkeiten anzuschauen, die sie mit mir als einen ihrer Buddys hatte.

Bist du in der Lage, deinem Buddy zu danken?

Ja. Wenn mein Buddy mir etwas erzählt, versuche ich mich vielleicht zu verteidigen mit: „Nun, bist du sicher? War es nicht anders?" Aber mehr oder weniger lenke ich sofort ein, weil ich wirklich sehen möchte, was er gesehen hat. Ich möchte etwas über mich selbst lernen, also warum sollte ich kämpfen? Ich bat ihn darum, mein Buddy zu sein und ich will hören, was er zu sagen hat. Aber mit dir ist es ein bisschen schwieriger!

Ja, es ist für dich nicht so leicht, wenn es von mir kommt. Warum denkst du, reagierst du so stark auf mich, aber nicht auf deinen alltäglichen Buddy?

Er ist kein so hartes Los für mich. Er spielt eine andere Rolle für mich und ich spiele eine andere Rolle für ihn, darum löst er es nicht aus.

Nein, das tut er nicht. Das ist der Punkt! Es scheint klar, dass du für einige Zeit den Schmerz, den du mit der Liebe deines Vaters verbindest, auf mich projiziert hast.

Oh! Es ist so schwierig.

Die Wirklichkeit ist, dass es für die meisten Menschen schwierig ist; und nur, wenn du dich durch die einfacheren Sachen durchgearbeitet hast, bist du bereit für die schwierigeren Fragen. Wir wissen seit Jahren, dass du dich früher oder später mit den Themen über deinen Vater auseinandersetzen musst. Es ist sehr stark für dich und es ist wahrscheinlich auch eine Menge Schmerz damit verbunden.

Ja, das ist wahr.

Ich werde zu diesem schrecklichen Kerl, der dich immer in Schmerz versetzt. Du musst ein klares Verständnis darüber bekommen, was da geschieht. Natürlich bin ich nicht daran interessiert, dir Schmerzen zu bereiten.

Ich glaube dir, darum frage ich mich immer, wie das passiert. Ich glaube nicht, dass du mir Schmerzen zufügen willst, aber ich fühle sie.

Ich kann dir gar keine Schmerzen zufügen. Ich muss sie dir nicht zufügen, weil sie dir schon zugefügt wurden. Ich erinnere dich nur daran, dass du diesen ganzen Schmerz in dir hast. „Danke" ist sehr wichtig, sonst könntest du auf mich projizieren, dass ich dein missbrauchender Vater wäre, der dir alle diese schrecklichen Dinge angetan hat. Wir fühlen Schmerz und sofort gehen wir in Widerstand zu dem, was gesagt wurde.

Ich habe noch immer das Gefühl, dass es völlig angemessen ist, dass ich Widerstand fühle: „Das ist wirklich zu viel!!"

Es ist sehr wichtig, dass du dich dafür bedankst, wenn ich alte Erinnerungen auslöse. Es ist so wertvoll, dass jemand das für dich tut. Es ist nicht wertvoll, wenn du es als Beurteilung nimmst.

Es ist nicht so einfach.

Deshalb ist das „Danke" so wichtig. Wenn du es nicht sagst – und fühlst – wirst du nur von deinen unbewussten, roboterhaften Strukturen aus reagieren. Du musst den Nutzen verstehen. Du musst zumindest diesen Mechanismus verstehen, ohne in die Psychologie zu gehen.

Ja, grundsätzlich verstehe ich das.

Niemand fügt irgendjemandem Schmerz zu. Du hast den Schmerz und die Leute können ihn in gewissen Situationen auslösen. Jeder sollte sich wirklich an dieses „Danke" erinnern. Wenn du deinem Buddy nicht dankst, selbst wenn du in diesem Augenblick in keine Reaktion gehst, ist es sehr wahrscheinlich, dass später etwas zu arbeiten anfängt und du dann deinen Buddy meidest, weil die Erinnerung Schmerz bringen könnte. Auf eine Art ist es natürlich,

Schmerz zu vermeiden, aber tatsächlich musst du im Schmerz bleiben, um davon frei zu werden. Das „Danke" dient dazu, diesen Vermeidungs-Mechanismus auszutricksen.

Unsere Gemeinschaft ist eigentlich nur ein Mikrokosmos dieser Welt. Wir machen dieselben Erfahrungen, aber wir haben es uns zur Priorität gemacht, uns unsere Reaktionen auf diese Erfahrungen anzuschauen; als einen Weg, um etwas über uns selbst herauszufinden.

Es hilft niemals, jemand anderem die Schuld für unsere Schwierigkeiten zu geben. Wenn es unsere Priorität ist, herauszufinden, wer wir sind, können wir diese Schwierigkeiten als Spiegel benutzen, um uns selbst zu erkennen. Das Leben selbst ist ein Spiegel. Wir müssen nicht auf besondere Zeiten oder Orte warten, bevor wir uns selbst anschauen. Wir können sogar einfach still „Danke" sagen zu jeder Situation, die etwas in uns auslöst – zum Tankwart, der zu langsam ist, zu unserem Nachbarssohn, der die Musik zu laut aufdreht und so weiter.

Die Essenz eines spirituellen Lebens ist es, zu wissen, wer man ist, und du kannst in jedem Moment herausfinden, wer du bist. Ich kenne Leute, die in einem Supermarkt erwacht sind, und in einem Waschsalon. Alles, was im Leben geschieht, ist eine Möglichkeit, dich selbst zu erkennen. In unserer modernen Gesellschaft sind die meisten Menschen einfach nicht daran interessiert, zu wissen, wer sie wirklich sind.

Die große Struktur, die wir zu sehen versuchen, ist unsere Identifikation damit, ein getrennter jemand zu sein, „Ich". Dadurch, dass wir unsere Reaktionen eine Zeit lang beobachten, können wir uns unserer verschiedenen Muster bewusst werden.

Die wirkliche spirituelle Arbeit im Zusammenleben mit einem Lehrer – die in unserer Gemeinschaft auf einer tiefen Ebene geschieht – ist, dass der Lehrer dein Ego, deine Geschichte wegnimmt. Er wird es langsam, chirurgisch entfernen, Schnitt für Schnitt, und dabei versuchen, das in Balance mit dem Schmerz zu halten. Er möchte nicht, dass zu viele Leute auf dem Operationstisch sterben! Er führt die heikelste Art von Gehirnoperation durch, um alle deine Lieblingsillusionen wegzunehmen.

In erster Linie ist der Lehrer ein Spiegel, und je näher du ihm kommst, desto stärker wird der Spiegel. Dieser Spiegel bringt all die Dinge, die wir nicht anschauen möchten, geradewegs vor dein Angesicht. Es ist nicht verkehrt, viele Themen zu haben. Doch wenn du immer noch glaubst, „das bin ich", dann ist das schade, aber die Themen werden da sein! Je offener dein Herz wird, umso mehr werden diese Themen dir vor Augen geführt. Der Lehrer ist der stärkste und klarste Buddy und das macht es auch am schwersten, ihm „Danke" zu sagen.

Das kann sehr unbequem sein, und tatsächlich sind meistens tote Lehrer beliebter als lebendige; denn wenn sie tot sind, können sie dir deine Themen nicht zeigen! Aber worum handelt es sich bei all diesem Zeug, das du nicht sehen willst? Solange du das nicht verstehst und die Dinge nicht akzeptierst, die du nicht sehen willst, wirst du niemals frei von ihnen werden.

Über die letzten zwei Jahre habe ich mit einer Schülerin an ihrem starken Thema Arroganz gearbeitet. Wenn man in einer Gemeinschaft von Menschen lebt, ist es nicht einfach, arrogant zu sein und jedes Mal damit durchzukommen. Zum Beispiel ist diese Schülerin bekannt dafür zu sagen: „Ich weiß!" Wir liegen alle falsch und sie hat Recht. Sie weiß.

Dieses selbstsichere Gesicht verdeckt gewöhnlich die genau entgegengesetzte Empfindung, die sich wirklich im Inneren abspielt – dass sie tatsächlich nicht weiß. In der Gemeinschaft beginnt die Arbeit damit, ihr diese Arroganz aufzuzeigen, so dass sie frei von etwas werden kann, das nicht dem dient, was sie wirklich ist.

Es braucht seine Zeit, wie lang sie auch sein mag, um dieses Glas zu brechen, und es ist kein einfacher Prozess, etwas wegzunehmen, was so sehr vertraut ist und einem das Gefühl von Sicherheit gibt. Es ist ein interessanter und erstaunlicher Prozess, so dass ich die Schülerin einlud, während des Satsangs darüber zu sprechen.

Möchtest du etwas mitteilen über die Zerstörung des Glases, über diesen Prozess, in dem du dich jetzt seit ein paar Jahren befindest?

Ich weiß nicht wirklich, was ich sagen will. Es ist sehr schwer, das Glas zu brechen, etwas sehr Starkes in mir loszulassen oder es auch nur zu sehen!

Ich erinnere mich daran, dass du sehr selbstsicher warst. Du vermitteltest ein Gefühl, ziemlich sicher darüber zu sein, wer du bist. Es hat sich für mich nicht sehr echt angefühlt. Was du jetzt schilderst ist näher an der Wahrheit, als das, was du vor zwei Jahren beschrieben hast.

Durch diesen Prozess komme ich mehr und mehr zu der Leere, und das fühlt sich immer verletzlicher an. Noch immer fühle ich, dass ich nicht die Wirklichkeit von dem sehe, wer ich bin. Wenn ich nicht dieses falsche Selbst bin, was ist die Wirklichkeit?

Die Wirklichkeit ist, dass du ein Wesen bist. Du hast einen Verstand, du hast einen Körper und das alles funktioniert sehr natürlich. Die Einladung des Lebens ist, auf jeden Augenblick zu reagieren, aber die Menschen haben dieses falsche Selbst entwickelt und das hat die Vorherrschaft über die Leere an sich genommen. Wir haben so viel Selbstsicherheit in dieser Gestalt, die wir geschaffen haben, und in der Rolle, die wir angenommen haben, dass wir sie nicht hinterfragen.

Zumindest bist du dir über die Wahrhaftigkeit deiner Rolle nicht mehr so sicher. Deine Wahrnehmung von dir Selbst und deine Wahrnehmung von der Welt sind erschüttert. Natürlich fühlst du dich verletzlich, denn plötzlich hast du nicht mehr dieses angenehme Gefühl von „mein" Charakter, von „das bin ich". Dinge, die letzte Woche noch Sinn gemacht haben, machen jetzt keinen Sinn mehr. Dinge, die solide zu sein schienen, fangen plötzlich an, zu wackeln.

Dennoch ist diese Verletzlichkeit eine wunderbare Möglichkeit, denn wenn du weiterhin zugänglich bleibst, wirst du entdecken, wer du in Wahrheit bist.

Wir haben die Vorstellung, dass diese Wahrheit etwas sehr besonderes sein wird, sehr wundervoll, sehr außergewöhnlich – etwas, was „Erleuchtung" genannt wird. Wenn wir in dieses Mysterium fallen, entdecken wir etwas, das sehr einfach ist – in der Wahrheit unseres Wesens gibt es einen Raum, den wir „Leere" nennen können. Dieser Ort ist nicht so, wie wir uns Leere vielleicht vorstellen, denn er beinhaltet alles. Wir entdecken, dass diese Leere die Essenz des Lebens ist. Das ist eine bemerkenswerte Erkenntnis, und sie ist absolut zugänglich – für jeden. Es werden keine besonderen Erfordernisse benötigt, nur Offenheit. Kannst du erkennen, welcher Vorteil darin liegt, das Glas zu zerbrechen?

Ja, vollkommen.

Dennoch sträubst du dich noch immer gegen das Zerbrechen?

Ja, weil es solch eine Gewohnheit ist, an meiner alten Verhaltensweise festzuhalten, besonders dann, wenn ich es nicht einmal weiß.

Wenn du es in einem größeren Zusammenhang betrachtest, kannst du all die Vorteile sehen, aber dennoch ist Widerstand da, das nächste Teil vom Glas zu zerbrechen.

Jedes Mal wenn etwas hochkommt, bei dem ein weiteres Teil vom Glas brechen könnte, werde ich sehr ängstlich – weil ich weiß, dass es sehr schmerzhaft wird.

Es ist ein bisschen so, als hätte man ein Pflaster auf der Haut. Man kann es sehr langsam abziehen und nicht viel Schmerzen spüren, oder man kann es schnell abziehen, den Schmerz erleben, und dann ist es vorbei. Es geschieht für unterschiedliche Leute auf unterschiedliche Weise.

Wahrscheinlich hast du deine Mutter in dem Moment, als sie das tat, gehasst, aber zur selben Zeit hast du verstanden, dass es notwendig war und geliebt hast du sie sowieso, auch wenn es weh tat. Versuche mich als sehr liebevolle Krankenschwester zu sehen, die deine alten Pflaster von deiner Haut abzieht!

Ich mache das regelmäßig bei meiner kleinen Tochter. Sie weint, weil es sehr schmerzvoll ist, aber später dankt sie mir.

Es ist schwer zu erklären, aber je mehr die Mutter – oder in diesem Fall der Lehrer – dir weh tut, umso mehr lieben sie dich. Wenn du jemanden nicht liebst, kümmerst du dich auch nicht darum, das Pflaster zu entfernen, wenn es ab muss. Der spirituelle Lehrer liebt dich und will dich darin unterstützen, frei zu sein. Er weiß, dass er manchmal die Pflaster abziehen muss. Kannst du dann „Danke" sagen?

Nach ein paar Stunden oder Tagen! Danke.

● ────── ●

Der Grund, warum die Welt nicht voller erleuchteter Menschen ist, ist, dass fast jeder wegrennt, wenn er an seine Schmerzgrenze kommt – also dieses starke Glas berührt. Soweit ich sehen kann, werden Menschen deshalb nicht wirklich frei, weil sie nicht bis zum Ende durchhalten.

Um frei zu werden ist es wichtig, jemanden zu haben, der deine Geschichte wirklich sehen kann und sie dir spiegelt. Es ist nur diese Illusion, die du selbst erzeugt hast, die dich am Erwachen hindert. Die ganze Anstrengung des Lehrers ist es, für dich einen Mechanismus zu erzeugen, das erkennen zu können – und wenn du es einmal erkennst, ist alles vorbei.

Die Wirkung dieses intensiven Spiegelns – durch Leute, durch Lehrer, durch das Leben selbst – ist, an einen Moment zu kommen, an dem du ohne einen Zweifel begreifst, dass du nicht der bist, der du immer glaubtest zu sein. Dies ist ein ganz wundervoller und lebensverändernder Moment, weil du jetzt die Möglichkeit siehst, nicht vom konditionierten Verstand aus zu leben.

Der ganze Fokus unserer Gemeinschaft und der Retreats und Wochenenden ist es, eine Umgebung zu schaffen, in der dies eher geschehen kann. Wir benutzen die Spiele und Erfahrungen, um bewusster zu werden. Aber das ganze Leben ist bereits eine wundervolle Einladung und eine Möglichkeit, sich selbst zu sehen – wo immer man ist und was immer man gerade in der Welt tut.

Kapitel 7
Erwacht und frei

Nichts fehlt!
Das, was wahrhaftig ist, ist nur jetzt!
Wir haben diesen Augenblick;
das ist alles.
Mit diesem Verstehen
wird das Leben zum Paradies
– denn du bist wirklich frei.
Frei von allem, was du „Ich" nennst.
Ein erwachtes Leben zu leben heißt,
einfach zu sein.

Kapitel 7
Erwacht und frei

Im Zustand der Stille ist es möglich, an einen Punkt zu gelangen, an dem die frühere Wahrnehmung von der Welt und dir selbst abfällt. Du erhältst einen Einblick in deine wahre Natur. Wenn dieser Einblick sich in dir festigt, kannst du aus deiner wahren Natur heraus leben. Was wirst du tun, wenn dich dein Alltag nicht mehr plagt? Ist es möglich, noch zu funktionieren? Das Leben kann in vollen Zügen genossen werden, so, wie es ist, in jedem Augenblick. Dann können sich Kreativität, Friede und die Feier des Augenblicks auf ganz natürliche Weise durch dich ausdrücken.

Feiern und natürliche Kreativität
Den Augenblick feiern

Ich mache mir nicht viel aus Geburtstagen, besonders nicht aus meinem eigenen, aber dieses Jahr war eine Ausnahme. Ich hatte das Gefühl, dass mein Geburtstag für die gesamte Community eine wunderbare Gelegenheit wäre, um zusammen zu kommen und einen Abend lang zu feiern. Es ging nicht darum, den Tag zu feiern, an dem ich geboren wurde; sondern mein Geburtstag war eher ein willkommener Vorwand, um des Feierns wegen zu feiern. Wir einigten uns, dass nach einem köstlichen Abendessen jeder eine kleine Performance präsentieren würde, etwas Kreatives, ganz persönlich von jedem Einzelnen.

Obwohl diese Idee von den Bewohnern mit gemischten Gefühlen aufgenommen wurde, war das Ergebnis doch eine große Vielfalt an Darstellungen. Es gab eine Trommelaufführung, Gesang, Theater und sogar einen Striptease! Jede Darstellung war einzigartig und schön, und in manchen Fällen war es für die Person eine echte Herausforderung, sich auf derart offene und authentische Weise zu zeigen.

Es ist eine Herausforderung, weil du „du selbst" sein musst. Du kannst dich nicht wirklich verstellen, wenn du etwas ausdrückst, was dir viel beutet und dir am Herzen liegt. Für manche ist es schwer, sich auf so eine Weise zu zeigen.

Es war ein großartiger Abend, denn er war so ganz ohne Ziel. Es gab Kreativität ohne Ende und es wurde viel gelacht. Es gab keinen Plan, sondern nur Spontaneität. Sich selbst authentisch auszudrücken, ist ein riesiger Schritt auf dem Weg zum Erwachen, und führt zu etwas sehr Einfachem, aber auch sehr Schönem: jeden Moment in Arglosigkeit und Präsenz zu leben.

In den acht Jahren der Gemeinschaft ist immer mehr Energie für Kreativität entstanden. Es entsteht mehr und mehr Raum für

Theater, Tanz, Musik, Modellieren und Malen, auf ganz natürliche Weise. Zu Beginn habe ich vielleicht noch gedacht: „Nun, ich bin selbst Maler. Ich bin ein kreativer Mensch. Vielleicht kommen deshalb Leute zu mir, die auch kreativ sind." Aber ich glaube nicht, dass das wirklich so ist. Ich glaube, je stiller wir werden, desto kreativer werden wir.

Was gibt es noch zu tun, wenn du immer mehr in die Stille und Leere kommst und dein Verstand dich immer weniger im Griff hat? Wir sind hier und wir haben ein Leben. Also, was tun mit diesem Leben? Ohne dass wir es bewusst wählen, entsteht auf ganz natürliche Weise aus der Stille heraus Kreativität. Je mehr du „nicht anwesend" bist, desto stärker ist der Fluss der Kreativität.

Ich bin mir sicher, dass du das schon selbst erlebt hast. Vielleicht hast du getanzt, gesungen, gemalt oder vielleicht sogar gegärtnert, und ab einem bestimmten Punkt verschwindet derjenige, der das macht. Du löst dich vollkommen in der Aktivität auf und vergisst, dass „du" derjenige bist, der das macht. Wenn das passiert, fühlen wir uns im Inneren sehr ekstatisch, was mit der Aktivität an sich tatsächlich nichts zu tun hat.

Einer unserer Bewohner ist bekannt für seine Schüchternheit und Verlegenheit wenn es darum geht, sich selbst darzustellen. Einer seiner schlimmsten Momente war die Einladung, bei einer Theatervorstellung auf der Bühne zu stehen. Augenblicklich wurde er zum Gefangenen seiner eigenen Gedanken – seiner Selbstzweifel und seiner Unsicherheit. Er trat aus seinem Herzen heraus, heraus aus seinem natürlichen Sein.

Als die Feier sich allmählich auflöste, saß ich mit ihm zusammen über dem letzten Sekt des Abends, und wir unterhielten uns darüber, was ein paar Stunden zuvor mit ihm passiert war.

Eigentlich wollte ich bei der Performance gerne mitmachen, aber als ich auf die Bühne ging, fühlte ich diese energetische Blockade. Eine Performance ist nichts, was mir vertraut ist, deshalb fühlte ich diese riesige Angst. Meine Denkfähigkeit fror komplett ein. Und mir fiel es schwer, zu atmen.

Dieses Gefühl, das du beschreibst, ist weit verbreitet. Ein Beispiel, mit dem ich vertraut bin, ist der Moment, wenn man anfängt, auf ein leeres Blatt Papier zu malen. Zuerst ist es noch recht einfach, da ist noch ganz viel Weiß und erst ein bisschen Farbe. Aber je mehr Farbe du aufträgst, desto schwieriger wird es und du spürst, wie eine Art Widerstand aufsteigt. Du weißt nicht, was du tun sollst. Du weißt nicht, wo du die nächste Farbe hinsetzen sollst. Du weißt nicht, welche Farbe du nehmen sollst. Du weißt nicht, auf welcher Seite des Blattes du malen sollst. Plötzlich wird alles ganz schwierig. Dir gehen Gedanken durch den Kopf wie: „Ich kann das nicht! Ich bin nicht gut genug." Du schaust auf das Bild deines Nachbarn und du denkst: „Oh, mein Bild ist nicht so gut wie seins!"

Du fängst nur an zu malen oder in deinem Fall Theater zu spielen, und schon nach kurzer Zeit bist du mit deinen ganzen Strukturen konfrontiert, mit deinem falschen Ich.

Aber es fühlt sich so echt an! Ich fühle so viel Druck, etwas zu unternehmen, um da heraus zu kommen. Gibt es denn irgendetwas, was ich tun könnte?

Die Strukturen, die dir begegnen, sind der ganze Müll, den du in deinem Leben angesammelt hast. Du kannst nicht einfach auf die Bühne! Du fühlst dich gehemmt: „Und sowieso, er ist so ein guter Schauspieler – ich war nie besonders gut darin!"

Mein Vorschlag für diesen Abend war es, uns mit Kreativität zu beschäftigen, als Mittel, um das Aufsteigen solcher Strukturen zu provozieren. Allein schon der Gedanke, dich in so eine Situation zu begeben, bringt so viel hoch, ohne dass du überhaupt etwas getan hast. Letztendlich kannst du einfach nur zuschauen, was in dir passiert.

Wenn ich also mit diesem ganzen kreativen Zeug weitermache, mich selbst ausdrücke und entdecke, werde ich meine Strukturen immer mehr sehen. Kann ich mich allmählich von ihnen befreien, indem ich sie sehe?

Konzentriere dich auf eine höhere Form der Kreativität. Mache aus dir einen Buddha. Das ist wunderschön. Es ist, wie den Gipfel des Mount Everest zu besteigen. Es ist der Höhepunkt menschlicher Möglichkeiten in der Kreativität.

Es ist möglich. Es ist nicht möglich zu fliegen, aber du kannst eine Skulptur kreieren, einen Tanz oder ein Gemälde. Und du kannst aus dir einen Buddha machen. Aber es ist viel Arbeit. Du musst dafür sehr fokussiert sein. Es reicht nicht aus, zu drei Satsangs zu gehen, zwei Bücher zu lesen oder zwei oder drei Lehrern „Hallo" zu sagen. Es verlangt jeden Blutstropfen und jeden Krümel Energie aus deinem Körper. Aber es ist möglich, und der gesamte Fluss des Bewusstseins lädt dazu ein.

Die Einladung besteht nicht darin, jeden Monat deinen ganzen Fokus darauf zu richten, die Telefonrechnung zu bezahlen. Die Einladung besteht darin, aus dir selbst einen Buddha zu machen und auf dem Höhepunkt der Kreativität und des Bewusstseins zu leben.

Jetzt richte ich also meine Kreativität darauf, aus mir selbst einen Buddha zu machen!

Auf absoluter Ebene bist du bereits ein Buddha! Aus dir selbst einen Buddha zu machen, bedeutet, dass du einfach den Weg frei machen musst. Trete zur Seite und entdecke, dass du bereits ein Buddha bist. Und dann drückt sich der eine Buddha durch Malen aus, der andere durch Fegen des Hofes, Mittagessen kochen oder Musik machen. Das ist ganz egal; die tatsächliche Ausdrucksform ist nicht so wichtig.

Ich mag diesen kleinen Witz von mir, dass jeder auf die Erde kommt mit einer Einladung um den Hals, auf der steht: „Herzlich Willkommen und viel Spaß!" Leider scheint sie bei vielen abzufallen, und wir vergessen sie sehr schnell. Aber wahrscheinlich gibt es doch einen Teil in uns, der sich danach sehnt, zu der natürlichen

Verspieltheit zurückzukehren, die wir als Kind hatten. Das trifft besonders auf Menschen zu, die kreative Talente haben.

In uns drinnen haben wir einen Teil, der voller Freude ist, spontan und ganz natürlich, und einen anderen Teil, der konditioniert und ernst ist. Wenn wir zurückkehren zu unserer wahren Natur, dann erstrahlt dieser natürliche Teil in uns und das Leben ist voller Freude, spontan und verspielt. Wenn du sehr still wirst und die Anhaftung an das falsche Selbst durchtrennt ist, dann gibt es etwas, das sich aus dieser Stille heraus ausdrücken möchte. Es ist, als würde sich die grundlegende Natur des Bewusstseins ausdrücken wollen.

Dann kannst du einfach deinen Tanz tanzen, und irgendwie finden wir alle unseren eigenen Tanz. Wenn du keinen starken Drang empfindest, oder du dich zu keiner eindeutigen Ausdrucksform hingezogen fühlst, dann drückst du dich vielleicht schon dadurch aus, indem du einfach da bist. Das lustige an der Existenz ist, dass die vielen verschiedenen Tiere, Vögel, Insekten und Menschen permanent etwas ausdrücken. Man kann dem nicht wirklich entkommen! Darin ist nichts persönliches, aber was sich ausdrückt, bist genau du. Es ist Bewusstsein, das sich durch genau deinen Körper-Geist-Organismus manifestiert. Die gesamte Existenz pulsiert und feiert – einfach ohne Grund!

Wir brauchen keinen Anlass, um jeden Augenblick zu genießen und zu feiern. Es ist schon genug, einfach nur zu atmen, zu hören, zu sehen, sich auszudrücken – das reicht schon aus, um zu feiern. Es braucht dafür nichts Besonderes. Du musst dafür nicht Picasso oder Mozart sein. Du kannst malen oder Flöte spielen, einfach, weil es dir gefällt. Das reicht. Osho unterstützte das Feiern in jedem Augenblick und organisierte vier riesige, ausgefallene Feste jedes Jahr. Letztendlich schlug er vor, die bunten Lichterketten das ganze Jahr durch hängenzulassen mit den Worten: „Du kannst deinen Geburtstag jeden Tag feiern!"

Unser Verstand hätte gerne einen großartigen Entwicklungsplan, mit dem die gesamte Menschheit auf eine perfekte Zukunft hinarbeiten kann. Und wie ist es jetzt? Ziemlich unperfekt! Hier drüben gibt es

Menschen, die damit beschäftigt sind, die ganzen schönen Bäume abzuholzen, um sie zu Holzspänen zu verarbeiten. Und dort töten sie alle Wale, um Katzenfutter daraus zu machen. Großartig! Gleichzeitig sind andere damit beschäftigt, Bäume zu pflanzen und wieder andere, die Wale zu retten.

Also, worum geht es hier eigentlich? Vielleicht um nichts. Vielleicht hat alles keinen Sinn. Vielleicht liegt der einzige Sinn darin, zu erkennen, dass es keinen Sinn gibt. Dass es keine Zukunft gibt – sondern nur „Jetzt". Aber was macht man dann mit diesem „Jetzt"? Sollen wir es in die Zukunft verschieben? „Ich bin sowieso gerade sehr beschäftigt. Ich muss ins Internet-Café. Wie kann ich da einfach hier sein?" Was wäre, wenn es nur diesen Moment gäbe und sonst nichts? Warum dann nicht diesen Moment feiern und zelebrieren? Warum ihn nicht annehmen, akzeptieren und einfach für ihn hier sein?

Ein neuer Mönch kommt ins Kloster. Er hat die Anordnung, den anderen Mönchen dabei zu helfen, die alten Texte handschriftlich zu kopieren. Ziemlich schnell entdeckt er, dass sie von Kopien kopieren, und er weist darauf hin, dass ein Fehler, der bereits in der Kopie enthalten war, in allen anderen Kopien wiederzufinden sei.

Der verantwortliche Mönch entgegnet: „Wir kopieren seit Jahrhunderten von den Kopien, aber dein Einwand ist gerechtfertigt, mein Sohn." Also geht er mit einer der Kopien hinunter in den Keller, um sie mit dem Original zu vergleichen.

Stundenlang wird er nicht mehr gesehen. Schließlich geht einer der Mönche hinunter, um nach ihm zu schauen. Aus dem hinteren Teil des Kellers hört er fürchterliches Schluchzen, und er findet den alten Mönch weinend über eine der originalen Schriften gebeugt. Er fragt, was los sei. Der alte Mönch schaut ihn mit roten, tränenerfüllten Augen an und schluchzt: „Es heißt nicht ‚Zölibat', es heißt ‚Zelebriert'!"

240

Sei einfach, ganz ohne Grund. In Indien gibt es dafür ein wunderbares Wort: Leela. Es bedeutet „Göttliches Spiel". Es zeigt sich besonders schön in Kindern, die am Strand spielen. Sie verbringen eine wunderbare Zeit damit, Sandburgen zu bauen. Sie sind ganz da, in jedem Augenblick, während sie sie bauen. Sie haben ein paar Meinungsverschiedenheiten untereinander, aber sie genießen ihr Spiel vollkommen. Aber dann geht der Nachmittag am Strand zu Ende und die Mutter ruft: „Wir müssen gehen!" Dann haben sie genauso eine schöne Zeit, die Sandburgen wieder einstürzen zu lassen und auf ihnen herumzuspringen. Wenn du verstehst, dass es nur Jetzt gibt, dann kannst du das Leela des Lebens genießen.

Wir hätten gerne, dass das Leben einen wichtigen Sinn hat. Man könnte sagen, dass der wichtige Sinn im Leben darin besteht, zu wissen, wer wir sind. Und was tun wir, wenn wir wissen, wer wir sind? Nun, wir feiern! Es kommt fast auf das Gleiche heraus: Du weißt, wer du bist, und dann feierst du den Augenblick. Oder du feierst den Augenblick und dann, natürlich, weißt du, wer du bist.

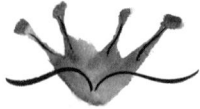

Waschpulver im Mercedes
Das Mysterium des Lebens

Nach der Rückkehr von einer Satsang-Tour wachte ich am Morgen auf und musste feststellen, dass in der Nacht ein Schüler den Tank meines Autos mit Waschpulver gefüllt hatte. Er war sehr aufgebracht über etwas, was ich gesagt hatte und hatte seitdem starke Gefühle und Projektionen gegen mich. Er hatte beschlossen, mitten in der Nacht mit seiner Freundin zu verschwinden, und hatte meinen Tank mit Waschpulver gefüllt, bevor er sich aus dem Staub machte.

Wir fragten in der Werkstatt, was wir mit dem Waschpulver tun sollten. Sie sagten: „Oh, fahren Sie nur, bis der Tank leer ist, dann wechseln Sie den Filter und füllen neues Benzin ein." Es war eine Mercedes-Werkstatt, in der man uns das erzählte, und so glaubten wir ihnen. Wir fuhren also weiter und schon bald hörte die Benzinpumpe auf zu arbeiten, also haben wir eine neue Pumpe einbauen lassen. Erst schien alles in Ordnung zu sein, aber dann versagte sie wieder.

Zurück in der Werkstatt sagte man uns, dass wir eine neue Auspuffanlage bräuchten. Danach schien das Auto für eine Weile in Ordnung zu sein, aber dann versagte es wieder seinen Dienst und die Benzinpumpe machte komische Geräusche. Also setzten sie kostenlos eine neue Pumpe ein, aber wieder funktionierte sie nicht. Danach tauschten wir die neue Benzinpumpe wieder aus, ließen einen neuen Tank einbauen, ersetzten diverse Rohre, Pumpen und Filter und immer noch funktionierte es nicht. Dann waren es weitere 500 € für eine Art Druckregler und zwei Tage später sagten sie uns, wir bräuchten zwei kleine Sensoren! Aber sie sagten auch: „Also, selbst dann sind wir nicht sicher, ob es funktionieren wird!"

Leben geschieht, wie es geschieht und nicht immer auf die Weise, wie wir es mögen. Ich war nicht besonders glücklich über diese Situation mit dem Auto, aber am Ende kann ich sagen, es war einfach so. Ich bin in Ordnung und wenn das Auto nicht in Ordnung ist, kein Problem! Dass ich in Ordnung bin, hängt nicht davon ab, dass das Auto in Ordnung ist.

Es gibt keine Möglichkeit, wie wir nicht in Ordnung sein könnten. Wir sind absolut perfekt, und es gibt keine Möglichkeit, irgendwie anders zu sein. Wir sind immer an genau dem richtigen Ort, und es ist absolut so, wie es sein sollte!

Ein Schüler befindet sich am Ufer eines reißenden Flusses. Es gibt keine Brücken. Er hat kein Boot. Er schreit zum Meister am gegenüberliegenden Ufer: „Wie kann ich auf die andere Seite kommen?" Der Meister schreit zurück: „Du bist auf der anderen Seite."

Du bist immer am einzigen Ort, an dem du sein kannst, und du kannst nie wissen, was passieren wird. Entscheide dich einfach, das Geheimnis zu leben. Vielleicht hätte ich, nachdem ich 3.000 Euro investiert hatte, den Mercedes abgeholt, mich gebückt und einen riesigen Diamanten im Reifen verkeilt gefunden! Vielleicht wäre der letzten Kundin ein Diamant aus dem Ring gefallen. Das Leben ist die perfekte Achterbahn. Wir können es nie wissen.

Erstaunlicherweise erschien der echte Diamant nur wenige Tage, nachdem der aufgebrachte Schüler verschwunden war. Der Tag nach seiner Abreise war ein Intensiv-Wochenende mit Selbsterforschung, und ein paar Tage nach dem Wochenende bemerkten wir, dass seine Frau Kirsten, die weiterhin in der Community lebte, viel lachte; sie erlebte offenbar keine große Tragödie angesichts des Verschwindens ihres Ehemannes mit einer anderen Frau. Sie hatte einen starken Einblick in ihre wahre Natur.

Kirsten war im Dorf einkaufen gegangen, und als sie vor dem Supermarkt saß, hatte sie die Menschen beobachtet, wie sie mit ihren Lebensmitteln vorbei gingen, und sie erkannte plötzlich, dass sie nicht mehr in ihrem Film war. Daraus entstand ein großes Gefühl von Freiheit, und ich fühlte so viel Glück für sie. Ihr Erwachen war mein Diamant im Reifen und die Entschädigung für all die Schwierigkeiten mit dem Auto.

Bevor sie in die Community kam, lebte Kirsten ein ganz normales Leben; sie arbeitete in einer Bank, betreute ihr Kind und war eine gewöhnliche Hausfrau. Eines Tages beschloss sie, mit ihrem Mann zum Satsang zu kommen. Danach verstärkte sich ihr Interesse, bis sie kam, um in der Community zu leben.

Mein Mann und ich wollten zusammen in der Community leben. Er und unser Sohn kamen direkt nach dem Sommer-Retreat hier an, während ich mich darum kümmerte, unseren Hausrat zu packen und all unsere Vorkehrungen zu Ende zu bringen. Ich arbeitete auch weiterhin drei Tage die Woche. Dann ist mein Mann plötzlich gegangen, und ich glaube nicht, dass ich jemals so viel gelacht habe wie an diesem darauffolgenden Wochenende. Es war wirklich lustig, wie eine Geschichte aus einem Märchenbuch. Ich konnte sehen, dass die Vergangenheit einfach nicht mehr existierte.

All deine Vorstellungen über Beziehung, über die Welt und „mein Leben" sind nur Märchen, die sich in deinem Kopf abspielen; und jetzt ist es alles sauber fortgewischt worden. Wenn du aufwachst, siehst du, dass diese große Geschichte „mein Leben" einfach ein Märchen ist, und dass sie nie wirklich existiert hat.

Kannst du uns etwas über den Moment sagen, in dem du deine starke Öffnung hattest?

Wir waren gerade aus dem Supermarkt gekommen und hatten eine Menge Einkaufstüten. Es war ein ziemlich langer Weg zum nächsten Geschäft, also sagte ich: „Ich setze mich hier einfach auf die Bank und warte auf dich." Ich sah den Menschen zu, wie sie vorbei gingen, und ich bemerkte, dass es genauso war, wie einen Film im Kino anzuschauen;

und ich selbst war nicht in diesem Film. Irgendwann klingelte das Handy und ich meldete mich. Jemand fragte mich, was sie zu Mittag kochen sollten. Ich sagte es ihnen, und der Film ging währenddessen einfach weiter. Er geht immer noch weiter und weiter und weiter, aber es ist niemand da.

Wo, glaubst du, hast du das „Ich" verloren?

Ich habe keine Ahnung.

Seit du dein „Ich" verloren hast, bist du nach Nürnberg gefahren, wo du für ein paar Tage gearbeitet hast, du hast alles arrangiert, um deine Möbel hierher zu schicken, hast dich um deinen Sohn gekümmert, und du hast gelegentlich mit deinem Ex-Mann gesprochen und viel gelacht.

Manche Menschen sind sehr besorgt, dass sie, wenn sie ihr „Ich" verlieren, nicht mehr in der Lage sind zu funktionieren, aber du scheinst sehr gut zu funktionieren.

Noch besser als zuvor.

Wie das?

Früher verbrachte ich die meiste Zeit mit Gedanken über die Zukunft oder die Vergangenheit oder über das, was ich zu tun hatte. Jetzt bin ich einfach immer im Moment. Jetzt gerade sitze ich hier und erzähle diese Geschichte und es gibt keine anderen Gedanken. All diese anderen Gedanken, die den Verstand vorher ausgefüllt haben, sind einfach verschwunden.

Also läuft alles ganz leicht.

Ja, alles läuft von selbst.

Von selbst! Ist das nicht eine wunderbare Art, zu leben? Kannst du dir vorstellen, im „Fluss" zu leben, in dem es keine Sorgen darüber gibt, was passieren wird? Statt mit 65 in den Ruhestand zu gehen und deine Rente zu bekommen, kannst du jetzt in Rente gehen. Vielleicht gibt es keine Rente, aber du kannst einfach in den Ruhestand gehen und alles geschehen lassen.

Vor kurzem habe ich gehört, dass du sagtest, dass alle Gefühle willkommen sind – Trauer oder Freude oder was auch immer. Spürst du die verschiedenen Qualitäten?

Es ist eigentlich alles die gleiche Energie.

Wenn du hier im Satsang sitzt, lachst du manchmal viel; wenn du dort in der Küche bist, dann lachst du nicht so viel. Fühlst du dich manchmal gestresst?

Natürlich bin ich ab und zu gestresst, denn es gibt erstaunlich viel zu tun, aber selbst dann lache ich. Wenn etwas komisch ist, lache ich, wenn etwas nicht komisch ist, dann lache ich nicht. Dieses Lachen ist nicht etwas, was ich tue – es passiert einfach. Wenn etwas Lustiges passiert, dann kommt das Lachen von selbst, und wenn ich arbeite, dann konzentriere ich mich auf das, was es eben in diesem Moment zu tun gibt.

Die Tatsache, dass man besser funktionieren kann als zuvor, ist sehr wichtig, weil es eine echte Angst gibt, dass man in eine Art graues Nichts fallen würde, wenn man die ganze Geschichte von „mein Leben" einfach loslässt. Aber so ist es nicht.

Ich finanziere mich durch meine Arbeit, drei Tage pro Woche in einer Bank, wo ich sehr gut funktioniere. Eigentlich funktioniert auch dort alles besser als vorher. Wenn ich einen Kunden berate, bin ich einfach mit dieser Person im Augenblick präsent. Ich habe keine anderen Gedanken, und ich erinnere mich immer noch an alles, was getan werden muss.

Kirstens Einblick hielt an und ihr Selbst-Gewahrsein wuchs. Sie war ein tatkräftiges Mitglied der Community, während sie noch Teilzeit in der Bank arbeitete, um sich und ihren Sohn zu finanzieren.

•　——————　•

Die Einladung – und das ist wirklich der Kernpunkt – besteht darin, in diesem ruhigen Teil zu bleiben und sich nicht wieder in den Film einzuklinken. Da ist etwas, was sich nicht ändert, und du wirst feststellen, dass es hilfreich ist, ruhig zu sein, nicht zu reden und keine Geschichten und Strukturen zu aktivieren, um wirklich in Kontakt damit zu kommen.

Wir fällen ständig Urteile darüber, wie unsere Zukunft sein sollte. Das ist nur ein Teil unserer Illusion, nur ein Teil von „mein Leben bestimmen". Wir können die Zukunft nicht kennen. Wenn wir einen Einblick hatten, wenn wir in Kontakt mit dem sind, was sich nicht ändert, ist es leicht, einfach zu akzeptieren, was ist. Wir fällen ständig Urteile wie: das ist gut, das ist nicht gut; aber wir können es nicht wirklich wissen.

Wenn du beginnst, das zu sehen, dann wird sich natürlicherweise etwas entspannen. Die Einladung besteht darin, zu akzeptieren, was ist, und die Überzeugung fallen zu lassen, dass „ich mein Leben bestimme", dass „ich weiß". Dann wird dein Leben einfach „im Fluss sein". „Du" wirst dich auflösen und das tägliche Leben, das viele Probleme hatte, wird plötzlich eine andere Beschaffenheit haben. Du wirst feststellen, dass die Dinge einfach zu passieren scheinen. Sie fühlen sich richtig an, ohne ein bestimmtes Ziel.

Du wirst das Leben als ein sich Entfalten von Augenblick zu Augenblick wahrnehmen. Du wirst dir bewusst, dass du dich mit etwas identifizierst, was sich nie ändert, was einfach ist. Es hat die Qualitäten von Friedlichkeit und Stille; eine tiefe Stille, ein großes Wohlbefinden, ein Empfinden, umhüllt zu sein von einer riesigen warmen Decke, geschützt und genährt. Die Welt verändert sich ständig. Unser Handeln und unsere Erfahrungen verändern sich auch, aber in unserem Innersten gibt es etwas, das sich nie verändert.

Das erinnert mich an die Geschichte von einem jungen Mann, der ein schönes weißes Pferd fand. Er brachte es zurück ins Dorf und alle stürzten heraus und sagten: „Wow! Was hast du für ein Glück; du hast dieses schöne weiße Pferd!"

Am nächsten Tag ging er reiten. Das Pferd warf ihn ab und er brach sich ein Bein. Als er humpelnd zurück ins Dorf kam, kamen alle Dorfbewohner heraus und sagten: „Oh Gott! Was für ein schreckliches Pferd! Sieh nur, was es dir angetan hat – wie furchtbar! Jetzt hast du ein gebrochenes Bein!"

Aber am nächsten Tag kamen Armee-Rekrutierer auf der Suche nach jungen Männern ins Dorf, und natürlich konnten sie den jungen Mann mit seinem gebrochenen Bein nicht nehmen. Darauf riefen die Dorfbewohner: „Wow! Was hast du für ein Glück! Wegen des gebrochenen Beines musst du nicht zur Armee."

Und natürlich geht diese Geschichte weiter und weiter. Sie nennt sich Leben. Während wir unseren eigenen Film schauen, geht das Leben weiter. Sogenannte Probleme sind nur Urteile über irgendwelche Lebensumstände.

Ein Einblick in die Wahrheit
Aus der Illusion erwachen

Das Haus, in dem die Community ihren Platz hat, ist ein ausgedehntes Anwesen aus dem 17. Jahrhundert, mit einem Labyrinth von Räumen, die sich um einen Innenhof anordnen. Wir kamen im Sommer 2006 an, nachdem wir die Gemeinschaft zwei Jahre zuvor auf einer Pferdefarm gestartet hatten. In den ersten Monaten hier erkundeten wir das alte Haus, wenn wir nicht gerade damit beschäftigt waren, den Umzug zu organisieren. Wir fanden Zimmer hinter Zimmer, Kammer hinter Kammer und viele kleine Räume, die für interessante Dinge verwendet werden konnten. Wir fanden einen riesigen Dachboden versteckt hinter alten Kisten. Hinter einigen Büschen verborgen fanden wir einen alten Stall mit einer antiken Reiterausrüstung, und wir fanden sogar einen Luftschutzbunker aus Kriegszeiten.

Die beste Entdeckung aber machten wir etwa drei Jahre später, als jemand in einer Ecke des Hofes Holz sägte und über eine kleine Luke stolperte, die in den Pflastersteinen versteckt war. Sie führte zu einer Art Speicherplatz, aber er sah fast so aus wie eine Zelle in einem alten Kloster. Es war eine schöne Überraschung für die Bewohner, und wir verwandelten ihn in einen Retreat-Keller, in dem man für einige Tage allein sein kann. Es ist ein schöner kleiner Raum, aber niemand wusste von seiner Existenz, drei volle Jahre lang. Wie viele Male gingen wir über ihn hinweg, plauderten in der Nähe, wetzten unsere Schuhsohlen auf seiner Oberfläche ab.

Eine Entdeckung wie diese zu machen ist ähnlich, wie etwas an dir selbst zu entdecken, was du bisher noch nie gesehen hast. Etwas, was immer da war, unter all den Dingen, die es verdecken, etwas, das still und nicht augenfällig ist, bis du den alten Holzhaufen wegräumst und die Luke findest. Du findest Ruhe, Stille und Frieden, von deren Existenz du nie wusstest. Wenn dies im Sinne einer spirituellen Entdeckung passiert, nenne ich es einen „Einblick", einen Einblick in deine wahre Natur, in die zugrunde liegende Ruhe und Stille. Es ist auch ein Einblick in eine neue Möglichkeit, wie man sein Leben leben kann.

Eine Frau kam vor kurzem als Volontärin ins Haus; sie wollte mit uns für einige Wochen leben und arbeiten. Sie schloss sich einem Intensiv-Wochenend-Retreat an, in dem es morgens und abends Satsang, Stille und Selbsterforschung gab. Sie war davon stark berührt, und nach dem Wochenende hatte sie einen intensiven Einblick in ihre wahre Natur. Sie spürte eine große Energie in ihrem Körper und hatte ein Gefühl der tiefen Verbundenheit und Glückseligkeit, was sie nie für möglich gehalten hatte. Sie hatte auf einer tieferen Ebene gesehen, wer sie war.

Allerdings war der Einblick nur von kurzer Dauer und sie kehrte in das Altbekannte zurück, was sie zwischen den Welten hängen ließ. Sie wollte herausfinden, wie sie all die verborgenen Räume in ihrem Inneren aufdecken konnte, all die verborgenen Möglichkeiten, aber sie wusste nicht, wo sie anfangen sollte. Eines Abends sprach ich über das Potenzial, in einem Zustand jenseits des Verstandes zu leben, jenseits dessen, was wir kennen. Ich benutzte den Einblick dieser Frau als Beispiel, um zu zeigen, wie nahe es ist. Sie reagierte darauf, indem sie nach vorne kam, um mitzuteilen, wie sie sich nach ihrer Erfahrung fühlte.

Ich scheine mich in einer Situation zu befinden, in der ich weder das, was du beschreibst, leben kann, noch kann ich länger auf die alte Weise leben. Es gibt nur Mühe und Schmerz und ich fühle mich festgefahren.

So kurz nach dem Retreat-Wochenende, an dem du deinen tiefen Einblick hattest?

Ja, er war sehr stark. Ich erfuhr eine energetische Öffnung, in der ich wusste, wer ich war, aber dann, unmittelbar danach, verschloss sich etwas von selbst und ich war wieder in Verwirrung.

Diese Art der plötzlichen energetischen Öffnung nennt man nicht Selbstverwirklichung, denn sie hält nicht an; die Anhaftung an das falsche Selbst ist nicht dauerhaft aufgelöst. Aber die Öffnung war genug, um einen Einblick davon zu gewinnen, wer du bist. Jetzt hat es sich geschlossen und du bist wieder verwirrt.

Wenn ich dich jetzt anschaue, kann ich sehen, dass etwas anders ist als davor. Das Intensiv-Wochenende war ein totales Bombardement auf all deine falschen Vorstellungen über das Leben. Es war wie ein Krieg an allen Fronten, und die Folge davon ist, dass alles begonnen hat sich zu öffnen.

Ja, das ist wunderbar, weil ich mit der Vorstellung hier her kam, ich müsste etwas „tun", um etwas zu bekommen.

Wir kommen oft mit einer Vorstellung, dass wir etwas zu verstehen oder etwas zu lernen haben. Natürlich passieren solche Dinge, aber es passiert weit mehr – Dinge, die wir uns nicht einmal vorstellen. Wenn wir dabei bleiben, uns diesem Bombardement auszusetzen, wird alles weggeblasen. Unser Selbstverständnis ist erschüttert, und wir können uns ziemlich verletzlich fühlen, aber wenn wir empfänglich bleiben, werden wir die Wahrheit darüber, wer wir sind, entdecken.

Ja! Es hat mich komplett verändert. Das ganze Gefühl, dass ich etwas tun muss, all die alten Geschichten verschwanden, aber nur für zwei Tage. Dann war alles schlimmer als je zuvor.

Hast du einmal Champagner genossen, ist es schwer, wieder billigen Fusel zu trinken. Was jetzt geschieht, ist sehr positiv. Vorher dachtest du, dass du weißt, wer du bist, und jetzt weißt du, dass du es nicht weißt.

Das ist eigentlich ein ganz wichtiger Schritt. Die meisten Menschen glauben, dass sie wissen, wer sie sind, und demzufolge fühlt sich alles sehr bequem, sicher und solide an. Aber wenn man, wie in deinem Fall, etwas über sich selbst erlebt, was viel wahrer ist, kann das dazu führen, dass du dich sehr verletzlich, zittrig und unsicher in Bezug darauf fühlst, wer du bist. Aus meiner Sicht ist das ein großer Schritt – ein positiver Schritt.

Eines der Dinge, die du daraus lernen kannst, ist, dass du dein Leben nicht „machst". Es ist dir eindeutig passiert und du hast nichts dafür getan. Was auch immer geschieht, mag es sich fortsetzen oder mag es aufhören, du gehst zurück zu deiner alten Identität. Aber du wirst damit nicht viel zu tun haben.

Ich weiß, was zu tun ist, um das Gefühl zurückzubringen, aber es scheint zu radikal. Ich muss loslassen und zulassen, dass das Universum meinen Körper nimmt. Ich fühle Angst.

Die Realität ist, dass das Universum schon immer deinen Körper genommen hat – aber du dachtest, dass du verantwortlich für ihn bist. Das war eine falsche Vorstellung. Wahrscheinlich hast du das letzte Woche gesehen, und du hast dich da hinein entspannt und der Existenz die Show überlassen.

Ja, aber nur, weil alles so gut war. Du sagst, dass der alte Weg eine völlige Illusion ist, aber ich bin mir nicht sicher, dass ich das gesehen habe.

Nun, vielleicht nicht nach ein paar Satsangs, aber es sieht so aus, als ob du etwas verstanden hast, weil du von der Energie dieser wenigen Satsangs angesteckt warst. Auch wenn du nicht verstehst, dass dies alles eine Illusion ist, tief in dir hast du etwas verstanden, und du warst fähig, dich mit der Energie der Satsangs zu verbinden. Wenn etwas in dir berührt ist, beginnst du, eine neue Möglichkeit zu sehen. Das ist wirklich schön, weil schon ein Einblick wie dieser dein Leben völlig verändert.

Wenn du in einem Haus mit zehn Zimmern lebst, dann ist das die Grenze deines Universums, und du hast nicht einmal eine Ahnung, dass es vielleicht mehr geben könnte. Dann, eines Tages, öffnest du zufällig eine Tür und findest eine Treppe, die zu zehn weiteren Zimmern im Obergeschoss führt. „Wow, das ist fantastisch!"

* ———— *

Es berührt mich immer, wenn Menschen einen Einblick haben, weil ich weiß, wie schön das ist. Ich weiß auch, dass du, wenn du einmal einen Einblick hattest, irgendwie „vollendet" bist, denn das wird deinen Verstand verändern. Du weißt jetzt etwas, was du vorher nicht wusstest. Es ist so schön, so segensreich, dass es unmöglich ist, es zu ignorieren.

Nach einigen Monaten kam die Frau wieder zu einem anderen Retreat, das wir im Haus abhielten, und wieder hatte sie eine starke Öffnung. Dieses Mal sprach ich mit ihr, kurz nachdem es passiert war.

* ———— *

Kannst du sagen, was jetzt gerade passiert?

Eigentlich gibt es nichts zu sagen. Nichts ist jemals passiert. Ich denke, es ist nicht notwendig, sich um irgendetwas Sorgen zu machen, weil es alles Täuschung ist.

Dein Gesicht sieht aus, als würdest du dir nicht all zu viele Sorgen machen. Da ist tatsächlich eine Weichheit und Zufriedenheit in deinem Gesicht.

Ich sorge mich überhaupt nicht! Und es fühlt sich wirklich gut an! Keine Urteile. Nichts. Ich bin so entspannt. Da sind Gedanken, aber ich denke, sie sind nicht so gefährlich. Sie kommen und sie gehen. Da ist jede Menge Raum! Ich kann es nicht beschreiben. Was für eine Stille!

Findest du irgendetwas in dir, was wir „Verlangen" nennen würden? Gibt es alles, was du willst?

Wollen, nein. Keine großen Wünsche.

Du fühlst dich sehr zufrieden, still?

Ja. So ist das.

Die ganze Zeit?

Ja, die ganze Zeit.

Hast du irgendwie das Gefühl, dass du für diese Öffnung etwas getan hast? Hast du etwas getan, was dazu beigetragen hat oder ist sie einfach passiert?

Ich weiß es nicht genau. Es war eine große Hingabe. Vor ein paar Jahren begann ich, zu meditieren. Nur nach einigen Malen war ich in Stille. Ich begann, mich nach Unterstützung umzusehen. Ich las viele Bücher und ich habe meine Meditation gemacht. Vielleicht wäre es auch passiert, wenn ich nichts getan hätte. Ich weiß nicht.

Eines der wichtigsten Dinge bei der Meditation ist, dass wir nach innen schauen. Wir ziehen unsere ganze Konzentration von außen ab – von den Erwartungen an die Welt – und wir bringen die Energie nach innen. Was du wirklich sagst, ist, dass es eine tiefe Akzeptanz dessen gibt, was ist.

Ja. Urteile und Wünsche sind einfach abgefallen.

⸻

Ich erinnere mich, wie ich vor vielen Jahren still allein in meinem Appartement in Indien saß. Ich sah auf die Bäume und hörte dem

Gezwitscher der Vögel zu. Die Sonne schien. Ohne ersichtlichen Grund war da plötzlich ein erstaunlicher Blitz, wie ein Blitz bei einem Gewitter. Es war wie eine Flamme gewaltiger Energie in meinem Inneren – ich würde es Glückseligkeit nennen. Es war mein erster bewusster Einblick und er hatte eine ungeheure Kraft. Einblicke wie dieser passierten zu verschiedenen Zeiten in meinem Leben, aber dieser war der erste und stärkste, verglichen mit meinem vorherigen Bewusstseinszustand. Er war auch besonders schön. Der erste Einblick fühlt sich sehr dramatisch an, weil wir da vom Verschlossen-Sein plötzlich zum Völlig-Offen-Sein gehen.

Damit der Einblick andauert und sich in dir erden kann, ist es wichtig, dass dein Körper bereit ist. Ich verbrachte etwa 16 Jahre mit viel Meditation, Körperarbeit, Energiearbeit und Tai Chi auf einer regelmäßigen Basis, was alles dazu beitrug, mein Energiesystem zu öffnen. Es gab auch eine Menge Gesang und Tanz, und durch all das öffnete sich mein Körper mehr und mehr. Ich kann es nicht wirklich beurteilen, aber wenn ich jetzt zurück schaue, würde ich sagen, dass es definitiv einige dramatische Veränderungen gab.

Wenn dieser Einblick geschieht und du für ein paar Momente, für ein paar Stunden oder sogar für ein paar Tage tiefer erkennst, wer du wirklich bist, werden alle Fragen, Probleme und alles Leid in deinem Leben komplett verschwinden. Sie werden ersetzt durch ein erstaunliches Gefühl der Leere und des Friedens, und du erkennst das sofort als etwas, wonach du dich immer gesehnt hast. Es ist „zu Hause sein", und du weißt das sofort. Es berührt tief, und es ist fast unmöglich, es zu vergessen.

Leider haben wir eine Gesellschaft geschaffen, die ständig das Weltliche betont, und so vergessen es die Leute doch. Aber dennoch ist es für viele ein Grund, sich zu verändern. Es kann ein Grund sein, neue Prioritäten zu setzen; oder die alten Prioritäten funktionieren einfach nicht mehr. Das ist ein sehr tiefgreifender Moment. Ich erinnere mich an einen sehr ernsthaften Sucher, der vor meinem spirituellen Meister Papaji saß und sagte: „Also, ich war ein bisschen erleuchtet." Papaji erwiderte: „Das ist genug. Ein bisschen ist genug!" Er meinte, dass man, wenn man diesen Geschmack einmal auf der Zunge hatte, ihn nicht mehr gehen lassen kann. Du bist bereit, dein Leben zu verändern.

Papaji war mein endgültiger Meister. Er war der Katalysator für einen lebensverändernden Moment der Selbstverwirklichung. Danach blieb ich fast fünf Jahre bei ihm. Er lebte von 1989 bis zu seinem Tod im Jahr 1997 in Lucknow. Viele kamen, um mit ihm zu sitzen, und viele blieben, um das Selbst zu verwirklichen.

Ein Einblick hat den Sinn, Sehnsucht und Leidenschaft aufrecht zu erhalten, aber es kann auch ein Hindernis sein, denn es gibt eine Tendenz, die gleiche Erfahrung immer und immer wieder machen zu wollen. Es gibt ein Satsang-Phänomen, wo Leute kommen, um eine Art von Hochgefühl zu erleben. Sie verlassen die Sitzung und fühlen sich sehr offen und leer. Präsent sein führt zum Erleben von Einheit und Liebe. Vielleicht denken sie, dass das gute Gefühl vom Lehrer kommt, aber das ist nicht wahr. Es kommt davon, präsent zu sein.

Natürlich ist es sinnvoll, zu diesen Treffen zu gehen, aber es ist auch wichtig, zu verstehen, was wirklich geschieht. Es ist sehr leicht, sich in einem guten Gefühl zu verlieren, aber es geht darum, etwas zu verstehen. Wirkliches Verstehen kann leicht von Gefühlen wie Ekstase oder Frieden behindert werden. Menschen können vom Lehrer oder von den Satsangs abhängig werden und sie sind nicht wirklich bereit, sich zu verändern. Wenn du tatsächlich erwachen willst, dann muss es eine Bereitschaft geben, neue Dinge zu erleben. Dafür muss man möglicherweise durch ein paar sehr unangenehme Momente gehen.

Menschen, die einen Einblick hatten, sagen oft, dass sie sich für einige Zeit sehr verletzlich fühlen, weil sie keine Vorstellungen mehr haben, an denen sie sich festhalten können. Vorher hattest du deine Überzeugungen und deine Dramen und du dachtest, das seiest du. Aber jetzt ändert sich das und du bewegst dich auf ein neues Erkennen deiner selbst zu. Du wolltest es und jetzt passiert es. Das ist sehr klar, aber es gibt dir nicht unbedingt ein gutes Gefühl, weil es sich solange nicht gut anfühlt, wie du die Verwandlung nicht abgeschlossen hast. Du wirst gute Momente haben, aber während dieser Übergangszeit wirst du dich nicht so geerdet fühlen. Du fühlst dich vielleicht nicht so sicher. Du wirst nicht so einfach in der Lage sein, zu reagieren und dich eventuell verunsichert fühlen. Ein Teil von dir erinnert sich noch an das Alte und du bist noch nicht ganz beim Neuen angekommen.

Du hast nicht die fertigen Antworten, die du vorher hattest. Alle deine bisherigen Reaktionen kamen von deiner alten Konditionierung und jetzt hast du noch keine Rückmeldung, weil du noch nicht genug Zeit hattest, dich mit deiner neuen Position vertraut zu machen. Diese neue Position wirst du sein. Sie wird von dir kommen, nicht von dem, was die Leute dir gesagt haben. Das alles wird deine eigene Angelegenheit sein.

> *„Entspannen Sie sich", wiederholte das Krankenhauspersonal immer wieder vergebens. Jims Frau lag in Wehen und Jim war ein nervliches Wrack. Für Jim und die Krankenschwestern schienen Wochen zu vergehen, bis die Hebamme mit der freudigen Botschaft kam: „Es ist ein Mädchen!"*
> *„Gott sei Dank! Ein Mädchen", sagte Jim erleichtert. „Zumindest wird sie nicht das durchmachen müssen, was ich gerade hinter mir habe!"*

Authentisches Verhalten kann seltsam und unberechenbar sein im Vergleich zu dem Verhalten, das im Allgemeinen in der Gesellschaft erwartet wird. Von einem Roboter zu einem freien Individuum zu werden, das spontan auf das antworten kann, was passiert, ist eine große und schöne Verwandlung. Ein neues Verstehen zu erreichen ist nicht so schwer. Um dieses neue Verstehen in dein tägliches Leben zu bringen, ist es sehr hilfreich, einen Einblick gehabt zu haben, ein Erkennen dessen, wer du bist.

Geschichten vom Erwachen
Momente der Befreiung

Seit ich vor fünfzehn Jahren begann, Satsang zu geben, habe ich viele Menschen getroffen, die einen spontanen Einblick, ein „Satori" oder ein Erwachen hatten. Viele waren meine Schüler und in der Regel geschah die Öffnung im Zusammenhang mit der Selbsterforschung: „Wer bin ich?" An einer solchen Öffnung teilzuhaben war schon immer ein freudiger Moment, auch dann wenn sie später wieder verschwand.

Während öffentlicher Satsangs sprechen Leute oft über Öffnungserfahrungen. Für viele werden der anfängliche Frieden und die Freude später durch viel Schmerz ersetzt, wenn sie diese Erfahrung wieder „verlieren". Manche verstehen nie, was passiert, und fürchten, dass sie einen Nervenzusammenbruch haben. Manchmal verlieren sie ihre Freunde und bleiben isoliert zurück.

Wenn ein starkes Energiephänomen eintritt, ist das nicht unbedingt eine spirituelle Öffnung. Wir haben einen Film gedreht, „Satori", der ein unmittelbares Beispiel einer spirituellen Öffnung aus dem realen Leben zeigt. Eine Vorschau dieses Films gibt es auf der DVD am Ende dieses Buches. Die Geschichten solcher Einblicke spirituellen Erwachens oder Satoris, hier in diesem Kapitel und in dem Film „Satori", stellen dringend benötigte Informationen über dieses zunehmend bekannte Phänomen zur Verfügung.

Eine spirituelle Öffnung kann ein vollständiges Erwachen oder Satori sein; wenn die Öffnung nur für eine kurze Zeit anhält, nenne ich es einen Einblick. Das wichtige Kriterium für ein vollständiges Erwachen oder Satori ist, dass der Sinn für eine getrennte Identität, für das, was Ego genannt wird, für das „Ich" sich auflöst. Der Verstand ist wahrscheinlich ruhig geworden und ein Gefühl des Wohlbefindens und des Friedens durchdringt die Körper-Geist-Einheit. Bei einem Einblick kehrt die Identifizierung nach kurzer Zeit zurück und mit ihr oft ein Gefühl von Angst oder von Traurigkeit, dass der Frieden verloren gegangen ist.

Jürgen

Jürgen ist ein Computer-Software-Designer aus Nürnberg. Er war 36, als ich ihn das erste Mal traf, und es war bald klar, dass er eines jener Gehirne hatte, das fünf Mal schneller arbeitete, als das eines jeden anderen. Er hatte zwei Jahre lang meditiert und Reiki gelernt, und er kam zu meinem Indien-Retreat, bei dem der Fokus immer auf Selbsterforschung liegt. Als er nach vier Wochen wieder nach Hause kam, wurde er von einer sehr unerwarteten Situation überrascht. Kurz danach teilte Jürgen mit, was passiert war.

* ——— *

Am Tag, als ich aus Indien zurückkam, setzte sich meine Frau, die ich mein halbes Leben lang kenne, mit mir zum Abendessen an den Tisch. Keine fünf Minuten später sagte sie: „Oh, was ich noch sagen wollte, ich hatte eine Liebesaffäre, als du weg warst." Sehr interessant! Wir haben einen Sohn, der drei Jahre alt ist. Wir haben eine schöne Wohnung und ein sehr gut organisiertes, schönes Leben und ganz plötzlich auch einen Liebhaber.

Wir hatten beide für einige Zeit wirklich nach Wahrheit gesucht und eigentlich wussten wir beide, dass dieser Bereich „Beziehung" ein großes Potenzial für Geschichten und Dramen birgt. Jetzt weiß ich, dass nur das Wort „Beziehung" bereits eine Geschichte ist, aber damals war es wirklich ein sehr ernstes Thema. Wir hatten mehrmals darüber gesprochen, wie es sein könnte, wenn es jemals einen Liebhaber geben würde, aber es ist ein sehr großer Unterschied zwischen darüber reden und dem wirklichen Eintreffen dieses Falles. Und plötzlich war er da – der Liebhaber.

Aufgrund meiner vier Wochen in Indien mit Premananda war ich wirklich gut auf jede unmögliche Situation vorbereitet! Ich wusste von Selbsterforschung und ich hatte vier Wochen, um sie wirklich zu perfektionieren! Aber im Laufe der nächsten zwei Wochen beobachtete ich, wie mein Verstand anfing, völlig durchzudrehen, wie er mir unglaublichen Mist erzählte: „Warum er? Was hat er, was ich nicht habe? Was ist mit dem Kind? Was ist mit der Wohnung? Wer bekommt das Auto und wer bekommt die Schränke?" Es war alles Mist und ich wusste das, aber immer noch produzierte mein Verstand all dieses Zeug.

Und dann war da dieser wunderbare Abend, an dem ich mit einer Tasse Tee in der Ecke meiner Couch saß, völlig gefangen in all den Geschichten, die mein Verstand mir erzählte. Je mehr Dramatik mein Verstand produzierte, desto größer war der Drang, etwas zu tun – irgendwas, mich aus dem Staub machen, den Scheidungsanwalt anrufen, meine Frau rauswerfen oder den Liebhaber erschießen!

Aber stattdessen saß ich da einfach in der Ecke der Couch und praktizierte Selbsterforschung, und als es schlimmer und schlimmer wurde, gab es da diesen wirklich wichtigen Moment, in dem etwas in mir die Frage stellte: „Was wäre die Wahrheit, wenn der Verstand einfach den Mund halten würde?" Dann kam die unglaubliche Antwort: „Ich würde auf der Couch sitzen, genau wie tausende Male zuvor, mit einer Tasse Tee in der Hand."

Ganz plötzlich änderte sich alles. Alles, was in meinem Kopf war, war einfach nicht wahr, hatte nichts mit Wahrheit zu tun, gar nichts. In diesem Moment konnte ich es so deutlich sehen, dass in dieser Sekunde alles einfach zusammenfiel, einstürzte, wie ein Gebäude. Seitdem erzählte der Verstand manchmal Geschichten, aber es war niemand mehr da, der sie tatsächlich ernst nahm oder zuhörte. Dies ist ein sehr wichtiger Punkt, denn einige Leute denken, dass erwachte Menschen immer einen ganz stillen Verstand haben. Aber der eigentliche Punkt ist, dass sie wissen, dass das, was im Kopf passiert, nichts mit ihnen zu tun hat. Es ist das Gleiche mit den Gefühlen und mit dem Körper. Was bleibt, ist Bewusstsein, und das ist grenzenlose Freiheit und Frieden.

Vor diesem Moment warst du mit allen Gedanken und Dramen identifiziert, die sich in deinem Kopf abspielten, aber als die

Identifizierung wegfiel, hast du die Wahrheit dessen erlebt und gesehen, was geblieben ist.

Der Punkt ist, dass es vor diesem Moment jemanden gab, den das kümmerte. Der Unterschied zwischen „Traurigkeit, die einfach da ist" und „Jemand, der traurig ist", ist riesig. All die Fragen, warum mir das passiert oder warum es überhaupt passiert, beziehen sich auf eine Person, der dieses Zeug passiert. Danach ist das Zeug einfach da, und es gibt noch nicht einmal eine Frage, warum. Da ist kein Schmerz und kein Elend mehr. Zusammen mit diesem „Ich" fällt die Überzeugung weg, dass es jemanden gibt, der etwas tun oder ändern kann. Die ganze Perspektive ändert sich dahin, in jedem Moment einfach nur ein Beobachter zu sein.

Jürgen begann Selbsterforschung zu machen und plötzlich wurde klar, dass nichts geschah. Da war ein Körper, der auf der Couch saß und ein ausflippender Verstand. In diesem Augenblick hat er wirklich verstanden.

Sechs Monate nach diesem Treffen schrieb er folgende Email:

Die Körper-Verstand-Einheit Jürgen ist nur Bewusstsein. Die Welt ist völlig verschwunden – nichts ist real. Es gibt nur Bewusstsein. Nichts anderes. Nichts ist jemals passiert. Nichts als Bewusstsein ist übrig. Bewusstsein wovon? Bewusstsein von Nichts.

In den letzten Monaten muss es noch einige Überzeugungen davon gegeben haben, dass die Welt real ist. Sicherlich gab es dieses erstaunliche Bewusstsein für alles, aber ein wunderbarer Aspekt wurde bis heute übersehen: dass es wirklich nichts außer Bewusstsein gibt. Wirklich nichts. Bewusstsein ist alles. Alles, was in diesem Bewusstsein erscheint, existiert nicht. Nichts ist real. Nichts. Nur Bewusstsein existiert. Nur Bewusstsein ist. Oh, mein Gott! Oh, mein Gott! Jürgen ist völlig verschwunden. Nichts mehr übrig. Bewusstsein, Gewahrsein, Liebe, Existenz, Selbst, Gott, Premananda, Jürgen – alle gleich. Alle eins. Alle

Bewusstsein. Ich bin sprachlos. Im Moment kann sich sogar der Körper nicht bewegen. Finger tippen auf einer Tastatur. Ein Bewusstsein von Fingern, die auf einer Tastatur tippen. Keine Finger, keine Tastatur, nur Bewusstsein. Nichts ist jemals passiert. Nichts existiert. Es ist in all den Büchern geschrieben, aber jetzt ist es. Bewusstsein einer nie endenden Dankbarkeit. Bewusstsein von Glückseligkeit.

───────

Seitdem hat er vielen Menschen geholfen, mit ihnen gesprochen und sie unterstützt. Sein ganzes Leben hat sich auf die Wahrheit fokussiert, und immer noch betreibt er erfolgreich sein Computersoftware-Design-Geschäft. Er ist immer noch ein sehr guter Vater für seinen Sohn und ein viel besserer Mann für seine Frau. Er hat nichts dagegen, dass seine Frau und ihr Freund eine Liebesaffäre haben. Da ist niemand, der etwas dagegen haben könnte.

Das war die Situation bis zu einem Jahr nach seinem Erwachen, als er plötzlich verkündete, dass er nicht länger daran interessiert war, mich zu treffen. Seitdem sind sechs Jahre vergangen, ohne dass es Kontakt gab.

Susan

Susan hatte ein nach außen erfolgreiches Leben. Sie war Homöopathin und glücklich mit einem angesehenen Arzt verheiratet. Sie hatten zusammen ein erfülltes Leben und nichts schien zu fehlen. Dennoch, etwas veränderte sich langsam in ihr, und sie hatte zunehmend den Wunsch, in ihrem Leben mehr Tiefe zu spüren. Da war noch etwas, und sie wollte ihrer Neugier folgen und herausfinden, was das war. So verließ sie ihren Mann und ihr komfortables Eheleben und zog allein in eine Wohnung in eine andere Stadt.

Als sie ihre Bücher auspackte, bemerkte sie eine sehr alte Ausgabe eines Buches von Ramana Maharshi. Es befand sich seit einigen Jahren in ihrer Sammlung, aber sie hatte sich zuvor nicht davon angezogen gefühlt. Als sie es jetzt las, entdeckte sie ihr Interesse daran und spürte einen Sog, weiter zu forschen. Ausgehend davon fand sie zum Satsang, fand sie zu mir, zur Selbsterforschung und wie sie diese in ihrem Leben anwenden konnte.

Ich praktizierte Selbsterforschung intensiv 24 Stunden am Tag über viele Wochen. Nach einiger Zeit bemerkte ich, dass sie ein Eigenleben entwickelt hatte. Ich wandte die Selbsterforschung auf alles an, was ich in meinem täglichen Leben tat oder erlebte. Sie führte mich weg von der Welt da draußen – weg von dem, was wir für real halten – und zurück zur Quelle, aus der die Welt kommt. Ich war sehr sanft mit mir, weil einige wirklich starke Dinge hochkamen. Zweifel und Widerstand werden kommen, da kann man sich sicher sein.

Ich hatte schon bemerkt, dass ich ziemlich alte Vorstellungen und Gewohnheiten in meinem Leben hatte. Ich dachte, ich hätte Probleme mit Entscheidungen, aber dann, während eines Sommer-Retreats, erzählte Premananda eine Geschichte und ich stellte eine Frage. Wir gingen in einen sehr intensiven Dialog. Ich fühlte, wie sich etwas in mir löste, wie ein Knoten. Etwas wurde auf einer sehr tiefen Ebene verstanden und es war sehr befreiend. Rückblickend kann ich sehen, dass das ein wichtiger Moment für mich war, weil ich immer dachte, dass „ich" Entscheidungen in meinem Leben fällen muss.

In diesem Moment im Satsang gab es plötzlich eine enorme Präsenz und es fühlte sich an, wie weit aus dem Körper heraus zu gehen. Bewusstsein sah diesen Körper, wie er sich auf sich selbst projizierte. 42 Jahre lang hatte ich mich mit diesem Körper und der Geschichte von Susan identifiziert, und in diesem Moment wurde mir klar, dass das nicht ich bin, dass ich es gar nicht sein kann. Ich konnte nur lachen. Es gab keinen Zweifel. Dieses Bewusstsein – das, was sah, was da passierte – ist so vertraut. Es ist wunderbar. Es gibt keine Worte dafür.

Es war so klar, dass ich nicht der Körper mit all seinen Vorstellungen, Spielen und Verwicklungen bin. Mein Leben hat sich seitdem drastisch verändert, weil ich weiß, dass es niemanden gibt, dem jemals etwas geschehen könnte, der bestraft oder verletzt werden könnte. Das ist die Wahrheit und sie ist sehr, sehr einfach. Ich bin keine besondere Person. Es kann jedem passieren.

Seit meinem Erwachen hat sich in Bezug auf meine Freunde und Familie viel verändert. Eigentlich hat sich mein ganzes Leben verändert. Ich hatte in Berlin gelebt, aber ich gab alles auf und zog in die Community, an den einzigen Ort, an dem es Sinn für mich machte, zu sein. Dieser Prozess des Erwachens wurde bereits einige Zeit vorher eingeleitet, aber nach dem Erwachen zog ich mich mehr zurück, da ich mehr daran interessiert war, mit mir selbst zu sein, als mit anderen in Beziehung zu gehen. Ich war nicht mehr in Kontakt mit meinen Freunden und meiner Familie oder nicht besonders interessiert an all ihren Erlebnissen, und so begannen sie natürlich, mich zu meiden und auszuschließen. Man kann froh darüber sein, denn das Geschenk, das man dafür bekommt, ist jenseits von Worten.

Die Selbsterforschung hat mir wirklich geholfen, Abstand zu „meinen" Sachen zu bekommen. Schon nach der ersten Woche war es für mich klar, dass ich nicht die Gedanken, Gefühle und Empfindungen bin, und mit der Weiterführung der Selbsterforschung wurde dieser Abstand größer und ich kam mehr und mehr in die Ruhe und Stille und in die Gegenwart.

Sich selbst in der Gegenwart zu beobachten und Selbsterforschung zu praktizieren löst alle Grenzen auf, weil man sich über alles bewusst wird, was einen bindet – alles, was einen davon abhält, präsent zu sein. Man muss ehrlich sein und es wirklich sehen wollen.

Jemand fragte mich vor kurzem, ob ich noch Emotionen erlebe. Natürlich habe ich immer noch Gefühle, aber ich bin nicht mit ihnen identifiziert. Sie sind da, aber ich genieße sie in diesem Moment. Normalerweise hängen Gefühle an Geschichten, an Geschichten aus der Vergangenheit und Geschichten von der Zukunft. Die Geschichten gehören zum konditionierten Verstand, aber den gibt es nicht mehr in meinem Leben, und so gibt es viel mehr Raum, um einfach den Moment zu ergreifen, sich über den Moment klar zu werden.

Es gibt niemanden mehr, der etwas werden will oder der etwas entscheiden kann. Es ist bereits entschieden und es gibt Offenheit für was auch immer da ist. Alles, was geschieht, geschieht sowieso, aber wenn man einen konditionierten Verstand hat, dann denkt man, dass man derjenige ist, der es tut.

Meine Erfahrung ist, wenn man eine Sehnsucht hat, wirklich, wirklich zu erwachen und all die Dramen und Geschichten des konditionierten Verstandes los werden will, wird die Existenz definitiv helfen.

Birgit

Birgit wuchs in einem Haushalt auf, in dem ihr nie erlaubt worden war, ihre Gefühle auszudrücken, und ihre Eltern verwendeten altmodische Strafen, wie sie im Keller einzusperren, wenn sie unartig war.

Als sie achtzehn war, hatte sie einen Freund, den sie sehr liebte. Eines Tages fuhr er mit seinem Motorrad los, um Zigaretten zu holen, aber er hatte einen Unfall und überlebte nicht. Sie konnte ihren Eltern nie ihre Trauer um ihn zeigen und alles was sie sagten, war: „Warum musst du da weinen?"

Sie war eine sehr intelligente junge Frau, sie wurde eine Computerspezialistin und arbeitete als Abteilungsleiterin bei einem Internet-Provider. Ihr unglaublich detaillierter Verstand war perfekt für diese Art von Arbeit.

Nach ihrem Einblick ins Erwachen wollte sie mit uns in der Community leben und teilte uns ihre Erfahrung mit.

Ich machte einen zweiwöchigen Urlaub auf den Kanarischen Inseln, ich war die ganze Zeit allein und praktizierte Selbsterforschung. Alles war wirklich schön. Es war so friedlich, es gab so viel Liebe, und ich war einfach das Meer.

Mein ganzes Leben lang hatte ich immer so ein Problem, dass ich nicht leben wollte, ich wollte sterben. Es wurde ein Problem, weil alle um mich herum sagten, es sei nicht normal, sterben zu wollen, und meine Familie brachte mich zu einem Psychiater. Also habe ich eine

265

Menge Therapien gemacht, die natürlich nie geholfen haben. Wie auch immer, ich habe ein paar andere Dinge gemacht, und das Thema wurde irgendwie weniger dramatisch. In den letzten Jahren ist dieser Wunsch, zu sterben selten aufgetaucht.

Während des Urlaubs lag ich eines Nachts im Bett und fühlte mich wirklich, wirklich glücklich, und plötzlich – zack! – wurde alles schwarz. Das einzige, was übrig blieb, war dieser enorme Wunsch zu sterben, genau, wie es in der Vergangenheit gewesen war. Er kam mit einer immensen Kraft. Es fühlte sich an, wie wenn ein riesiger schwarzer Sturm auf mich herab regnete. Aber was anders als vorher war, und was mich nicht überraschte, war, dass es kein Drama gab; es störte mich nicht, es war einfach da.

Für einen kurzen Moment war ich ein wenig neugierig, warum es kein Drama mehr gab, aber dann kam schon der nächste Moment und alles änderte sich. Alles wurde weiß, weil ich plötzlich merkte, warum ich sterben wollte oder was dieses Sterbenwollen wirklich war. Es war einfach das Loslassen der Geschichte, damit alles, wovon ich mich abhängig fühlte, endlich weg fiel.

Es war so, dass all dieser Unsinn, all diese alten Geschichten, der ganze alte Müll, den wir immer mit uns herum tragen, dieses ganze „Ich", einfach starb, Schluss, aus, Ende! Es war so eine Erleichterung, Tränen liefen über meine Wangen, und ich war glücklich in einer Weise, wie ich es nie zuvor gewesen war. In diesem Moment ist es einfach abgefallen und seither ist es nicht wieder gekommen. Keine alten Geschichten mehr, keine Gedanken, keine heiklen Gefühle, kein „Ich". Gott sei Dank.

Du arbeitest in einem Internet-Unternehmen und bist verantwortlich für eine kleine Abteilung, in der du sehr anspruchsvolle technische Arbeit leistest. Kannst du immer noch all diesen schwierigen technischen Kram bewerkstelligen?

Ja, besser als früher, und es funktioniert auch besser, weil es nicht mehr wirklich wichtig ist.

266

Was würdest du jetzt gerade zu jedem sagen?

Wach auf!

Was bedeutet: „Wach auf“? Denn eigentlich denken alle gerade, sie seien wach. Sie tragen ihre Wach-Kleidung und ihre Schlafanzüge sind unter ihren Kopfkissen.

Ja, das ist wahr. Aber wenn man sich anschaut, was um einen herum geschieht und das für wahr hält, dann weiß man, dass man träumt.

Würdest du sagen, dass Erwachen eigentlich ganz einfach ist?

Ich weiß nicht. In meinem Fall war es einfach. Ich habe nichts getan.

Was ist mit all der Selbsterforschung auf den Felsen?

Naja, also das habe ich getan, weil ich es so sehr mochte. Selbsterforschung gab mir kleine Erkenntnisse. Es gibt keine Antwort auf die Frage „Wer bin ich?“, und jedes Mal, wenn ich erfahren habe, dass es keine Antwort gibt, dann erlebte ich, was gerade da war – Schwärze oder Frieden oder was auch immer.

Das Feuer brennt. Man kann es an meinen roten Ohren und meinen roten Wangen sehen – es ist so schön. Da ist das Vertrauen, dass das, was auch immer scheinbar geschieht, genau das Richtige ist. Einige Leute haben mich in der letzten Zeit gefragt, ob ich mich verliebt hätte. Ich sage immer ja, weil es dem im Grunde sehr ähnlich ist. Wenn man sich verliebt, lässt man alles los, nichts anderes existiert mehr und genauso ist es beim Erwachen. Nichts anderes ist mehr wichtig. Es ist einfach göttlich. Und so einfach.

Kürzlich sah ich in die Augen eines zehnjährigen Mädchens und in diesem Moment wurde mir so klar, dass das einzige, was wir sind und das einzige, was überhaupt existiert, Gott ist. Man kann es Liebe nennen oder reines Bewusstsein oder das Selbst, es spielt keine Rolle. Alles andere ist Quatsch.

267

Patricia

Patricia lebt seit etwa vier Jahren mit mir. Sie kam zu einem Punkt in ihrem Leben, wo sie viel innere Arbeit gemacht hatte, durch Therapien, Workshops und zum Beispiel Theater, aber sie hatte nie einen Schwerpunkt auf Spiritualität gelegt. Sie führte ein ganz normales Leben, zog eine Tochter groß, arbeitete in einem regulären Beruf, ging durch Beziehungen. Allerdings verlor sie nie Kontakt zu etwas in ihr, das sie auf einer bestimmten Ebene daran erinnerte, dass es mehr gab oder dass das, wonach sie im Außen suchte, sie letztlich nicht erfüllen würde.

Vor kurzem erlebte sie eine starke spirituelle Öffnung im Büro des Open Sky Houses, am Ende eines ganz normalen Tages, während sie eine Email tippte. Es wurde deutlich, dass ein sehr starkes energetisches Phänomen mit ihr geschah. Ohne Zweifel hatte sie einen Einblick in ihre wahre Natur. Da sie zuvor schon einige Einblicke gehabt hatte, konnte es gut möglich sein, dass es diesmal ein Erwachen oder Satori war.

Später lud ich Patricia ein, über ihre Erfahrungen bei diesem Erwachen zu sprechen, und auch davon zu erzählen, wie sie sich unwissentlich darauf vorbereitet hatte, dass etwas Tieferes geschehen konnte. Am Tag ihres Erwachens hatte ich einen Termin in der Stadt und ich nahm sie mit, um für mich zu übersetzen. Danach tranken wir in einem nahe gelegenen Café einen Capuccino, und später fuhr sie mich nach Hause.

Warst du dir zu diesem Zeitpunkt schon darüber bewusst, dass etwas passierte?

Ich weiß nicht genau, wann es war, aber ich erinnere mich daran, dass ich, als wir zurückfuhren, eine Menge Energie in der Herzgegend spürte und dachte: „Hmm! Ich frage mich, ob das der zweite Cappuccino ist!" Zurück in der Community arbeitete ich im Büro und die Energie wurde

268

stärker und stärker. Ich ging zu einem Spiegel, um meine Augen zu sehen, weil ich das Gefühl hatte, dass sie zwei riesige brennende Kugeln waren. Ich schaute in den Spiegel und sah diese großen, erstaunlichen Augen.

Dann ging ich zurück zu meinem Schreibtisch und ich hatte das Gefühl, „das kann nicht nur der Cappuccino sein!" Ich setzte mich vor meinen Computer, aber dann schoss ganz viel Energie in meine Arme und sie begannen, sich zu verkrampfen – ich konnte nicht mehr schreiben. Ich dachte: „Wenn man einen Herzinfarkt hat, hat man Schmerzen in den Armen." Aber ich hatte keine Schmerzen und nichts fühlte sich bedrohlich an, also ließ ich einfach los und ließ es geschehen. Ich hatte das Gefühl, dass ich vom Stuhl fallen könnte.

Ich wusste nicht, was es war, aber ich war nicht wirklich besorgt. Da war eine unglaublich Energie, vor allem in den Armen – sie krampften, und ich konnte sie nicht bewegen – und dann war der ganze Körper wie auf einem elektrischen Stuhl. Ich hatte keine Kontrolle mehr über meinen Körper.

Zu der Zeit war ich schon im Zimmer. Es sah nicht besonders schön oder glückselig oder süß aus, es war mehr, als wenn du durch eine Geburt gingst. Es fühlte sich an, als ob du dich selbst gebierst!

Ich habe ein Kind geboren, und die Ähnlichkeit mit dieser Erfahrung ist, dass es dich einfach mitreißt. Bei der Geburt, sobald die Wehen beginnen, überwältigt es dich einfach, und der ganze Prozess geschieht, ohne dass du irgendetwas tust. Dieser Teil war genau der gleiche. Da drang plötzlich so eine starke Energie in den Körper ein, dass alles, was ich tun konnte war, es geschehen zu lassen.

Was da geschah, war ein riesiges Energie-Phänomen. Die meisten menschlichen Körper sind nicht bereit dafür, und das ist der Grund, warum es sich oft schnell wieder verschließt. Aber dies ist das dritte oder vierte Mal, dass dir das passiert ist und du bist eine sehr offene Frau.

Als du deine Augen während dieser Erfahrung geöffnet hast, wie war das? Wie hast du die Dinge gesehen?

Ich erinnere mich, dass die Dinge ganz erstaunlich aussahen, es muss dem ähneln, wie Babys Dinge sehen. Ich betrachtete einen kleinen Klumpen Farbe an der Decke und es war unglaublich faszinierend, ähnlich wie auf LSD zu sein. Meine Augen wurden völlig von ihm absorbiert. Es war total eindrucksvoll.

Dann gab es einen Moment, in dem du unkontrolliert zu lachen anfingst. Was passierte da?

Ich erinnere mich, dass ich ein Lachen hörte, und ich dachte, es klingt wie meine Schwester, wie als wir Teenager waren und stundenlang kicherten. Ich dachte: „Erstaunlich! Woher kommt dieses Lachen? Ist sie hier und lacht?" Plötzlich wurde mir klar, dass ich es war, die lachte, oder vielmehr, ich war dieses Lachen. Das war sehr interessant, weil ich außerhalb des Körpers war und das Lachen passierte einfach. Dann, plötzlich, war ich es, die lachte.

Was hast du am nächsten Tag gefühlt?

Ich war sehr berührt von der Community und wie mich alle unterstützt haben. Etwa sechs Personen versammelten sich im Raum, als sie hörten, was geschehen war. Ich war mir dessen nicht so bewusst, aber ich wusste, dass Menschen um mich waren und ich fühlte, dass ich sehr gut versorgt wurde von den Menschen, die mich hielten und mir Wasser gaben. Ich spürte die Liebe von jedem im Büro und die Stille eines jeden, wie sie alle auf dem Boden zwischen den Computern, Regalen und Stühlen saßen. Es war sehr schön.

Ich sprach mit Patricia zwei Wochen später, um herauszufinden, wie es jetzt für sie war.

Es fühlt sich ruhiger und stiller an, eine tiefere Qualität von Stille als vorher. Es ist wirklich sehr schön. Es ist sehr subtil und auf eine Weise sehr unspektakulär. Es ist weich und süß. Wenn ich meine Augen schließe, fühle ich, wie sich sehr viel Energie bewegt. Wenn ich herumlaufe, fühle ich sie nicht so stark, aber wenn ich meine Augen schließe, vor allem für eine längere Zeit, fühle ich es ganz deutlich.

Und kannst du gut im Alltag funktionieren?

Ich kann nicht so gut funktionieren. Es geht nur ziemlich eindimensional. Es funktioniert gut auf einer einfachen Ebene, ich kann eins nach dem anderen tun, aber wenn drei Leute auf einmal kommen, um Fragen zu stellen und das Telefon klingelt, dann fühlt es sich wirklich an, als wenn die Energie der Situation in den Körper dringt. Es gibt ein starkes Gefühl, verletzlich zu sein, weil mein Energiesystem so offen ist, aber diese Offenheit ist eigentlich sehr schön.

Seit dem Zeitpunkt unseres Gesprächs sind vier Monate vergangen und das Satori vertieft sich weiter. Im alltäglichen Leben funktioniert Patricia gut, sie organisiert weiterhin die Community, fährt zu ihrem Teilzeit-Clown-Job und betreibt den Seminarbetrieb der Gemeinschaft. Ihr Verstand ist still, ihr Leben fließt leicht dahin und sie hat ein großes Ja zu allem, was geschieht. Die Dinge sind unkompliziert und einfach.

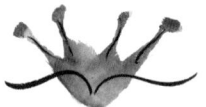

In Freiheit leben
Paradies im Jetzt

Es ist Montagabend und den ganzen Tag über ist nichts besonderes geschehen. Einige Gäste sind zum Frühstück gekommen, wir haben das Haus geputzt, die Tiere gefüttert und einige Emails verschickt. Nun kommen wir am Ende des Tages – eines sehr normalen Tages – zusammen und treffen uns im Satsang. Wir sitzen in Stille und sind einfach präsent, fühlen den Stuhl unter uns, den Teppich unter unseren Füßen und hören das ein oder andere Geräusch. Es ist eigentlich sehr normal.

Wenn ich dich fragen würde, warum du dieses Buch gerade liest, frage ich mich, welche Antwort ich bekommen würde. Vielleicht etwas wie: „Ich möchte aufwachen", „Ich möchte frei sein", oder „Ich möchte wahrhaft glücklich leben." All das könnten wir grob gesagt „Erleuchtung" oder „Erwachen" nennen.

Dann würde ich dich natürlich fragen, was du mit Erwachen meinst. Was ist deine Vorstellung davon? Wahrscheinlich möchten viele Leute Erleuchtung, weil sie immer glücklich sein möchten und sie möchten, dass alles, was in ihrem Leben nicht so schön ist, aufhört und durch Berge von Eiscreme ersetzt wird!

Ich weiß nicht, welche Erwartungen du vielleicht hast, aber Erleuchtung ist sehr gewöhnlich. Es wäre viel ehrlicher, zu sagen, dass du gewöhnlich wirst, als zu sagen, dass du besonders wirst. Du wirst nicht Supermann, du wirst einfach das, was du bist. Es könnte natürlich sein, dass der, der du bist, tatsächlich Supermann ist, aber er könnte genauso gut sehr gewöhnlich sein.

Das Leben von allen sogenannten „erwachten" Personen sieht genauso aus, wie das Leben von jedem anderen. Vielleicht gärtnern sie, waschen das Geschirr ab, fahren mit dem Auto oder gehen spazieren und wahrscheinlich essen sie manchmal! Sie machen die gleichen Dinge, die alle anderen auch machen.

Aus der Perspektive des „Ich" ist es schwierig, sich vorzustellen, wie jemand nicht vom „Ich" her leben kann, aber vom Standpunkt einer erwachten Person ist es total gewöhnlich. Die „Ausdrucksform" ist für alle dieselbe. Der Unterschied liegt innen – Menschen, die erwacht sind, haben die Natur des Selbst gesehen. Sie haben die Identifikation mit dem falschen Selbst, mit dem Ego überwunden.

Wenn du mit deinen Konzepten beschäftigt bist, deinen Vorstellungen, deinen Glaubenssätzen, identifizierst du dich damit, getrennt zu sein. Du versuchst, dein Leben so zu kontrollieren oder dahingehend zu manipulieren, dass du das bekommst, was dein „Ich" will; du versuchst, glücklich zu sein. Ein erwachter Mensch hingegen ist in Harmonie mit dem, wie das Leben sich entfaltet – egal, was es bringt.

Wir haben eine neue Bewohnerin in der Community. Als ich ihr als gelegentliche Satsangbesucherin zum ersten Mal begegnet bin, war sie besonders neugierig darauf, zu erfahren, wie erwachte Menschen leben. Die Vorstellung, ohne ein „Ich" zu leben war für sie faszinierend, was wahrscheinlich einer der Hauptgründe war, warum sie überhaupt angefangen hatte, sich für den spirituellen Weg zu interessieren.

Heute Morgen ging ich durch das Büro, um zu sehen, wie sie sich einlebte. Nachdem wir uns über das neue Projekt, an dem sie neuerdings arbeitete, unterhalten hatten und darüber, wie es ihr im Allgemeinen geht, nahm sie die Gelegenheit wahr, mich über mein Leben zu befragen und wie ich es lebe – frei vom „Ich", frei von einer falschen Identität.

● ━━━━ ●

Premananda, praktizierst du, was du erzählst? Was bedeutet es, ohne eine ständige Bezugnahme auf das „Ich" und auf das, was „Ich" will zu leben?

Also, ohne diesen Bezugspunkt gibt es eine leere Leinwand. Aus der Leere drückt sich leben, arbeiten und spielen auf eine sehr spontane Weise aus. Ich weiß noch nicht einmal, was das nächste Wort sein wird – ich bin neugierig, das herauszufinden!

Du hast gerade gesagt, du lebst aus der Leere. Was genau meinst du damit?

Ich glaube, ich bin aus der Illusion herausgetreten, dass ich jemand bin, der eine Geschichte hat und jemand, der alles vom getrennten Selbst aus, vom „Ich" her erlebt. In einem einzigen Moment habe ich gesehen, dass das einfach nicht wahr ist und ganz von alleine ist die Illusion weggefallen. Nichts hat sich wirklich verändert, aber da ist nicht mehr das Gefühl von einem getrennten „Jemand".

Wenn man im Jetzt ist, steigen die Geschichten aus der Vergangenheit und die Geschichten aus der Zukunft nicht mehr auf und das gibt einen enormen Raum für Liebe. Der grundlegende Raum im Inneren ist Leere, Frieden, Stille, Liebe – und alles wird von der Göttlichkeit und Schönheit des Raumes wahrgenommen. Die Welt verschwindet nicht in einem grauen Nichts. Die erwachte Person sieht und nimmt die Welt nicht so anders wahr, als jeder andere auch. Der Unterschied ist, dass die Welt nicht mehr als außerhalb und getrennt erscheint, sondern als das Selbst.

Schließt das das alltägliche Leben ein? Wie nimmst du das wahr?

In jeder gewöhnlichen Sache gibt es ein Staunen. Wenn ich durch den Innenhof gehe, halte ich oft an und schaue mir einen kleinen Vogel oder ein Kaninchen oder die Enten an. Ich gehe oft in den Garten, um mir die Hühner anzuschauen. Sie machen einfach das, was Kaninchen oder Vögel oder Hühner machen; es sind total normale Sachen, aber es berührt mich immer. Ich habe ein Zimmer mit Fenstern zum Rhein und jedes Mal, wenn ich nach draußen schaue, bin ich total berührt. Die Jahreszeiten ändern sich ständig und die Bäume, der Sonnenuntergang, die Schiffe und der Wasserstand des Rheins sind immer verschieden. Es ist immer lebendig und es ist immer wunderschön.

Vor vielen Jahren hätten mich diese Dinge nicht wirklich bewegt. Ich hätte nur einen Fluss gesehen oder Bäume oder Tiere, weil mein Verstand nie wirklich „hier" war, um etwas wahrzunehmen. Es gab so eine Haltung wie: „Das Gute wird später kommen – in der Zukunft". Hier zu sein und einfach alles zu akzeptieren, macht jede gewöhnliche Sache außergewöhnlich.

Als ich eben deinen Namen im Hof gerufen habe und du dich umgedreht hast, um mich anzuschauen, wer hat sich da umgedreht? Wer hat geantwortet?

Was auch immer hier ist, antwortet auf diesen Namen. Vielleicht ist es für dich sehr einfach. Du schaust hier herüber und siehst einen alten, etwas dicken englischen Kerl, also denkst du: „Okay, das muss Premananda sein." Du hast eine Art Identitätswerkzeug, das ein Bild von ihm erstellt.

Und was ist hier bei mir? Was wäre hier, wenn du nach „Premananda" rufst? Auf einer einfachen materiellen Ebene sind wir getrennt. Es scheint so, als ob etwas hier – „Ich" – etwas dort – „Du" – erkennt, etwas, was sich außerhalb von „Ich" befindet.

Vielleicht ist es nicht einfach zu verstehen, aber wenn ich mir anschaue, was hier ist, dann kann ich sagen, dass hier nichts ist. Es gibt ein „Nichts", das sitzt, es gibt ein „Nichts", das auf meinen Namen antwortet. Das ist vielleicht nicht das richtige Wort, denn wie kann „Nichts" antworten? Also welches Wort soll man dann benutzen? Ich würde „der Geliebte" oder „Bewusstsein" versuchen. Ich könnte sagen, „Bewusstsein" antwortet auf den Namen, aber das hilft dir nicht, zu verstehen.

Kannst du bitte etwas über den Unterschied zwischen „sein" und „machen" sagen? Ich bin verwirrt, weil ich auf der einen Seite intellektuell verstehen kann, dass es nur „sein" gibt, aber auf der anderen Seite sehe ich, dass du und alle anderen in der Gemeinschaft eine Menge „tun".

Wenn ich die letzten Stunden zurückblicke, kann ich sehen, dass Dinge einfach geschehen sind; nicht wirklich nach irgendeinem Plan. „Sein" hat einen anderen Geschmack als „tun". Es kann eine Menge geschehen, aber es kommt aus einem inneren Fluss und hat nichts zu tun mit der Vorstellung, dass du es geschehen machst. Dinge passieren unerwartet.

Gestern Abend habe ich mein Telefon genommen, um eine Frau in Australien anzurufen und in diesem Moment hat sie mir eine SMS geschickt. In Australien war es halb sieben Uhr morgens, da würde ich nicht unbedingt erwarten, dass diese Person schon greifbar ist. Diese kleinen Synchronizitäten sind im „Sein" ziemlich normal, aber sie erscheinen nicht im „Tun". Das Leben ist überraschender, und, was auch immer die Situation ist, es gibt ein Gefühl von „es ist richtig". Wenn es keine wirkliche Vorstellung gibt, wird das Leben zu einer Serie von Ereignissen.

Hast du das Gefühl, aus deiner Persönlichkeit heraus zu handeln?

Ja. Jeder hat eine Persönlichkeit. Der Unterschied ist, dass ein erwachter Mensch weiß, dass er oder sie das nicht ist. Mein unmittelbarer Meister Papaji war ein natürlicher „Chef", der in jeder Situation die Regie übernommen hat. Osho hatte einen spielerischen, abenteuerlustigen Charakter, der die Vielfalt und die Auswahl liebte. In seinem Ashram hat er viele verschiedene Meditationen angeboten.

Gibt es in deinem Sein Angst?

Ob ich Angst habe? Ah, ja! Ich habe Angst, dass jemand meine Schokolade wegisst – aber dann könnte ich wieder Nachschub bekommen, also ist es keine große Angst! Mal im Ernst, mir fallen keine Ängste ein und das ist schon seit Jahren so. Natürlich ist das schön, ohne Ängste zu leben, aber man gewöhnt sich daran und dann ist es einfach normal. Zum Teil ist der Grund, warum ich keine Angst habe der, dass ich mich einfach damit beschäftige, was mir das Leben jeden Tag bringt. Der andere Teil ist, dass es keine Anhaftung daran gibt, ein getrennter Jemand zu sein.

Kannst du dir vorstellen, zu leben ohne zu leiden, ohne Sorgen, ohne Eifersucht, ohne Ängste? Kannst du dir vorstellen, wie es sein würde, wenn das alles einfach wegfällt? Ich bin seit 20 Jahren nicht mehr eifersüchtig gewesen; ich habe seit 20 Jahren keine Angst oder irgendwelche Probleme gehabt. Wenn du alles loslässt, was dich fast jeden Tag und jeden Augenblick beschäftigt, was wirst du dann machen? Plötzlich hast du so viel Zeit. Du bist frei von dem ganzen Quatsch.

In einem Augenblick mag es Emotionen geben, Traurigkeit oder Wut. Vielleicht gibt es einen Gedanken und natürlich muss man Dinge planen. Alles kommt und geht wieder. Zum einen ist nicht viel anders und zum anderen ist alles anders, weil es auf ganz natürliche Weise Vertrauen und Spontaneität gibt. Ich lebe von Augenblick zu Augenblick in der Freude des Unbekannten, des Unbegreiflichen.

Kannst du das beschreiben?

Es ist so schwierig, darüber zu sprechen, aber wenn es geschieht, weißt du es sofort, du weißt es absolut. Wenn du einmal ein Stück Schokolade gegessen hast, dann weißt du absolut, wie Schokolade schmeckt. Aber versuche einmal diesen Geschmack jemandem zu erklären, der diese Erfahrung nicht hat. Du kannst das natürlich versuchen, aber niemand kann den Geschmack von Schokolade nur aufgrund deiner Beschreibung kennen.

Wenn wir mit der spirituellen Transformation beginnen, scheint es so viele Dinge zu geben, die wir tun können. Es gibt viele verschiedene Techniken, Meditationen und Diäten. Es gibt eine große Bandbreite von Übungen einschließlich Tai Chi, Yoga, Qigong und spezielle Atemtechniken. Es dauert nicht lange, bis wir glauben, dass diese

Dinge uns zur Freiheit bringen. Leider tun sie das nicht. Die tiefere und größere Erkenntnis ist, dass es nichts zu tun gibt. Wenn du die Tour de France gewinnen möchtest, musst du kontinuierlich üben. Für das frei sein gilt das leider nicht. Ab einem gewissen Punkt hilft „tun" nicht mehr. Ab einem bestimmten Punkt ist es im Weg; es sabotiert dich. Es ist ein subtiles Gleichgewicht. Das Bewusstsein ist intelligent. Wenn wir uns dieser Intelligenz öffnen, unterstützt sie uns.

Wenn wir jung sind, fühlen wir uns unter Druck, Ziele erreichen zu müssen und den Sinn unseres Lebens zu verstehen, aber es ist eine große Entdeckung, zu erkennen, dass das Leben keinen Sinn hat. Dein Verstand möchte einen Sinn erkennen, aber wenn du dem wirklich nachgehst, wird es dir nicht gelingen, einen zu finden. Wenn es einen Sinn gäbe, könnte man sagen, er bestände darin, herauszufinden, wer du bist; aber wenn du einmal weißt, wer du bist – was dann? Du musst immer noch frühstücken und du musst immer noch Mittagessen kochen und deine Wäsche waschen. Leider geht Erwachen nicht einher mit einem persönlichen Diener und ähnlichen Vergünstigungen. Du musst dein Leben leben, genau wie zuvor.

In gewisser Weise ändert sich nichts wirklich – außer, dass alles sehr einfach ist und du nichts Besonderes finden musst, um zufrieden zu sein. Die Realität ist, dass du die ganze Zeit zufrieden bist. Wirkliches Erkennen schafft eine seltsame Situation, weil du plötzlich entdeckst, dass es nichts gibt, was dir ein gutes Gefühl verschaffen kann. Du kannst Spiele spielen wie „Ah! Schokolade ist gut, Eiscreme ist gut!", aber eigentlich ist alles gut. Sogar ohne irgendetwas ist „sein" gut!

Du musst etwas vorsichtig damit sein, was du auf Erwachen und Erleuchtung projizierst. Falls du denkst, du bekommst kleine Flügelchen am Rücken und beginnst herumzufliegen; das wird wahrscheinlich nicht geschehen. In meinem eigenen Leben hatte ich immer eine tiefe, bohrende Frage. Ich konnte mich nie wirklich entspannen und es hat mich immer gequält. Dann plötzlich – buchstäblich von einem Augenblick zum nächsten – war das völlig verschwunden. Es brauchte einige Zeit um diese Veränderung zu integrieren, weil es 45 Jahre lang immer ein Grund oder einen Sinn gab. Und plötzlich gab es keinen Sinn mehr.

Es ist eine Verschiebung der Wahrnehmung. Es ist schwer darüber zu sprechen, weil wir alle mit unserem falschen Selbst identifiziert sind. Wenn du unter dem Bann des falschen Selbst stehst und jemand dir erklärt, wie du dir deine eigene Welt kreierst, ergibt das für dich keinen Sinn, weil dein Leben so automatisch und selbstverständlich verläuft. Du hast immer so gelebt, ohne die Möglichkeit, es anders zu sehen. Aber wenn du das Selbst realisierst, verstehst du es, weil diese Identifikation zusammenbricht. Am Anfang kann es sein, dass du dich ziemlich unsicher und verletzlich fühlst.

Die Leere, die Freude des Unbekannten, sie ist in jedem die gleiche. Die einzige Frage ist, ob wir damit in Kontakt sind oder nicht. Gewöhnliche Menschen leben heute viel besser als früher die Könige – aber nachdem für unser Überleben gesorgt ist, was dann? Wir versuchen auf einer sehr tiefen Ebene die Bedeutung unseres Lebens zu verstehen. Das ist alles ein bisschen schwieriger geworden, weil wir spirituelle Superstars wie Jesus Christus, Krishna und Buddha haben und in der Neuzeit eine ganze Reihe von Gurus und Heiligen.

Ihre Lebensgeschichten sind ziemlich beeindruckend – auf Wasser gehen, Leute von den Toten auferstehen lassen. Wir lieben unsere spirituellen Superstars, um wirklich gute Geschichten zu haben, aber persönlich kaufe ich die nicht ab. Es gibt keinen wirklichen Unterschied zwischen Buddha und dir. Im Grunde ist jeder in der Lage, sich selbst zu einem Buddha zu machen. Ich habe keinen Zweifel daran, dass Buddha oder Jesus zu einem tiefen Verständnis ihrer eigenen Natur gelangt sind, aber anstatt sie auf ein Podest zu stellen, würde ich sie gerne als eine Erinnerung sehen, dass ich auch zu diesem Verständnis kommen kann.

Ein Mann fährt auf der Straße mit einem Auto voller Pinguine. Ein Polizist hält ihn an. Er sagt: „Sie sollten diese Pinguine lieber in den Zoo bringen!"
Am nächsten Tag kommt der Mann wieder an derselben Stelle vorbei und immer noch hat er die Pinguine im Auto. Der Polizist spricht ihn an: „Ich hatte Ihnen doch gesagt, dass Sie diese Pinguine in den Zoo bringen sollen!"

„Das habe ich", antwortet der Mann, „und wir haben so viel Spaß gehabt, dass wir heute zum Baden an den Strand fahren!"

Nichts fehlt! Was wirklich wahr ist, ist nur das Jetzt! Wir haben diesen Augenblick, das ist alles. Mit diesem Verständnis wird das Leben zu einem Paradies – weil du wahrhaftig frei bist. Frei von allem, was du als „Ich" bezeichnest. Es weder Ziel noch Absicht. Es geht um nichts.

Um das nicht aus den Augen zu verlieren, versuche eine handvoll Sand in deiner Tasche zu tragen und jedes Mal, wenn du etwas sehr ernst nimmst, nimmst du ihn heraus und lässt ihn durch deine Finger rinnen – mit dem Wissen, dass jedes Sandkorn eine ganze Galaxie repräsentiert. Es gibt so viele Galaxien da oben, dass die Menschen in der Bedeutungslosigkeit verschwinden.

Dieses Buch bietet eine Erinnerung an, die Wahrheit des menschlichen Lebens – tatsächlich allen Lebens – für dich selbst herauszufinden. Entdecke, dass du eingelullt wurdest, ein roboterhaftes Funktionieren zu akzeptieren, das auf der Konditionierung beruht, der dein Verstand ausgesetzt war. Bedenke, dass es eine mögliche Anhaftung an das sich auflösende falsche Selbst gibt. Verstehe, dass das Leben keinen weiteren Sinn hat, als dich selbst als Bewusstsein zu erkennen und genieße das Spiel des sich entfaltenden Augenblicks.

Letzte Woche war ich mit einem dreijährigen Mädchen und ihrem Vater in einem chinesischen Restaurant. Dort gab es kleine Papiertüten mit Stäbchen. Das war genug, um sie den ganzen Abend lang zu unterhalten. Zunächst öffnete sie die Papiertüte, dann stellte sie die Stäbchen in ihr Glas mit Apfelsaft. Danach spielte sie damit, indem sie sich selbst auf den Kopf schlug. Jede Bewegung war für sie wie ein Wunder. Wahres Erwachen bedeutet, dass du ein bisschen so lebst, als ob du mit Stäbchen im Apfelsaft spielst! Mit anderen Worten: nimm das Leben nicht so ernst und lebe mit Leichtigkeit, Humor und Freude.

Open Sky House
International Satsang & Arts Community

Ein Experiment bewussten Lebens

Das Open Sky House ist eine internationale Satsang-und Kunst-Gemeinschaft, die in einem Anwesen des 17. Jahrhundert am Ufer des Rheins in einem kleinen Ort zwischen Köln und Düsseldorf lebt. Jede Woche finden vier Satsangs und ein Energie-Darshan mit Premananda statt. Zusätzlich werden durch das ganze Jahr regelmäßig Intensiv-Wochenenden und Retreats abgehalten. Es gibt ein Kunstprogramm mit Malerei, Musik, Theater, Bildhauern, Modellieren, Clownen, Gesang und Tanz.

Die Bewohner betreiben im Haus gemeinsam verschiedene Gewerbe: Open Sky Press, Rhine River Guesthouse, Flow Fine Art Galerie und Open Sky Seminarhouse. Alle Aspekte der Arbeit und des täglichen Lebens in der Gemeinschaft, wie: Kochen, Kinderbetreuung, Putzen und persönliche Gespräche, dienen als Hintergrund, um die roboterhafte Natur vieler unserer Handlungen aufzuzeigen. Wenn wir frei von unseren gewohnten Reaktionen und Verhaltensmustern sind, wird der Verstand still.

Du bist als Gast oder freiwilliger Helfer herzlich willkommen.

www.openskyhouse.org

Links: Satsang mit Premananda, Park vor dem Haus, Papageien im Wohnzimmer, Premananda beim Mittagessen

Rechts: Community-Baby, Ausstellungseröffnung, Zeit zum Feiern, Blick vom Haupthaus auf den winterlichen Rhein

Endseite: Sitzgruppe im Garten der Community, Morgen-Meditation, Innenhof im Herbst, Die Community vor unserem Anwesen aus dem 17. Jhd.

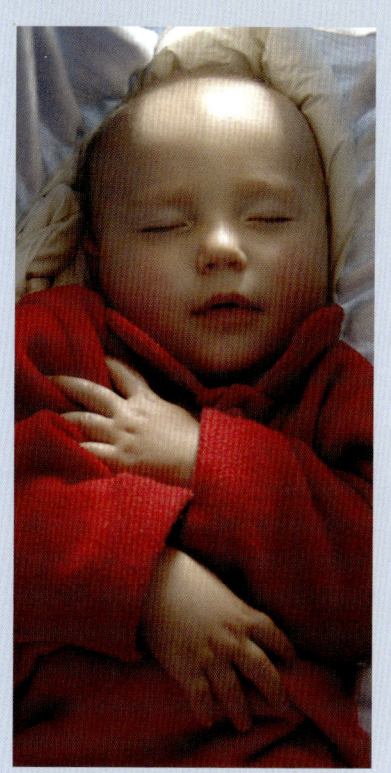

Open Sky House
International Satsang and Arts Community
Ein Experiment bewussten Lebens

Die Sangha ist eine Gemeinschaft von Menschen, die das Recht haben durch deine Gewohnheiten zu schneiden und dich mit ihrer Weisheit zu füttern. Sie haben auch das Recht, die eigenen Neurosen vorzuführen, damit du sie durchschaust. Die Begleitung in der Sangha ist wie eine saubere Freundschaft, ohne Erwartungen, ohne Forderungen, aber zur gleichen Zeit erfüllend. Eine wahre Sangha ist nur möglich mit Liebe, Intimität und Vertrauen. Es braucht Verbindlichkeit, Geduld und Liebe, um so eine Umgebung herzustellen.

Chögyam Trungpa

Die Priorität unserer Gemeinschaft liegt auf spirituellem Erwachen und auf Freiheit. Die erste Priorität von allen, die hier leben, ist herauszufinden, wer sie sind. Es ist keine esoterische Gemeinschaft, die weit entfernt vom Leben ist. Sie ist absolut im Leben, doch Erwachen ist ebenso im Leben. Es ist eine nette Vorstellung, dass Erwachen etwas anderes ist als das Gewöhnliche, aber das ist nicht wahr. Hier machen wir weiterhin ganz gewöhnliche Dinge, wie putzen, Essen kochen, auf die Kinder aufpassen, wir gehen zur Arbeit und machen all die anderen Aufgaben wie in jedem normalen Haushalt. Aber gleichzeitig liegt bei allem, was wir tun, der Fokus darauf, uns über uns selbst bewusst zu sein.

Das Open Sky House bietet eine Zuflucht vor den normalen Einschränkungen und Erwartungen der Gesellschaft. Auf diese Weise entsteht ein offener Raum für diejenigen, die wirklich interessiert sind, die Wahrheit darüber zu erfahren, wer sie sind.

Es ist ein Ort, an dem du Zeit und Unterstützung hast, den Sinn deines Lebens zu untersuchen und zu erforschen, wer du wirklich bist. In den meisten normalen Arbeits- und Lebensumständen ist es schwierig, Raum zu finden, um sich diesen Fragen zu widmen.

Das Open Sky House wird von mehreren innerbetrieblichen Unternehmen getragen, die wir geschaffen haben. Unser Anwesen aus dem 17. Jahrhundert, am Ufer des Rheins, ist ein ideales Gästehaus. Der Verlag Open Sky Press veröffentlicht Bücher und Filme, das Open Sky Seminarhaus nutzt das Gästehaus und die Seminarräume, die wir in verschiedenen Teilen des Hauses und in den Nebengebäuden geschaffen und renoviert haben. Die Galerie Flow Fine Art bringt Schönheit in die Gemeinschaft. Diese Unternehmen sind alle ziemlich erfolgreich und das erwirtschaftete Geld deckt die Miete und hilft den meisten der etwa 20 Bewohner hier zu leben. Außerdem trägt es zur Weiterentwicklung der Gemeinschaft bei, indem es Bauvorhaben im Haus und andere Initiativen finanziert.

Wir haben ein Studio geschaffen, in dem die meisten meiner Satsangs via Internet übertragen werden. Drei oder vier Abende in der Woche übersetzen die Bewohner mein Englisch in Deutsch, Französisch, Italienisch, Portugiesisch, Russisch und Spanisch. Sie haben ein ganzes Studio eingerichtet, damit wir filmen und Live-Übertragungen machen können. Dafür mussten sie sich viele neue Fähigkeiten aneignen und es ermöglicht den Zuschauern, die in irgendeinem Teil der Welt zu Hause sitzen, sich live in den Satsang einzuschalten und mit mir ein Gespräch zu führen. Alle Satsangs kann man sich auch in sieben unterschiedlichen Sprachen im Archiv im Internet anschauen.

Während sich all das über Jahre entwickelt hat, bin ich ziemlich froh darüber, dass wir nicht zu einem institutionalisierten Kloster oder Ashram geworden sind, wo Menschen ruhig und mit begrenzter Interaktion vor sich hin leben. Die unterschiedlichen Unternehmen sorgen einerseits für die Bereitstellung der Finanzen für unsere Projekte, andererseits geben die vielen daraus entstehenden Aufgaben und Situationen jedem die Möglichkeit, die Funktionsweise des eigenen Verstandes zu sehen. Diese Unternehmen und Projekte verhindern, dass die Gemeinschaft sich vom alltäglichen Leben abscheidet.

Ebenso wie in den Unternehmen der Community arbeiten die Mitglieder auch in vielen anderen Bereichen. Wir haben eine Clownin, eine Fotografin, Musiker, Künstler, eine Krankenschwester, einen Computerprogrammierer und einen Englischlehrer, um einige Beispiele zu nennen. Allen gemeinsam ist das Verständnis, dass jeder erwachen kann. Erwachen ist unsere wahre Natur und in der Gemeinschaft kratzen wir den alten Dreck weg, um diese Natur freizulegen.

Menschen haben Vorstellungen davon, was „spirituell" ist und diese beinhalten eine Art ernste Stille. Natürlich haben wir Zeiten der Meditation und die Stille des Satsangs, aber die Stille, an der wir am meisten interessiert sind, ist nicht die Stille, die darin besteht, eine Meditation zu „machen", sie ist nichts „Spirituelles", das man erreichen kann. Es ist eine Fähigkeit, alles, was wir „tun" aus unserer wahren Natur kommen zu lassen, welche tiefe Stille ist, die Leere des Daseins. Das ganze Bestreben ist es, jeder Öffnung, die geschieht, im Alltag eine konkrete Form zu geben, in jedem Moment präsent zu sein, was immer wir tun – Unternehmen führen, telefonieren, Lebensmittel einkaufen.

Wir können gemeinsam sehr aktiv sein und im nächsten Augenblick gibt es eine tiefe Stille. Die Absicht der Community ist es, sich gegenseitig daran zu erinnern, präsent zu sein und unsere roboterhaften Verhaltensweisen und sich wiederholenden Strukturen zu beobachten. Zu diesem Zweck laden wir eine Person, die eng mit uns zusammenarbeitet ein, unser „Buddy" (Kumpel) zu sein und uns Rückmeldung zu geben, wenn sie unsere üblichen Muster beobachtet. Man kann spüren, dass die Gemeinschaft immer bewusster wird und ihre eigene Bestimmung hat, während sie sich in Richtung Freiheit bewegt.

In den 80er Jahren habe ich in der Osho Community in Amerika gelebt. Es war nicht wirklich eine Gemeinschaft, es war eine kleine sich entwickelnde Stadt. Es gab einen Flughafen, ein Hotel, ein Bussystem. Es gab ungefähr dreißig von diesen alten amerikanischen gelben Bussen, die herumfuhren, Leute abholten und sie absetzten, wie jedes reguläre Bussystem in irgendeiner Stadt. Hättest du einen dieser Busfahrer gesehen, du hättest vielleicht gefragt: „Was macht dieser Kerl, während er den ganzen Tag seinen Bus fährt?" Ich würde hinzufügen: „Lenkt er den Bus oder lenkt er sich selbst?" Worin besteht seine eigentliche Arbeit? Ist er ein Busfahrer? Ja, er fährt den Bus, aber seine eigentliche Arbeit, während er Bus fährt, ist, sich bewusst zu werden, was in ihm vorgeht. Das ist sein Job. Sein Lebensstil ist wahrscheinlich ganz anders als der eines regulären Busfahrers, aber er ist auch ein Busfahrer.

Der Manager unseres Gästehauses ist nicht hier hergekommen, um diese Rolle zu übernehmen. Aber indem er sie annimmt, bekommt er die Möglichkeit, sich anzuschauen, was bei ihm hochkommt, wenn er diesen Job macht. Es ist für jeden, der in der Community lebt und arbeitet das gleiche, alle tragen in unterschiedlichem Maße zu den verschiedenen Unternehmen und Projekten bei und alle haben eine wertvolle Gelegenheit, nach innen zu schauen, um zu sehen, was diese Arbeit bei ihnen hervorholt.

Ein offenes Herz ist ein wesentlicher Bestandteil, um nach innen zu schauen, um sich selbst zu akzeptieren, um offen zu sein für das, was durch die Spiegel der Gemeinschaft angeboten wird. Wir sehen das ganze Spiel der Arbeit als eine Art Dienen, das unsere Herzen unterstützt, sich zu öffnen. Es geht nicht darum, etwas zu bekommen. Beim Dienen, das von Herzen kommt, gibst du, und du vertraust, dass du bekommst, was du brauchst.

Unsere Gemeinschaft ist wie ein Laboratorium des Dienens und irgendwo auf dem Weg wird jeder dem Mitgefühl und der Demut in sich selbst begegnen. Die Themen Dienen, Mitgefühl und Demut kommen alle zum Herzen zurück. In dem Augenblick, in dem du etwas gibst – zum Beispiel mit dem Herzen dienst – kannst du es in deiner Brust fühlen. Die ganze Arbeit, die wir tun, trägt zur Öffnung des Herzens bei.

Der Gesamteffekt der einzelnen Herzöffnungen erzeugt ein unglaublich kraftvolles Feld der Liebe, das der ganzen Gemeinschaft und den Gästen zur Verfügung steht. Wenn Helfer ankommen, sind sie häufig verschlossen und leiden sogar unter emotionalen Schmerzen. Nach vier oder fünf Tagen entspannen sie sich und haben das Gefühl, sich auszudehnen. Es ist immer herrlich zu beobachten, welchen Effekt die starke Herzensenergie der Gemeinschaft auf die Gäste hat. Sie ist auch da, wenn ein Bewohner eine schwierige Zeit durchmacht und Unterstützung braucht.

Die „spirituelle" Arbeit, die zwischen mir und den Bewohnern stattfindet, erwächst aus dem täglichen Kontakt und aus den täglichen Situationen, in denen wir nah zusammenarbeiten. Mir macht das jede Menge Spaß! Ich kreiere Situationen, die die Leute daran erinnern, was mit ihnen auf einer tieferen Ebene, als der, der sie sich bewusst sind, geschieht.

Häufig machen die Aktivitäten im Haus keinen Sinn. Ich wähle das bewusst. Mir gefällt es, manchmal Chaos zu schaffen, weil es Menschen dahingehend provoziert, ihre Strukturen zu offenbaren, die vielleicht schwierig oder unbequem anzuschauen sind oder die gewöhnlich nicht als Strukturen erkannt werden. Sehr hilfsbereit zu sein, kann zum Beispiel ebenso eine starke Struktur sein, wie egoistisch oder gierig zu sein. Es sind alles Hilfsmittel, die wir benutzen, meist unbewusst, um unsere Welt zu manipulieren, um das zu bekommen, was wir wollen. Meine Aufgabe ist es, Licht in das zu bringen, was bislang noch nicht gesehen wurde, und chaotische Situationen geben mir eine Chance zu sehen, wie Menschen funktionieren und wie ich sie führen kann.

Dingen zu begegnen, die schwer zu erkennen sind, kann eine sehr starke Konfrontation sein. Wenn die Offenheit hinzuschauen von einem liebevollen Raum unterstützt wird, wirst du Dinge über dich selbst erfahren, die schwierig zuzulassen sind, aber vielleicht entdeckst du auch etwas sehr Schönes. Die enorme Liebe in der Gemeinschaft ist nährend und ermutigend.

Ein weiterer Aspekt dieser Arbeit ist zu zeigen, wie begrenzt unser Verstand ist. Wir erreichen so viel mehr, als wir uns jemals vorstellen können. Mit sehr wenig Erfahrung schreiben die Bewohner Bücher, machen Filme, führen Unternehmen und regeln schwierige Situationen. Wir bewältigen unglaubliche Dinge, von denen unser Verstand sagen würde, dass sie unmöglich sind. Wir Menschen nutzen normalerweise nur einen sehr kleinen Prozentsatz unseres Potenzials, und ein Effekt der intensiven Aktivitäten in der Gemeinschaft ist, dass jeder sehr energetisiert wird.

Wenn der konditionierte Verstand nicht so aktiv ist und die gewohnten Begrenzungen uns weniger zurückhalten, ist eine große natürliche Energie da. Wir nehmen die Beschränkungen des Verstandes gewöhnlich nicht wahr, und nur wenn wir uns Raum und Zeit nehmen, uns darauf zu konzentrieren, sehen wir die Auswirkungen. Im Open Sky House wird jeden Tag vieles, was unmöglich erscheint, schon vor dem Mittagessen erreicht.

Jeder in unserer Gemeinschaft möchte wissen, wer er ist und hat mich zu seinem spirituellen Lehrer bestimmt. Ich habe das akzeptiert und so sind wir gemeinsam auf einer Reise. Das schafft eine total einzigartige Situation. Es ist wunderbar, auf eine Weise zu leben, die so viel Unterstützung bietet und es ist eine besonders wundervolle Weise für einen spirituellen Lehrer, so zu leben. Mein ganzer Traum besteht darin, Menschen zu finden, die ernsthaft an Freiheit interessiert sind. Indem du dich einem Lehrer hingibst, lernst du, dich deinem eigenen Selbst hinzugeben, und das bringt dich herraus aus den Strukturen des Verstandes und hinein in den Fluss des Lebens.

Mit Menschen zusammen zu leben, die den gleichen Fokus haben, ist eine ungeheure Unterstützung auf dem Weg der Selbstverwirklichung. Zusammen arbeiten, zusammen sein, zusammen spielen – jeder Augenblick ist eine Möglichkeit. Das Leben in der Gemeinschaft bietet Spiegel, die wie eine unentwegte Erinnerung sind. Sie können deine Leere spiegeln oder sie können deine Unruhe spiegeln. Wenn du bereit bist hinzuschauen, wird die breite Palette von Situationen, die auftauchen, dir auf natürliche Art aufdecken, was du vielleicht lieber vermeiden wolltest. Ebenso werden durch die vielen Möglichkeiten, die die Community bietet, Talente und einzigartige Fähigkeiten, die vielleicht vorher nie ausgedrückt wurden, ermutigt und unterstützt.

In den acht Jahren Gemeinschaft gab es zwei Leute, die

erwacht sind. Schon bevor sie eingezogen waren, hatten sie an sich gearbeitet, aber mit ziemlicher Sicherheit trug die Arbeit, die sie in der Gemeinschaft verrichtet haben, zu dem letztendlichen Moment der Selbstrealisation bei. Beide kamen sie zu diesem Punkt, nachdem sie sich in der Community einige Jahre mit vielen inneren Themen auseinandergesetzt hatten, die ihnen Schwierigkeiten hätten bereiten können. Man könnte sagen, dass sie in der Gemeinschaft einen Prozess des Abschleifens und Polierens durchlaufen haben, und am Ende war nicht mehr so viel übrig, was ihr eigenes Sein verdecken konnte.

Fast alle in der Community hatten einen Einblick in ihre wahre Natur, manche mehrere Male. Es erinnert uns daran, was möglich ist und ist eine große Unterstützung und Ermutigung, die innere Reise fortzusetzen. Jeder Einblick öffnet den Menschen etwas mehr, so dass jedes Mal etwas zurückgelassen werden kann, das Herz sich weiter öffnet, das Alte sich auflöst und akzeptiert wird, was ist.

Diejenigen, die vor ihrer Zeit gehen, in dem Sinne, dass sie ohne ein solides Fundament der Selbstverwirklichung gehen, gehen fort mit einem größeren Bewusstsein davon, was sie vom Frieden der Selbsterkenntnis abhält. Es besteht kein Zweifel, dass die Community in den letzten acht Jahren ihrem Vorhaben gedient hat – nämlich ein sehr seltenes und erfolgreiches Experiment bewussten Lebens zu sein.

www.openskyhouse.org

Premananda
Biografie

Aufgewachsen in einer englischen Mittelstandsfamilie, arbeitete Premananda nach dem Studium in seinen frühen Zwanzigern als Bauingenieur, studierte später Architektur, entwickelte seine Karriere und genoss die Früchte des Lebens, wie jeder andere engagierte junge Mann. Er hatte eine schöne Wohnung, einen kurvenreichen VW Käfer, manchmal eine Freundin und eine gute Anstellung in einem renommierten Architekturbüro im Zentrum von London. Alles war ziemlich gut durchgeplant, um ein komfortables, erfolgreiches und glückliches Leben zu leben. Seine Mutter war sehr zufrieden mit ihm.

Dennoch kam während seiner Jugend und in seinen frühen Zwanzigern eine Frage in ihm auf, die sich darum zu drehen schien, nicht zu wissen, was er mit seinem Leben anfangen sollte, und was die Welt um ihn herum für einen Sinn machte. Auf einer tieferen inneren Ebene hatte er das starke Gefühl, dass er nie wirklich hineinpasste, und dass er eigentlich gar nicht das wollte, was er in seinem Leben bisher anscheinend ausgewählt hatte.

Eines Abends, nach einem langen Arbeitstag, auf dem Rückweg vom Londoner Stadtzentrum, wartete er während der Hauptverkehrszeit an einer U-Bahnstation. Da war plötzlich eine starke Stimme in ihm, die ihm sagte, dass dies nicht das Leben sei, das er haben wollte. Er entschied sich, ins Ausland zu gehen und fand eine Arbeitsmöglichkeit in einem Architekturbüro in Japan.

Bei seiner Ankunft in Tokio erfuhr er einen riesigen Kulturschock und seine innere Frage wurde noch stärker. Er fühlte wieder dieses überwältigende Gefühl, nicht hinein zu passen, etwas, das er glaubte, durch den Wechsel ins Ausland hinter sich gelassen zu haben. Irgendetwas fehlte in seinem Leben und das brachte eine große Traurigkeit und Verwirrung. Er fiel in eine „dunkle Nacht der Seele", die mehrere Jahre andauerte. Er blieb in Japan, weil er in einen inneren Dialog versunken war, der durch seinen Aufenthalt in einer völlig fremden Kultur hervorgerufen wurde.

Mit 28 hatte Premananda noch keine Ahnung von einem spirituellen Leben, aber während seines Japan-Aufenthalts traf er einen deutschen Architektur-Professor, der ihn mit seinem Meister Osho bekannt machte. Zu dieser Zeit hatte er kein wirkliches Interesse daran und noch keine Vorstellung von der Bedeutung des Treffens. Zwölf Monate später kam er nach einer Reihe von unerklärlichen Ereignissen in Oshos Ashram in Puna, Indien, an. Als er durch das Tor ging, das als „das torlose Tor" bezeichnet wurde, fühlte er sich sofort zu Hause.

Er hatte seinen Platz gefunden. Dieses Gefühl war emotional, mächtig und stark und es war ohne jeden Grund. Es war, als sei die Frage, die er für mehr als zehn Jahre gehabt hatte, beantwortet worden. Für die nächsten 15 Jahre lebte er als Osho Sannyasin in Indien, England und Amerika. Die Teilnahme an „Transformations-Workshops" führte zu bewusster Selbstwahrnehmung, und mit den Jahren der Meditation entwickelte er einen ruhigen Verstand.

Zwei Jahre nach Oshos Tod lebte Premananda zufrieden in Puna, als er von einem anderen Lehrer hörte, dem großen Advaita-Meister Sri Harilal Poonja, von seinen vielen Anhängern Papaji genannt. Er las ein Interview mit ihm und sah auch ein Video, aber ein wirkliches Interesse kam erst, als er die Menschen bemerkte, die von einem Besuch bei ihm zurückkamen. Er nahm eine erstaunliche Verwandlung in diesen Menschen wahr. Es ging ein Glühen und ein inneres Lächeln von ihnen aus, das ihn berührte.

Obwohl er nicht nach einem anderen Meister gesucht hatte, zog es ihn nach Lucknow und war überrascht von der enormen Zugänglichkeit Papajis. Premananda fand Papaji fast schockierend zugänglich. Schockierend, weil seine Unmittelbarkeit ihn direkt mit der Frage konfrontierte: „Warum bin ich hier?" Er musste wirklich hinsehen und sich fragen „Wer bin ich?", „Was mache ich hier eigentlich?"

In den ersten drei Wochen saß Premananda jeden Tag formal mit Papaji im Satsang und dreimal stellte er ihm eine Frage. Beim dritten Mal sah er mit erstaunlicher Klarheit, dass er in 20 Jahren spiritueller Suche nie wirklich verstanden hatte. Das Selbst offenbarte sich und er sah, dass dies seine wahre Natur war, die er immer schon gekannt hatte. Ohne Zweifel markierte dieses Treffen eine totale Veränderung in seinem Leben. Sofort waren die Identifikation mit Premananda und die Geschichte von Premananda durchtrennt. Von einem Moment zum nächsten gab es eine ungeheure Verschiebung, die nur als ein Erwachen zum Selbst beschrieben werden kann.

Premananda blieb fünf Jahre bei seinem Lehrer, dann zog er nach Australien. In der Nacht, als Papaji seinen Körper verließ, erhielt Premananda eine energetisch starke innere „Fax-Nachricht", scheinbar von Papaji, der ihm sagte, dass er einige Arbeit zu tun hätte. Er glaubte dem nicht, obwohl die Nachrichten zwei Tage lang anhielten. Damals wusste er nicht, dass Papaji gerade seinen Körper verlassen hatte. Das war im Jahr 1997 und markierte den Beginn von Premanandas Satsangs.

Damals lebte Premananda in Sydney. Er hatte bereits eine Gruppe von Schülern für seine Meditations- und Reiki-Kurse. Er bot ihnen eine informelle „neue" Art von Treffen an. Die Gruppe expandierte rasch und aus dem Nichts heraus wurde ihm ein Satsang-Raum angeboten. Vier Jahre lang bot er regelmäßig Satsang, Wochenenden und Retreats in und um Sydney an und ebenso bei Besuchen in Melbourne und Byron Bay.

Seit 2003 lebt Premananda in Deutschland und reist, wo immer er eingeladen wird, in ganz Europa herum, um auf den konditionierten Verstand hinzuweisen – auf das Gefängnis, das wir aus unserer Identifikation mit Gedanken, Gefühlen, Überzeugungen und Wünschen bauen. Der „Prozess der Demontage" beginnt, wenn Premananda liebevoll und humorvoll die Teilnehmer dahin führt, zu sehen, dass sie nicht die Erfahrung „mein Leben" sind, sondern vielmehr das Bewusstsein, in dem die Erfahrung geschieht. Er konzentriert seine Sitzungen auf dieses Bewusstsein, auf das Selbst, das unsere wahre Natur ist und sich offenbart, wenn der Verstand still wird.

Fünf Jahre bevor er Papaji traf, fand Premananda eine handkolorierte Fotografie in einem Zimmer, das er in seinen letzten Jahren bei Osho gemietet hatte. Obwohl er keine Ahnung hatte, wer dieser Mann war, fanden dessen wunderbare Augen allmählich ihren Weg in sein Herz und sein Sein. Später entdeckte er, dass es Ramana Maharshi war, dessen heilige Gegenwart und dessen Lehre der Selbsterforschung „Wer bin ich?" ihn berühmt gemacht hatten. Im Satsang mit Papaji war er tief berührt, als er sah, dass dieser das gleiche Foto an der Wand hatte.

Premananda sieht sich selbst als Bote für die alte Weisheit Indiens, eine Weisheit, die die Grundlage der meisten spirituellen Traditionen bildet. Er ist seinen unmittelbaren Meistern zutiefst dankbar, ebenso den vielen anderen, die er in Ost und West traf und mit denen er sich durch sein Projekt „Facetten des Erwachens" anfreundete.

Premananda lebt heute in Deutschland, zwischen Köln und Düsseldorf, in einer Satsang- und Kunst-Community von etwa zwanzig Menschen. Der Zweck dieser Gemeinschaft ist, einen fruchtbaren Boden für das Erwachen zu schaffen. Satsang findet in formellen Sitzungen und im alltäglichen Leben statt; er bildet den Kern der Community. Der wichtigste Teil der täglichen Arbeit ist der Bewusstwerdungsprozess, der in jedem Menschen stattfindet. Das Arbeiten und die Zusammenarbeit in der Gemeinschaft erschaffen Spiegel, welche eine ständige Erinnerung sind, sich anzusehen, was im Inneren passiert.

Die Community ist in einem schönen Anwesen aus dem 17. Jahrhundert untergebracht, im „Open Sky House". Dort gibt Premananda regelmäßig Retreats und Wochenend-Workshops. Er hat eine geschlossene Sangha-Gruppe um sich versammelt, zu der er einlädt und die aus Menschen besteht, die eine starke Sehnsucht

haben, frei zu werden. Die Sangha-Treffen finden regelmäßig statt.
Die Community ist offen für alle, die an einen Punkt in ihrem
Leben gekommen sind, an dem sie sich selbst kennen lernen wollen
– nicht ihre Geschichten und Dramen, sondern ihre wahre Natur.
„Wer bin ich?" ist der Fokus der Community und das Motto ist:
„Sei was du bist."

Aufgrund seiner tiefen Liebe zu Indien konnte Premananda viele
indische Heilige und Meister treffen und sich mit ihnen anfreunden.
Er führte mit ihnen außergewöhnliche Interviews, die man im Buch
und im Film *Facetten des Erwachens – Indische Meister* finden kann.
Die darauffolgende Unterstützung und das Feedback, das er erhielt,
führten ihn zu einem weiteren Buch- und Film-Projekt *Europäische
Spirituelle Meister – Facetten des Erwachens*. Ein drittes Projekt über
Meister aus den USA und Australien ist in Vorbereitung.

Er führte Regie bei fünf Filmen, die mit Untertiteln in neun
Sprachen zu sehen sind: *Indische Meister* und *Europäische Meister* aus
der Serie *„Facetten des Erwachens"*, *Arunachala Shiva*, ein Film über
das Leben und die Lehren von Sri Ramana Maharshi, und *Satori*,
ein Film über das Erwachen eines Mitglieds seiner Community.
Schließlich der Film *Das große Missverständnis*, der der Begleitfilm
zu diesem Buch ist.

Premananda genießt Kunst und Schönheit und ist selbst Maler.
Als Künstler hat er seine Bilder in Indien, Australien und Deutschland
ausgestellt. Sie sind auch in privaten Sammlungen in verschiedenen
Ländern vertreten. Diese freudvollen abstrakten Malereien sind ein
Ausdruck der Verspieltheit im Kern seines Wesens. Einige davon
sind auch in diesem Buch zu sehen. Er ermuntert und unterstützt
viele Formen der Kreativität im Open Sky House.

In dieser internationalen Community macht sich Premananda
aktiv zugänglich, um dich kennenzulernen, als Gast oder als Helfer,
und er lädt dich ein, mit ihm zu leben, wenn deine Leidenschaft für
ein Leben in Freiheit groß genug ist. Über „Satsang TV" bietet er an
drei Abenden in der Woche Online-Satsang an. Dieser kann live auf
der ganzen Welt gesehen werden. Du kannst dich live dazuschalten,

um mit Premananda einen Dialog zu führen. Es gibt auch ein umfassendes Film-Archiv in sieben verschiedenen Sprachen, mit 300 Satsang-Aufzeichnungen seit 2009.

Premananda ist nicht mehr in seinem konditionierten Verstand gefangen und glaubt nicht mehr daran, ein „Jemand" zu sein. Aus der Leere manifestiert sich das Selbst als enorme Energie und Präsenz in jedem Augenblick. Durch sein Beispiel zeigt uns Premananda, dass spirituelles Leben in jedem Augenblick stattfindet. Es gibt kein „spirituelles Leben", es gibt nur Leben. Die einzige Aufgabe besteht darin, einfach präsent zu sein, in jedem Augenblick.

Premananda ist ein ungewöhnlicher Charakter, voller Spaß und Leichtigkeit, der in jedem Augenblick die Möglichkeit eines plötzlich aufkommenden Sturmes in sich birgt. Viele lieben ihn abgöttisch, andere finden ihn unmöglich. Er ist niemals langweilig, aber er erkennt nicht immer, wenn er Anderen zu viel wird. Er lädt dich von Herzen ein, ihn zu besuchen und dir dein eigenes Bild zu machen.

www.premananda.de
www.premanandasatsangtv.org

ARUNACHALA PILGERREISE RETREAT

Dieses Satsang-Retreat ist die Gelegenheit, drei Wochen lang in einer gemeinschaftlichen Atmosphäre am heiligen Berg Arunachala in Tiruvannamalai, Südindien, zu leben. Der Arunachala ist seit 2000 Jahren eine kraftvolle Pilgerstätte. Wir sind in einem schönen, modernen Ashram untergebracht. Satsang findet auf dem Dach des Ashrams statt, mit direktem Blick auf den heiligen Berg. Jeden Morgen gibt es stille Meditation, Yoga und Satsang. Die Nachmittage verbringen wir in Ramana Maharshis Ashram, in der Gruppe oder alleine. Außerdem gehen wir auf eine magische viertägige Busreise, die uns zu vier wundervollen indischen Heiligen führen wird. Auf dieser Reise sehen und erleben wir die indische Kultur und Landschaft.

www.india.premanandasatsang.org

OPEN SKY PRESS
Zeitloses Wissen

Europäische Meister – Facetten des Erwachens
Man könnte dieses Buch auch „Nondualität für den Westen" nennen. Es schlägt eine Brücke vom Osten mit seinen alten Schriften und den Lehren Indiens zum modernen Leben im heutigen Westen. In diesem Buch werden vierzehn europäische spirituelle Meister aus verschiedenen Richtungen interviewt.

ISBN 978-3-9812313-3-5 Buch
ISBN 978-3-12313-4-2 DVD

Facetten des Erwachens – Indische Meister ist ein Archiv von außergewöhnlichem Video-, Audio- und Printmaterial; eine wundervolle Sammlung authentischer Weisheitslehre. Sechzehn indischen Meistern werden jeweils die gleichen Fragen zur Lehre Sri Ramana Maharshıs gestellt. Die Fragen beziehen sich auf die Themen, die jedem begegnen, der sich auf der spirituellen Reise befindet.

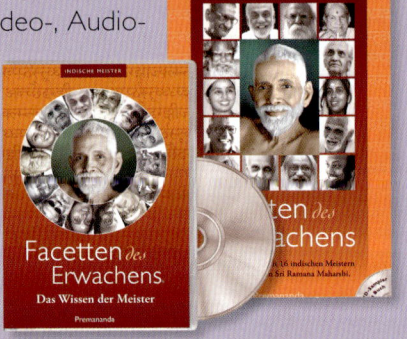

ISBN 978-3-9812313-0-4 Buch
ISBN 978-3-9812313-1-1 DVD

Arunachala Shiva ist eine tiefgreifende Hommage an Bhagavan Sri Ramana Maharshi, einem der bekanntesten indischen Heiligen. Dieses Buch enthält den berühmten Text „Wer bin ich?" (Nan Yar), in dem er erklärt, dass Selbsterfoschung der direkteste Weg zur Selbstverwirklichung ist.

ISBN 978-3-9812313-2-8 Buch
ISBN 978-3-9812313-5-9 DVD

Papaji – Kraft der Gnade ist ein Buch mit fünfzehn kraftvollen Interviews mit Menschen, die ein Erwachen bei dem indischen Meister Papaji (H.W.L. Poonja) erlebt haben. Es sind Geschichten einer Hausfrau, eines Geschäftsmannes und sogar eines Offiziers eines atombetriebenen Flugzeugträgers. Allen war die Sehnsucht gemein, die immerwährende Wahrheit darüber herauszufinden, wer sie sind.

ISBN 978-0-9555730-1-9

Also sprach Papaji, eine Auslese von Poesie und Prosa der von Sri H.W.L Poonja vermittelten höchsten Wahrheit; die Essenz seiner reinen und tiefen Lehre.
ISBN 978-3-9812313-6-6

Feuer der Freiheit, Aufzeichnungen von Satsangs mit Sri H.W.L Poonja; ein bewegendes Zeugnis seiner klaren Art, unmittelbar und beharrlich auf die Erkenntnis der uns allen innewohnenden Wahrheit und Freiheit zu bestehen.
ISBN 978-3-943544-17-6

Arunachala Satsangs umfasst Gespräche, die während Premanandas alljährlichem Indien-Retreat entstanden sind. Premananda räumt aus dem Weg, was einen Suchenden, der aus der Illusion aussteigen will, aufhalten könnte. Er zeigt auf humorvolle Weise, dass wir nicht die Erfahrung „Mein Leben" sind, sondern das Bewusstsein, in dem diese Erfahrung stattfindet.

ISBN 978-0-9555730-3-3

OPEN SKY PRESS
Publishers of Fine Quality Spiritual Books
Tel +49 (0) 2173 1016070   Fax +49 (0) 2173 4099205
office@openskypress.com
www.openskypress.com

Neue
Filme zum Buch

Das große Missverständnis

Entdecke deine wahre Lebensfreude
durch eine einfache neue Erkenntnis

Ein intensives Experiment bewussten Lebens. Ein spiritueller Lehrer und zwanzig Menschen mit einer starken Sehnsucht nach wahrem Verstehen, was wirklich ist, leben in einem Haus zusammen. Dieser Film zeigt die Bewohner auf ihrer Suche nach dem Erwachen und wie Premananda sie vom Missverständnis der Trennung zur Einheit, von der Gefangenschaft der Konditionierung zur wahren Natur leitet.

ISBN 978-3-943544-16-9

Satori

Metamorphose des Erwachens

Seltenes Filmmaterial über ein Erwachen, traditionell Satori genannt. Es kann eine subtile oder kraftvolle und dramatische Verschiebung sein. Lakshmi, die mit dem spirituellen Lehrer Premananda lebt, erfuhr dieses tiefgreifende Energie-Phänomen. In diesem Film führen sie einen Dialog über Lakshmis Erfahrungen in diesem Moment und was seitdem passiert ist.

ISBN 978-3-943544-18-3

DVD-Sampler enthält
Trailer der neuen Filme zum Buch:
Das große Missverständnis
Satori – Metamorphose des Erwachens